文法項目別
英語のタスク活動とタスク
34の実践と評価

Task Activities and Tasks for Form-Focused
Instruction and Assessment

Hideyuki Takashima
髙島英幸 編著

Task Activities
and Tasks

大修館書店

はしがき

　執筆者全員が一丸となって本書の原稿を書き上げている 2004 年 4 月，NHK テレビでは韓国のテレビドラマ「冬のソナタ（겨울 연가〈Kyoul Yonga〉）」が放送され人気を博し，撮影現場のソウルや春川などに多くの日本人観光客がツアーで訪れていた。全章が脱稿した 8 月末には，連日の熱戦が伝えられたアテネオリンピックが終焉を迎え，日本が獲得した 16 個の金メダルのニュースが伝えられていた。

　いずれも外国のドラマやイベントが日本に入ってきたものであるが，この 2 つのテレビ放映を通して，当該国で話されている言語（韓国語・ギリシャ語）を学びたいと思った人々はどの程度おられたであろうか。察するに，韓国語を学びたいと思った人は多かったであろうが，ギリシャ語についてはそれほどでもなかったのではないだろうか。根拠は単純である。前者は，俳優達の人気もあるが，テーマが初恋をめぐり，心を伝え合う言葉が物語の展開の大きな鍵を握っていたからである。後者の場合，人間の限界に挑む勇士達の姿は映像で伝わり，言葉は映像をよりわかりやすく伝える補助的役割を果たしているからである。事実の伝達に言葉が使われる場合は，母語で聴く方が便利であり，原語（ギリシャ語）で放送を聞く必要性は感じられない。

　通常，外国語を理解したいと強く感じるのは，その外国語を話す人と実際に接し，コミュニケーションを取り，お互いに理解し合いたいと思う時や，映画やドラマなどを原語で直接理解することでメッセージをより深く，話し手の意図を正しく感じ取りたいと願う時である。先の「冬のソナタ」は，この意味で，韓国語学習の動機付けを与えるものであり，実は，編著者自身もこのドラマを日本語の字幕なしで何度も観ることにした。しかし，残念ながら韓国語がわかるようにはならなかった。新聞の全面広告欄で，「リラックスして聞き流す学習法　苦労せず英語が身につく！と話題」や「ある日突然　衝撃体験　英語が口から飛び出す」などといった外国語習得が容易だと言わんばかりの文言を目にすることがあるが，「冬のソナタ」では，涙は出ても，言葉が出るよう

にはならなかったのである。

　しかし，何の効果もなかったわけではない。口調や映像の助けで，場面や状況がわかり，幾度も繰り返し観ているので，登場人物がおおよそどのような内容のことを言っているかは理解できた。しかし，ことばそのものに関しては「学習」することはほとんどなかった。唯一，友人である韓国人の金榮淑（Kim Yong-suk）さんから学んだ親しい間柄の呼称についての音韻変化の規則はしっかりと確認できた。

> When the final sound is a consonant, add an "a": for example, "Youjin-a" and "Junsang-a". When the final sound is a vowel, add a "ya": for example, "Mina-ya" and "Hide-ya." So, you can call me "Yongsuk-a" (pronounced as "Yongsug-a").

名前が子音で終わっていれば，「アー」を付け，母音で終わっていれば，「ヤー」を付加することを教えてもらったお陰で，登場人物が「ユジナー」，「チュンサンガー」などと呼び合っている部分は，実によく聞こえてくるようになったのである。

　このような経験は，外国語教育に関して，さまざまなことを示唆する。例えば，外国語学習においては，「理解可能なインプット」が大切であると言われているが，筆者の韓国語学習においては，まずこの条件が満たされていなかった。唯一，頻度の高い名前に関してはわずかな文法知識によって，納得しながら，また，予想をしながら聴くことができるのみであった。同時に感じたことは，例えば，数え切れないほど現れる文末の「〜スムニダ」とはどういう意味なのか，この疑問文や否定文はどのようになるのか，などの質問に答えたり解説をしてくれたりして何らかのフィードバックを与えてくれる人が身近にほしいということであった。さらに，場面や状況を伴ってのコンテクストの中で使用されている語彙や規則に「気づく」ことを促してくれる文法解説があれば，字幕の助けを借りなくてもある程度理解できたのではないかと思った。外国語のインプット，つまり話されている韓国語を「理解可能なもの」とするためには，語彙の知識や文法指導が必要であることを感じた。

　これが言語を使用するとなると，このような知識や言語の使用場面や働きに十分配慮した文法説明に加えて，文法などの知識を活性化し実際に使用する言語活動の実践の機会を保障することが求められてくる。外国語の学習に「理解可能なインプット」は必要である。しかしそれだけでは十分ではない。目的を

持ってその外国語を使用する経験を言語活動という形で教室内に作り出すことが大切なのである。

　本書は，外国語学習に関わる「理論」を「実践」に結びつける視点で書かれている。理論的裏付けのない実践は可能ではあるが，このような実践には限界があるという考え方である。限られた時間で，最大限の言語習得・学習の効率を高めるためには，どのような文法説明をし，いかなる言語活動をすることが「実践的コミュニケーション能力の育成」の一助となる授業であるのかを，小学校から高等学校までを通してさまざまな提案をしている。

　本書は，現職の小・中・高等学校の教員に執筆をお願いし，それを全員で幾度も推敲し，作成された活動は実際に行い，加筆・修正をしている。編者として全章の責任を負うが，以下のように章ごとに責任者が担当している。

　　　　第 1 章　　髙島　　　　　　　　　第 2 章　　村上
　　　　第 3 章　　今井・杉浦　　　　　　第 4 章　　杉浦・髙島
　　　　第 5 章　　杉浦・髙島

　1995 年刊の『コミュニケーションにつながる文法指導』では，言語使用のためのわかりやすい文法指導の内容を，2000 年刊の『実践的コミュニケーション能力のための英語のタスク活動と文法指導』では，その文法説明を活かす言語活動として，正確さと適切さを同時に育成する活動である「タスク活動」を日本の英語教育の現場に見合ったものとして提案した。そして，本書では，この「タスク活動」と教室における言語活動の最終段階である「タスク」を加えた構成となっており，さらに，活動を通してのフィードバックや評価についても扱っている。しかし，あくまでも本書の提案はプロトタイプであり，中には郷土色豊かなものもある。読者自身で自由に修正を加え活用していただければよいと考えている。日々多忙を極めておられる教員の方々の一助になり，また，「英語が使える日本人」育成のためには教室でどのような授業内容が望ましいのかを考える機会となれば幸いである。

　なお，本文中に，タスク（Task）・タスク活動（TA）・タスクを志向した活動（TOA）という用語が，日本語と省略形で交互に繰り返し出てくる場合があるが，読みやすさを配慮してのことである。

　最後に，本書の構成から脱稿・出版までお世話になった大修館書店の須藤彰也さんに感謝申し上げたい。また，University of Auckland の Dr. Rod Ellis と University of Michigan の Dr. Diane Larsen-Freeman は，編著者との徹底

した議論により，本書の理論的バックボーンをより強固なものにしてくださった。そして，実に多忙な中，執筆には黙々と，しかし，議論では声を大にして，時間を惜しむことなく協力してくださった執筆関係者全員に，そして，その方々を支えて下さったご家族にも感謝の気持ちをお伝えしたい。

2005年1月13日

髙島英幸

目　　次

はしがき　iii

第1章　実践的コミュニケーション能力の育成に必須の言語活動 ……… 3
1.1　タスク活動・タスクなどの言語活動の必要性　4
1.1.1　教室における言語活動としてのタスク　4
1.1.2　「コミュニケーション活動」に含まれる言語活動を定義する必要性　7
1.1.3　言語活動の整理の必要性　12
1.1.4　文法指導の一部としての言語活動　13

第2章　タスク活動・タスクなどの言語活動の実施と評価 …………… 25
2.1　タスク活動などの言語活動の実施とフィードバック　25
2.1.1　活動の実施計画　25
2.1.2　フィードバック　26
2.1.3　フィードバックからフィードフォワードへ　28
2.2　「話すこと」の評価　29
2.2.1　教育活動の一環としての評価　29
2.2.2　評価の観点と技能領域　31
2.3　パフォーマンス評価　32
2.3.1　タスク活動やタスクを使ったパフォーマンス評価　34
　　2.3.1.1　チェックリスト　34
　　2.3.1.2　ルーブリック　36
2.4　まとめ　37

第 3 章 タスク活動・タスクの具体例と評価 ……………………39

- 3.1 各活動の構成　40
- 3.2 評価シート・振りかえりシート　41
  - 3.2.1 タスク活動・タスクの評価シート　41
  - 3.2.2 タスク活動・タスクの「振りかえりシート」の枠組み　43
- 3.3 活動の手順　45
- 3.4 各学年別タスク活動・タスクのシラバス　45
- 3.5 活動の難易度　47
- 3.6 活動の具体例と評価　50
  - 3.6.1 *be* 動詞 ＆ 一般動詞　50
  - 3.6.2 *be* 動詞 ＆ 一般動詞（三人称単数現在）　59
  - 3.6.3 現在形 ＆ 現在進行形　71
  - 3.6.4 *can* を用いた肯定文 ＆ 否定文 ＆ 疑問文　82
  - 3.6.5 疑問詞　93
  - 3.6.6 現在形 ＆ 過去形　102
  - 3.6.7 現在形 ＆ 過去形 ＆ 過去進行形　110
  - 3.6.8 未来表現（*will* ＆ *be going to*）　121
  - 3.6.9 助動詞　130
  - 3.6.10 「*There is (are)*＋不特定なもの」＆「特定のもの＋ *is (are)*」　139
  - 3.6.11 形容詞の原級 ＆ 比較級　149
  - 3.6.12 不定詞　159
  - 3.6.13 現在形 ＆ 過去形 ＆ 未来表現　168
  - 3.6.14 過去形 ＆ 現在完了形　177
  - 3.6.15 能動態 ＆ 受動態　186
  - 3.6.16 過去分詞 ＆ 現在分詞の後置修飾　196
  - 3.6.17 現在形 ＆ 過去形 ＆ 未来表現 ＆ 現在完了形　205

第4章　小・中・高等学校における英語教育の連携 ……………………215

4.1　小学校における実践と評価　217
　4.1.1　小学校英語のめざすもの　217
　　4.1.1.1　小学校英語の実態と目標　217
　　4.1.1.2　小学校における「タスクを志向した活動（TOA）」の特徴　218
　　4.1.1.3　タスクを志向した活動のカリキュラム例　221
　　　4.1.1.3.1　絵本の有用性と絵本を教材とした「タスクを志向した活動」　223
　　　4.1.1.3.2　「ごっこ遊び」から「タスクを志向した活動」へ　224
　4.1.2　絵本を教材とした小学校のTOAの実践　226
　　4.1.2.1　5・6学年の連携を意図した実践　226
　　4.1.2.2　5学年の実践　231
　4.1.3　実践例における評価　233
　　4.1.3.1　関心・意欲・態度　234
　　4.1.3.2　コミュニケーションの力　235
　　4.1.3.3　異文化理解　235
　4.1.4　まとめ　236
4.2　中学校における実践と評価　241
　4.2.1　中学校英語の実態とめざす方向　241
　4.2.2　中学校の実践　242
　　4.2.2.1　文法説明の具体例（過去形と現在完了形）　242
　　4.2.2.2　中学校における「タスクを志向した活動（TOA）」の具体例　244
　　4.2.2.3　タスク活動（TA）の具体例　247
　4.2.3　TAの評価　251
　　4.2.3.1　TAで育成したい力　251
　　4.2.3.2　TAの評価の具体例　252
　　4.2.3.3　評価の実施方法　255
　　4.2.3.4　TA後に行うフィードバック　256
　4.2.4　まとめ　258

4.3　高等学校における実践と評価　260
　　　　4.3.1　高等学校における「タスク（Task）」の必要性　260
　　　　4.3.2　文法指導のあり方　262
　　　　4.3.3　Task の具体例　263
　　　　4.3.4　Task と TA の連携　268
　　　　4.3.5　Task の評価　271
　　　　4.3.6　活動間の効果的な連携　273
　　4.4　小・中・高等学校の英語教育の連携　274

第 5 章　用語の解説 …………………………………………………………279

参考文献　286
索引　291
執筆者一覧　293

文法項目別 英語のタスク活動とタスク
34の実践と評価

第1章
実践的コミュニケーション能力の育成に必須の言語活動

　現在の英語教育の方向性を表す語は「コミュニケーション」である。この用語は，平成元年告示の中学校学習指導要領に初めて登場し，平成10年のものでは，「実践的コミュニケーション能力」という用語により，一段と現実場面を意識した言語運用能力の育成が強調されることとなった。この能力は，一言で言うならば，教室外で外国語（英語）がコミュニケーションの一手段として使用可能となる能力である。具体的には，学習者自らが情報や考えなどを発信し，理解してもらえなければ理解してもらえるように，また，自分が相手の言うことが理解できなければ，相手に働きかける力である。この能力を育て，学習者の言語習得・学習を促進するためには，教室内で行われるさまざまな活動を，「教室外で英語を使用できるようになるためのシミュレーション的な言語活動」とみなす発想の転換が必要である[1]。言い換えるならば，教室内における言語活動は，教室外で4技能を必要に応じて駆使できるようになるための疑似体験の機会と考えるのである。

　本書では，このような教室におけるシミュレーション的な言語活動を，「タスク（Task）」，「タスク活動（Task Activity: TA）」と「タスクを志向した活動（Task-Oriented Activity: TOA）」の3つに分類し，それぞれの特徴を明らかにする。このことを図示すると図1-1のようになる。

　また，評価の方法が，集団に準拠した相対評価から目標に準拠した評価（い

---

[1] 昭和44年までの学習指導要領においては，「「言語活動」は (ア) 言語の一面的・部分的練習ではなく，総合的な活動である。(イ) 聞くこと・話すこと・読むこと・書くことそのものである。(ウ) 特に，聞くこと・話すことの運用力を高めるために重要である。(エ) 言語の実際の使用につながる活動である。」と定義されている（和田 2004: 43）。しかし，平成10年の学習指導要領では，「教室におけるいかなる活動も，原則として外国語（英語）を習得・学習するためのものでなくてはならず，言語（英語）と何らかの…関連性を持たせなくてはならない。教師の一方的な文法説明であれば言語活動と言い切ることはできないが，…教室における全ての活動は（目標）言語を使った活動，すなわち，言語活動という考え方」とされており，本書ではこの考え方を採っている（髙島 2000: 7）。

シミュレーションとしての言語活動　　タスク（Task）
　　（＝　コミュニケーション活動）　　タスク活動（Task Activity: TA）
　　　　　　　　　　　　　　　　　　タスクを志向した活動（Task-Oriented Activity: TOA）

図1-1　シミュレーションとしての言語活動に含まれるもの

わゆる絶対評価）に変わり，指導と評価の一体化が強調されるようになった。そこで，「タスク活動（TA）」と「タスク（Task）」を用いての目標に準拠した評価の方法についても具体的に提案する。本章では，「タスクを志向した活動（TOA）」，「タスク活動（TA）」と「タスク（Task）」を合わせて「コミュニケーション活動」とする[2]。理由は，これまで総称として用いられてきた「コミュニケーション活動」という用語は，何かを成し遂げるという課題解決型の言語活動の特徴を正確に表していないからである（詳細は，1.1.2を参照）。

　以下，発展性・連続性を持ち，互いに関連のある3種の言語活動をTask，TAとTOAとし，実践的コミュニケーション能力の育成に必須である根拠を明らかにする。

1.1　タスク活動・タスクなどの言語活動の必要性

1.1.1　教室における言語活動としてのタスク

　本書が提案するタスク活動（TA）などの言語活動の理論的背景には，第二言語習得理論研究でいう「タスク（与えられた課題)」を遂行できる能力の育成により言語習得・学習が可能となるという考えがある。「タスク（Task）」についてさまざまな定義が成されているが，本書ではTaskを，

　(i) 言語を使う目的がある。
　(ii) 意味内容の伝達が第一義である。
　(iii) 話し手間に，情報・考えなどの何らかの差がある。
　(iv) 学習者が自分で考えて言語を使う。

という4つの特徴を持つ，課題解決型の活動と定める（Ellis 2003参照）。つま

---

[2] 髙島（2000）の中で「コミュニケーション活動（CA）」と呼んでいたものを「タスクを志向した活動（TOA）」の一部と考える。CAは，ある言語形式をモデル・ダイアローグに従って使ってみる活動から，言語を使って何らかの目的を達成する課題解決の要素を含むものまで多岐に渡るが，「タスク活動」との連続・発展性を意図して活動を作成・実施する必要がある。本書では，本文中（1.1.2参照）にもあるように，「タスクを志向した活動」「タスク活動」と「タスク」を総称して「コミュニケーション活動」と定義している。

り，Task とは現実社会での言語使用を学習者に教室内でシミュレーション的に疑似体験させる言語活動である。実際にコミュニケーションを行う上で，起こりうる状況（real operating conditions）の中で言語を使用させることは，学習者の言語運用能力を伸長すると考えられ（Johnson 1988），Task のような活動を実施することは極めて重要である[3]。Johnson（1988: 94）は，例えば，「現在完了形」の学習に必要なのは「現在完了形シミュレーター（present perfect simulator）」であると言う。つまり，時間の制約や対話の相手との関係など，さまざまな異なるコミュニケーションの場面で，「現在完了形」を過去形や現在形などと比較しながら，正確かつ適切な言語運用力が要求される言語活動が教室内で必要なのである。

Task が言語習得に効果的であるという考えの背景には，第二言語習得理論研究，社会言語学，認知心理学の研究などでの議論があるが，よく引用され代表的なものとしては，以下のようなものが挙げられる（Long 1983; 1986; 1996, Pica 1994, Skehan 1998, McLaughlin 1990, Swain 1998）。

(1) 意味のやりとり（negotiation of meaning）を行う中で，理解可能なインプット（comprehensible input）を得ることができる。
(2) 意味のやりとりを行う中で，適切なフィードバックを得ることができる。
(3) 既習の言語知識を実際に運用するアウトプットの機会を得ることができる。学習者は，実際に言語を使用することによって，知識の自動化（automatization）を図り，言語体系の再構築（restructuring）を行うことができる。
(4) 他者と協力して課題を達成する過程を踏むことにより，言語発達を促す。

実際にこれらの Task を実験的に他の活動と比較してその有効性を明らかにした論考はほとんど見当たらない。しかし，これらの特徴を踏まえた教室における活動が学習者の言語運用のレベルと合致していれば，Task の使用により言語運用能力が高まることは明らかであると考えられる。

Task は，目標文法構造の使用に焦点を当てているか否かによって，unfocused task と focused task の 2 つに分けることができる。まず，unfocused

---

[3] Johnson（1988）は，現実に似た状況の real operating conditions の下で学習者に言語を運用させた後，そこでの誤り（mistake）にフィードバックを教師が与え，再び，言語を運用させる活動を行うというサイクル（mistake occurrence → corrective action → retrial）が重要であると述べている。本書での「タスク活動」と「タスク」が，この real operating conditions を与えるものと考える。

task では，活動時に使用する文法構造は予め特定されてはおらず，学習者は，既習の文法，語彙を自由に駆使して活動が遂行される。言い換えれば，メッセージに焦点を当てた（message-focused）活動と考えてよい。これに対して，focused task は，特定の文法構造を使用することを狙って作成されているためこのように呼ばれる。例えば，資料4『DOMO and SO-KA』(pp. 23-24)では，「比較級」を使用せざるを得ないように工夫されている。しかし，focused task では，教師が意図する文法構造を学習者が常に使用するとは限らず，この場合には，活動後の教師からのフィードバックが重要となる（詳細は，第2章，第4章の4.2.3.4参照）。また，この活動では，特定の文法構造の使用を促すよう工夫・作成されているため，時には不自然な状況設定が生じることがある。しかし，教室内でのシミュレーション的な言語活動であることから，特定の目標文法構造を使用する機会を増やし，学習者に学んだ知識を「使えた」という実感を持たせることがより重要であると考える。

　本書で扱われる Task は，すべて focused task である。したがって，本書で言及されている言語活動は，図1-2 中の②〜④ということになる。

シミュレーション　　　　　　　　　タスク ┌ Unfocused（＝message-focused）Task … ①
　　としての言語活動　　　　　　　　　　　└ Focused Task … ②
　（＝コミュニケーション活動）　　　　　タスク活動（Task Activity: TA）… ③
　　　　　　　　　　　　　　　　　　　　タスクを志向した活動（Task-Oriented Activity: TOA）… ④

図1-2　本書で扱われるシミュレーションとしての言語活動（②〜④）

　これと関連して，現実のコミュニケーションに近くなるように工夫された，ESL（English as a Second Language）の世界で使用されているタスクのような活動をシラバスに取り入れる際には，2つの立場があると言われている（Ellis 2003）。1つは，Task-Based Language Teaching（TBLT）であり，タスクをシラバスの軸とし，タスクを行うことを通して，その過程で生じる言語使用を取り上げて言語教育を行う方法である。もう1つは，構造シラバスや機能シラバスのような文法構造を指導するシラバスの中でタスクを補助的に実施したり，そのようなシラバスと TBLT を併用したりするという立場で，Task-Supported Language Teaching（TSLT）と呼ばれている。日本のように授業時間数が少なく，さらに，教室外でインプット（英語の入力）やインターアクション（言語を使っての相互作用）も充分期待されない場合には，言語活動のすべてをタスクによって構成するのではなく，通常行われている教科書を中心と

した授業に加えてタスクの力も借りるという，TSLT の考え方がより現実的であると思われる。従来日本で実践されてきた指導を否定するのではなく，それらの指導にタスク的な言語活動を加えるという TSLT の考え方を取り入れることにより，学習指導要領の目標である「実践的コミュニケーション能力」の育成が可能となる[4]。

以上，第二言語習得理論を背景としたタスクについて，その有効性や分類の方法について触れ，日本の英語教育環境，とりわけ，中学校や高等学校では TSLT が可能であると述べてきた。では，どのような言語活動がこの TSLT の中で具体的に可能であるかを次に検討していくことにする。

1.1.2 「コミュニケーション活動」に含まれる言語活動を定義する必要性

今日，教室における音声を中心としコミュニケーションを意図した言語活動は，すべて「コミュニケーション活動（Communication Activity）」と呼ばれている[5]。これでは，あまりに包括的であり，例えば，モデル・ダイアローグを暗記して対話形式で行う自由度の低い活動からディスカッションまでが同じカテゴリーに属することとなる。

教室における言語活動を，言語形式（文法構造）の指導により重点を置いたものと，意味内容（メッセージ）の伝達により重きを置いたものとに分けることが考えられるが，両者間に明確な線引きはできない。言語活動は，この2つの要素のどちらかへの焦点の度合いを変えながら連続性を持っている。例えば，パターン・プラクティスなどに代表され，繰り返しを重んじる Drill は，明らかに言語形式の定着に焦点が置かれている。これに対して，ディスカッションなどに代表される Task は，意味内容の授受が主たる目的である。また，空所補充や英文和訳・和文英訳に代表される Exercise は，意味内容の伝達はあるが，言語形式の理解や定着により重きが置かれている。大切なことは，厳密なカテゴリー化ではなく，教室で行われている言語活動の位置付けを指導者

---

[4] 指導法から言えば，従来の3 Ps（＝Presentation, Practice, Production）という指導手順を取りながら，文法説明・練習などを通してタスクへと展開していくことになる。Long（1991）の focus on forms と focus on form の指導の分類法を用いると，focus on forms の次に focus on form による指導を行い，その後フィードバックによる文法説明が続くという手順を踏むことになる。

[5] 平成14年度施行（平成10年12月告示）の『中学校学習指導要領解説』では，「コミュニケーションを図る活動」，平成15年度施行（平成11年度3月告示）の『高等学校学習指導要領解説』では，「コミュニケーション活動」という用語を用いている。本書では，これらの意味する言語活動を図1-3の Communication Activities と同義であるとしている。

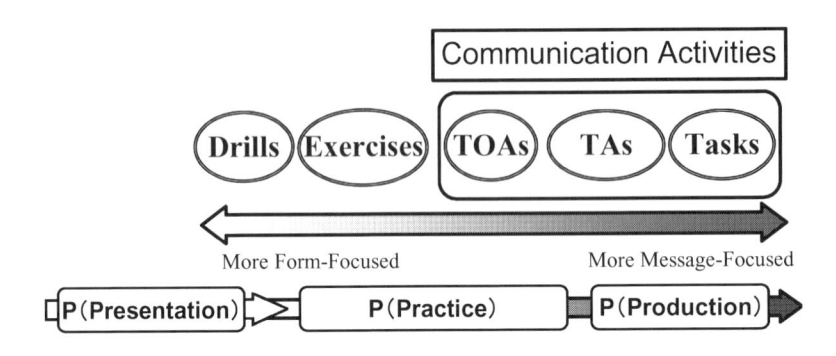

図1-3　主な5つの言語活動の相互関係と3Ps

は把握し，それに従って，いつ，どのような目的で活動を行い，それらの活動の結果をどのように学習者にフィードバックするのかを意識しておくことである。

　本書では，これまで「コミュニケーション活動」と一括して呼ばれてきたものを，「タスク（Task）」「タスク活動（TA）」「タスクを志向した活動（TOA）」と，目的別に3つに細分化し，それらに Drill, Exercise を加え，それぞれの言語活動の目的をより明確にしている。これは，「指導と評価の一体化」（詳細は第2章）を図る上で必要不可欠なことである。

　図1-3は，主な5つの言語活動を，意味の伝達への比重の置き方の違いがわかるように直線上に並べたものである。逆に言えば，活動がどの程度形態や文法構造に指導の比重を置いているかを示している。さらに，よく知られている指導手順である3Ps（注4参照）との対応を加えている。図1-3で示される言語活動の最終段階は Task である。この Task には，達成すべき目的のみが示され，課題解決に至るまでの過程，つまり，会話の展開方法などは学習者が考えることになる（資料4『DOMO and SO-KA』（pp. 23-24参照）[6]）。この種の活動を，定められた時間内に，場面に適切な語彙や文法構造を用いて，話し手と聞き手が意見を交換し結論に到ることができれば何ら問題はなく，TBLT のシラバスに則った授業が可能である。問題は，多くの学習者が，必要な語彙や

---

[6] 言語活動の最終目標である資料4の Task は，指示文が英語になっている。通常，学習者の負担を考慮し指示文は日本語でよいが，この活動（DOMO and SO-KA）を言語活動の最終段階に位置づけた場合には，全て英語で書かれた方がより自然であるとの判断からである。また，指示文を英語にすることにより ALT に評価者として Task に参加してもらうことも容易になる。

文法構造を，与えられた場面の中で運用できないばかりか，この種の活動の経験がほとんどないことから，適切に会話し活動を進め Task を完結できる段階に到っていないことである。

この現実に対して，髙島（2000）は，日本の英語学習環境を考慮し，タスクと同様に課題解決が目的ではあるが，学習者がその目的に到達しやすいように，活動に会話の進行を段階的に示した「タスク活動（Task Activity: TA）」（資料3『PONY or SHARK?』pp. 19-22 参照）を，その有効性を示した実証データと共に提案した。この言語活動の大きな特徴は，会話の進行に指示を与えながら，学習者にとって混同しやすい2つ以上の似通った文法構造（例えば，形容詞の原形・比較級・最上級）のいずれかを使用するように工夫されている点である。話を進める中で，意味のやりとり（negotiation of meaning）[7]が生じ，学習者の自由な会話を促すように構成されており，同時に，特定の言語形式にも学習者の意識を向けるよう工夫されている。タスク活動（TA）は，

> 構造シラバス（structural syllabus）を基本として構成されている検定教科書を用いた指導を前提としている。この活動は，学習者が，使用する言語形式を主体的に選択し，相手との自然なコミュニケーションを通して，与えられた課題を遂行する，原則として対話形式の活動や発表を指すと定義されている（髙島 2000）。

また，この活動の特徴としては，次の6つが挙げられている。

(ⅰ) 意味・内容の伝達が中心である。
(ⅱ) 言語を用いて与えられた活動目標を達成することが第一義である。
(ⅲ) 意味のやりとりがある。
(ⅳ) 2つ以上の構造の比較がある。
(ⅴ) 話し手と聞き手に情報（量）の差がある。
(ⅵ) 活動や得られる情報が興味深いものである[8]。

しかし，現実には，この活動でさえ学習者にとって困難である場合も十分予測される。そこで，TA の前段階の言語活動として，さらに言語形式の定着を重視するために，モデル・ダイアローグや語彙を与えながらも，Task や TA

---

[7] 次の会話は，学習者Aが携帯電話DOMOの店員，学習者Bが客という設定のTask（資料4の活動参照）での「意味のやりとり」の例である（村上・髙島 2004: 48）。

A: Oh, umm, DOMO cellular phone is better ... about creative ... than SO-KA.
B: Creative? ... Quality?
A: Ah!　Quality.

と同様に，課題解決を目標に持つ「タスクを志向した活動（Task-Oriented Activity: TOA）」が必要となる（資料2『パインアップルVSハニー』（pp. 17-18）参照）。これは，「特定の場面や状況の中で，与えられたダイアローグや文法構造・語彙などを用いて課題解決を行う，原則として対話形式の活動や発表を指すもの」と定義され，その特徴は以下の4点である。

(i) 言語を用いて課題解決をする目標がある。
(ii) 2人以上による情報の授受・交換を行う。
(iii) 話し手と聞き手に情報（量）の差がある。
(iv) 指定されたモデル・ダイアローグなどに従って活動する。

つまり，TAに入る前にTOAという段階を設け，学習した語彙や文法構造などが場面に応じて正確に使用することをモデル・ダイアローグなどを通して確かめることが必要である。

第4章で触れるが，ここで取り上げている「タスクを志向した活動（TOA）」は，語彙や文法指導などがなされている中学校以降の活動に主に言及していることである。これに対して，小学校では，TOAの4つ目の条件を満たさないことがある（第4章の4.1.1.2参照）。これは，小学校では，「総合的な学習の時間」等で「英語活動」として実践されていることもあり[9]，活動はさまざまな形態を取り，広がりのある，より自由度の高いものとなり，体験を通して課題を解決していくこととなるからである。小学校での活動は，課題解決という観点からは「タスク」ではあるが，文法構造などの使用の観点からは，モデル・ダイアローグに依存することが多く，「タスクを志向した活動（TOA）」となる。

3種類の言語活動であるTOA，TA，Taskを9つの観点から比較すると表1-1のようにまとめられる。特徴に重なりがあるのは，それぞれの活動が完全に独立しているのではなく，〈TOA → TA → Task〉という連続性・階層性が

---

[8] 話し手と聞き手にとって「情報が興味深い」という特徴は，作成側の教師にとっても，活動する学習者にとっても主観によることが多い。大切なことは，言語を使っての活動内容が実生活に関わっていたり，行うことに何らかの意義があるものであるかどうかである（引用中の下線は筆者）。

Students achieve facility in *using* a language where their attention is focused on conveying and receiving authentic messages, that is, messages that contain information of interest to both speaker and listener in a situation of important to both. (Rivers 1987)

[9] 英語を使って課題解決をするという点では，小学校の英語授業も中学校以降も同じである。従って，小学校のTOAシート（第4章の資料2）も高等学校で中心的に扱われるTaskシートも形式的には同じとなる。

表 1-1 TOA, TA と Task の主な特徴の比較

主な特徴	TOA	TA	Task
(a) 意味内容の伝達に重きを置く	○	◎	◎
(b) 活動目標の達成（過程）に重きを置く	◎	◎	◎
(c) 情報の授受・交換の有無	◎	◎	◎
(d) 情報（量）の差	◎	◎	◎
(e) 段階を追った指示の有無	◎	◎	×
(f) モデル・ダイアローグ，または，使用する文法構造などの指定の有無	◎	×	×
(g) 2つ以上の文法構造の比較	×	◎	○
(h) 意味のやり取りの有無	△	◎	◎
(i) 活動や得られる情報に対する興味，動機付けに重きを置く	○	◎	○

（表中の◎○の印は，各項目の必要条件を表し，◎は必須，○はある方が望ましい，△はなくてもよい，×は不要であることを示している。）

あるからである。特に，3者の特徴は太枠で囲まれたところに見られる。活動がより自然なコミュニケーションへと近づくほど，意味内容の伝達に重きが置かれ，より実践的・実際的な言語使用へと発展的な広がりを見せていることがわかる（髙島 2004）。

表 1-1 中の(b)は，「活動の完結（completion）」のことであり，TOA，TA，Task ともに◎となっている。定められた時間内に活動を終了し，解決すべき目標が達成されたかどうかが問題なのである。具体例を見てみる。資料1（p. 16）の『あなたの予想は？』と資料2（pp. 17-18）の『パインアップル vs ハニー』は同じ TOA であるが，資料1 は，図 1-3 の線上では，資料2 と比べて，Exercise により近い言語形式の練習に重きを置いている。これは，話し手の間に情報の差があるとはいえ，全ての質問文が与えられ，最終目標は表に○×を書き込み，正答率を学習者の間で競うゲーム的要素の強いものである。つまり，教室外で生じることのシミュレーションとしての言語活動というよりは，言語を使うための練習（language display）なのである[10]。これに対して，

---

[10] Skehan and Foster（1999: 94）の Task の定義は，評価の観点から language display を Task とそれ以外の活動を区別する1つの条件としている（下線は筆者）。

Tasks ... are activities that (a) bear a recognizable relationship to the use of language in the real world, (b) emphasize the meaning of language rather than its form, (c) are problem oriented and carried out under time pressure, (d) are evaluated in terms of outcome, not in terms of <u>language display</u>.

資料2の活動の目的は，言語を使って「どちらのコンピュータが優れているか議論し，決める」，資料3と資料4では，言語を使って「いずれかのMDプレーヤや携帯電話を購入する」という言語を使って何かを成し遂げるという目標がある。

次に，特徴的な違いのある4つの項目((e)～(h))について解説する。まず，(e)では，TOAとTAに段階が付いている理由は，学習者に目的までに何をどのように行えばよいかのガイドラインを与えることである。これに対して，Taskでは活動の進め方は学習者の自由である。次の(f)では，TOAの段階で，語彙や使用する構造を前もって与えておくことが，多くの学習者の手助けになると思われる。これらの語彙や構造を学習者に周知しておくことで，TAやTaskへの橋渡しが容易になるはずである。次の(g)はTAの特徴の1つであるが，既習文法事項の中での複数の似通った文法構造の使い分け（例えば，*be going to*と*will*）ができるかどうかを確認する段階を設けている。最後の(h)は，会話者の間で意思疎通に何らかの問題が生じた場合，自由に聞き返して尋ねたり，説明を求めたりするなどして，相互理解が可能となるように活動を工夫しておく。特に，TAでは，結論に至るまでの特定の段階で，意図的に条件を付け，会話者同士がお互いのことを理解していないと結論に至ることができないように工夫するのである。このような活動を通して，インプットやインターアクションがより多くなり，理解できるインプットの増加と共に言語習得・学習が促進されるばかりではなく，会話の内容に広がりや深みが出てくるのである。

1.1.3　言語活動の整理の必要性

年間カリキュラムやシラバスには，学年や単元ごとに到達目標があるが，授業にもそれぞれ目標があり，その目標がどの程度達成されたかを評価することになる。指導案を作成する場合には，授業の目標に学習者が到達できるようにさまざまな言語活動を工夫し順序付けをすることになる。活動の配列や構成によって，学習効率を最大限に高める工夫を指導者は考えなくてはならないのである。

このためには，言語活動の持つ特徴を把握し，学習段階に見合った活動を与えることが大切である。逆に言えば，明確な目標を持たずに，また，活動の特徴を理解しないままに学習者に発話だけをさせても，学習者の理解や定着が見

えてこない。さらには,「学習したことを使ってみよう」という段階で留まる活動（資料1のような図1-3のExerciseにより近いTOA）では,学習したこと（文法知識）が実際の言語使用まで結び付かず,モデル・ダイアローグに従った音声練習に留まっていることになる。この種の活動は基礎・基本の理解や定着のための練習としては極めて大切なものではあるが,教室外のシミュレーションとしての言語活動としては不充分であり,学習者の創造的な言語使用には至らない[11]。現実場面では,モデル・ダイアローグも語彙も与えられはしないからである。

1.1.4　文法指導の一部としての言語活動

　日本人が英語を外国語として学習する場合,EFL（English as a Foreign Language）の環境であるのに対して,欧米諸国などで英語を学習する場合にはESL（English as a Second Language）という異なる言語環境に置かれることになる[12]。両者の大きな違いは2つあり,1つは,学習者が受けるインプットとインターアクションの量と質の違いであり,もう1つは,即時に受けることのできるフィードバックの量の違いである。こういった違いは,外国語学習の動機付けがあまり期待できない日本人には圧倒的に不利に働き,実践的コミュニケーション能力を限られた時間内で育成しなければならない指導者にとっては難題である。週数時間という授業時間内で,帰納的（inductive）に文法を学習者に学ばせる余裕はない。また,「タスク」を与えて,発話をさせた後でフィードバックの中で文法説明をしようとしても,多くの場合,学習者からの発話がないために,フィードバックができないのが現実である。このような状況の中で,教室における活動は,原則として,文法説明の後,段階を追い徐々に難易度を上げて活動を行い,その後にさまざまなフィードバックを与えていく方

---

[11] 外国語（英語）科の基礎・基本の内容は,学習指導要領に網羅されているものを指す。しかし,ある時点で学習に支障があった場合,現実的には,当該学習者一人一人にとっての「基礎・基本」とは何かを問うことになる（髙島2002: 7）。

[12] 第二言語習得理論研究において,EFL（日本や韓国のように英語が教室外でコミュニケーションの手段として用いられず,外国語として学習する環境）とESL（イギリスやアメリカなどで英語が教室外でコミュニケーションの手段として用いられ,第二言語として学習する環境）の二分法が知られている。しかし,これでは,日常生活では母語を用いるが,母語と英語が語族的にも近く,教室外での英語使用やインプットの量も格段に多いノルウェーやオランダなどの国々も,日本と同一のEFLと分類されることになる。このことを避けるために,英語は公用語ではないが,ESLとほぼ同じように教室外で英語がコミュニケーションの手段として用いられるEnglish as an Almost Second Language（EASL）という名称の範疇が必要と考える（村上 他 2004 a; 2004 b参照）。

法が適切となる。

　ここでいう「文法説明」は，言語（英語）の仕組みである文法の解説であり，静的な知識の knowledge about language のことである。これを，動的な知識，すなわち，発話するときに使える knowledge of language にする役割を担うのが言語活動なのである[13]。

　これまで，文法説明はあまりに抽象的で，言語活動も学んだことを使ってみようという段階で留まっていたために，両者が独立して存在するように考えられてきた。つまり，形式と意味のつながりに焦点が置かれ，具体的な場面での言語使用との関連があまり意識されてこなかったのである。例えば，学習者は現在完了形の学習の場合，現在完了形の言語形式（form）である「have (has)＋動詞の過去分詞形」とその意味（meaning）である「継続・完了・経験」を示し，「過去の出来事と現在の結びつきが，話し手の現在の気持ちにある」という説明を受けても，"Mary has never seen snow in her life." と "Mary never saw snow in her life." の違いを感じることはできなかったであろう（コミュニケーションにつながる文法指導については，髙島 1995; 2000 を参照）。文法知識は，言語形式（form）とその意味（meaning）の結びつきだけでは十分ではなく，具体的な場面を意識した use（言語使用）が伴わなければ，知識として理解をしたとしても，言語使用には繋がらないのである。つまり，自慢げに宿題を見せながら，"Prof. Andersen, look! I've finished my homework." という場面や，宿題ならとっくの昔に終わっているという，"Homework? I finished it already." の場面を学習者自身に感じさせるような present perfect（あるいは，past）simulator が必要である[14]。

　文法説明は EFL 環境では不可欠であるが，同時に，具体的な場面の中で，その場に応じた言語形式を学習者に選択させる機会を与える必要がある。つまり，学習した文法知識を場面に応じてタスク活動などで意図した表現を使えたかどうかを考えさせることが大切である。同時に，コミュニケーション志向の

---

[13] これらの知識を，declarative knowledge と procedural knowledge と呼ぶこともある。特に，後者にも knowledge という語が付いているために「静的な」ものと解される可能性があるが，言語運用のプロセスを指しており，実際に，即座に（on-line で）運用できることを意味している。

[14] これは，Larsen-Freeman (2003) の，文法をスキルとして捉え，従来の「知識」としての grammar と区別し「動的な技能」である grammaring と見做す考え方に共通する。コミュニケーションの場で運用できる文法の力である grammaring を育てるためには，form（言語形式），meaning（意味），use（言語使用）の３つの側面を相互に関連させ，同時に指導する必要があるとの主張である。この use が場面によって変化し，これによって form も変わるのである。

文法指導を目指すためには，そのような場面を作り出す言語活動が必要なのである[15]。

本章では，コミュニケーション活動を「タスクを志向した活動（TOA）」「タスク活動（TA）」「タスク（Task）」の3つの活動に分類し，それぞれの特徴を明確にしてきた。また，これらの活動を進めるにあたり，以下の4点が重要であることを強調してきた。

① 教師は，教室における言語活動は，教室外における言語使用が可能となるためのシミュレーションであると考えて授業に臨む必要がある。
② 授業における最終段階での言語活動としてはTaskが行われるべきであるが，そこに至る過程のTAやTOAも同様に重要である。
③ 言語活動は「静的」な知識を「動的」なものにするためのものであり，教師は，文法説明の内容を，できる限り場面を意識した具体的なものに工夫すべきである。
④ 文法説明と言語活動が有機的に働いて，実際の言語運用が可能となる。

さまざまな言語活動を進めていく上で，学習者の視線はどこにあったか，学習者から「どのように表現するのか」などの質問が出ていたか，学習者の活動が常に教師の手中のみで行われていなかったかなどを振り返りながら，言語活動を実施することが求められる。実践的コミュニケーション能力の育成は，さまざまな言語活動をシミュレーションとして行う言語経験を積むことによって可能となるのである。

---

[15] 「コミュニケーション志向の文法指導」とは，文法説明の内容を具体化してコミュニケーションの場で使いやすくする工夫と，コミュニケーションが可能となるための文法説明や言語活動を再考し授業構成を組みかえることの二つの意味がある。これまでも多くの授業では，文法説明の後に，その文法構造を使用する言語活動の実施という順序を経ている（①の矢印）。このために，時間的余裕がない場合には，シミュレーションとしての実践的な言語活動にまで到達できなかった。今後は，目標とするコミュニケーションを起点として授業構成や内容を考える視点（②の矢印）を持つことも大切である。

```
              ①これまでの視点
   ┌─────┐ ───────────→ ┌──────────────┐
   │文法説明│              │コミュニケーション│
   └─────┘ ←─────────── └──────────────┘
              ②付け加わる視点
```

資料1

(TOA)

『あなたの予想は？』

😊 パートナーの名前を下記の表に記入しましょう。
次に、相手の答を予想し、「予想」欄にその答を書き込みましょう。そして、例にならって質問し、当たっていたら「結果」欄に○を、違っていたら×を記入しましょう。

(例) 1.～6.
- A: Which is more interesting, math or English?
- B: English is (more important than math).

(例) 7.～10.
- A: What is the most interesting subject for you?
- B: English is (the most interesting subject for me).

パートナーの名前 →	予想	結果
Questions		
1. Which is more difficult, math or English?		
2. Which is more interesting, P.E. or music?		
3. Which is more important, money or love?		
4. Which is more exciting, soccer or baseball?		
5. Which is more beautiful, the blue sky or the blue sea?		
6. Which is more useful, a personal computer or a mobile phone?		
7. What is the most interesting sport for you?		
8. What is the most delicious food for you?		
9. What is the most difficult subject for you?		
10. What is the most important thing for you?		

☀ 予想はどれだけ当たっていたかな？ → (　　) / 10

資料2　タスクを志向した活動

(TOA)

パインアップル VS ハニー

【 Sheet　A 】

あなたは，コンピュータ販売店「パインアップル」でコンピュータを買おうと思っています。友だちのBさんは，ライバル店の「ハニー」で買うことにしているようです。自分が買おうと思っているコンピュータの優れているところを，下の会話に従って相手に言いましょう。お互いに情報を交換してどちらのコンピュータがよいか決めましょう。

《会話例》

A:　The Pineapple is　-er / more　～.
B:　The Honey is　-er / more　～.

※ 空欄は下のパターンを使って聞いてみよう。
　The Pineapple is (　　) kg (mm, yen).
　How about the Honey?

軽い	light
カラフル	colorful
薄い	thin
役立つ	useful
安い	cheap

番号	実物の10分の1の大きさ	A. パインアップル	B. ハニー
		Pineapple	Honey
1	軽い	2 kg	
2	カラフル	5色	
3	小さい（場所をとらない）	（上の図を見て比べよう）	（上の図を見て比べよう）
4	薄い	19 mm	
5	役立つ（機能）	テレビが見られる	
6	安い	180,000円	

資料2　タスクを志向した活動

(TOA)

パインアップル VS ハニー

【 Sheet B 】

あなたは，コンピュータ販売店「ハニー」でコンピュータを買おうと思っています。友だちのAさんは，ライバル店の「パインアップル」で買うことにしているようです。自分が買おうと思っているコンピュータの優れているところを，下の会話に従って相手に言いましょう。お互いに情報を交換してどちらのコンピュータがよいか決めましょう。

《会話例》

A:　The Pineapple is 　-er / more 〜.
B:　The Honey is 　-er / more 〜.

※ 空欄は下のパターンを使って聞いてみよう。
　The Honey is (　　) kg (mm, yen).
　How about the Pineapple?

軽い	light
カラフル	colorful
薄い	thin
役立つ	useful
安い	cheap

番号	実物の10分の1の大きさ	A. パインアップル	B. ハニー
		Pineapple	Honey
1	軽い		3 kg
2	カラフル		3色
3	小さい（場所をとらない）	（上の図を見て比べよう）	（上の図を見て比べよう）
4	薄い		21 mm
5	役立つ（機能）		DVDが見られる
6	安い		210,000円

資料3　タスク活動

PONY or SHARK

【Sheet A】

〈次の場面でパートナーと会話してみよう〉

> あなたは日本橋の電気店で働くAさんです。店にイギリス人のBさんがやって来ました。

1. Bさんに笑顔で話しかけましょう。

2. あなたの店で売っているPONYのMDプレーヤーのセールスポイントを実寸大のカラー写真を使って，伝えましょう。

PONYのセールスポイント

○ 小さい！　　○ 軽い(100g)！　　○ 強い！

○ 美しい！　○ カラフル！　○ 安い(25000円)！

3. Bさんの話を聞いて，20,000円で売ってもいいことを伝えましょう。

　　☆ Bさんはどちらの商品を選びましたか？○をしましょう。

[PONY ・ SHARK]

Sheet A

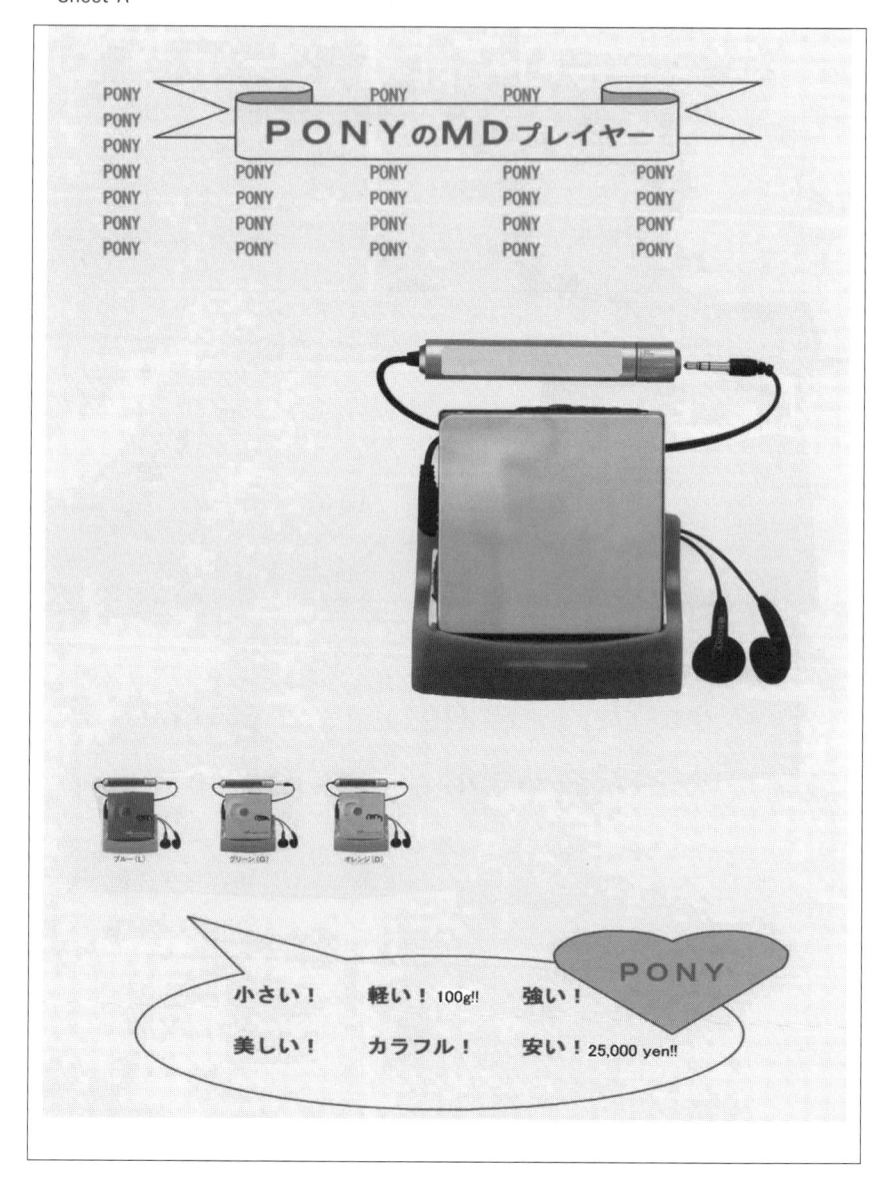

資料3　タスク活動

PONY or SHARK

【Sheet B】

〈次の場面でパートナーと会話してみよう〉

> あなたはイギリス人のBさんです。MDプレーヤーを買おうと思い日本橋にやって来ました。すでに何軒か回り，SHARKのMDプレーヤーにしようか，今来ている店で売っているPONYのMDプレーヤーにしようか考えています。

1. 店員のAさんが話しかけてきます。MDプレーヤーを探していることを伝えましょう。

2. まず，AさんからPONYのMDプレーヤーのセールスポイントを聞きましょう。そして，SHARKのMDプレーヤーも気に入っていることを伝え，前の店で聞いたSHARKのMDプレーヤーのセールスポイントを実寸大のカラー写真を使って，伝えましょう。

```
       SHARKのセールスポイント
    ○ 小さい！  ○ 軽い(80g)！  ○ 薄い！
    ○ 美しい！  ○ カラフル！   ○ 安い(23000円)！
```

3. Aさんの説明や値段を聞いて，どちらの商品にするか決めて，Aさんに伝えましょう。

　　☆ あなたはどちらの商品を選びましたか？○をしましょう。

[　PONY　・　SHARK　]

Sheet B

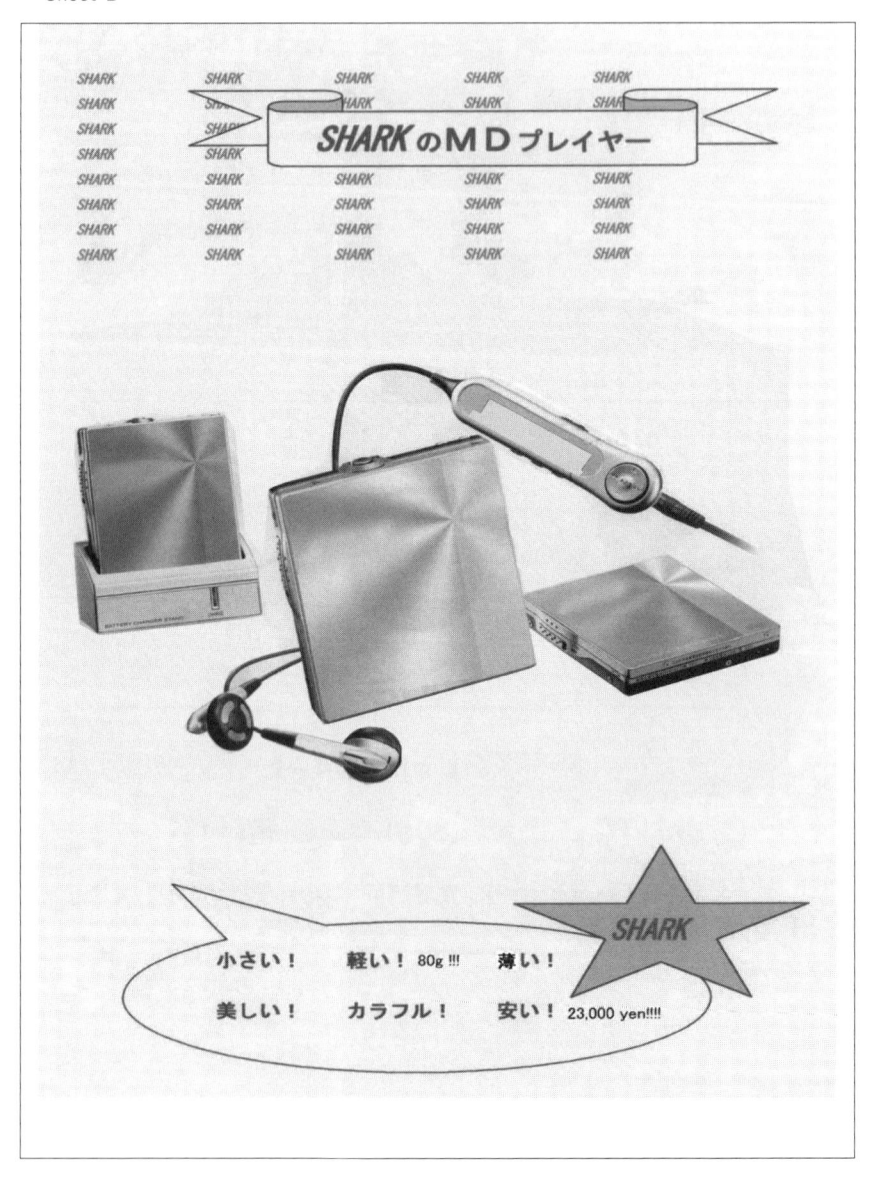

SHARK のMDプレイヤー

小さい！　軽い！ 80g!!!　薄い！
美しい！　カラフル！　安い！ 23,000 yen!!!!

SHARK

第1章　実践的コミュニケーション能力の育成に必須の言語活動　23

資料4　タスク

DOMO and SO-KA

Sheet A

You've almost decided to buy the *DOMO* cellular phone. A sales person comes to you and says something about another cellular phone. It may be worth listening. You could buy two phones, one for your boy/girl friend and one for yourself.

DOMO　DOMO　　○　○　　DOMO　〈実寸大〉

DOMO
DOMO
DOMO
DOMO
DOMO
DOMO
DOMO
DOMO
DOMO
DOMO
DOMO
DOMO

● 小さい！
● 軽い！（72g）
● 安い！（2,800円）
● 画面（モニタースクリーン）
　が大きい！
（画面に 400 文字表示できる。）
● カラフル！
● 役に立つ！
（音楽を送ることができる。
ニュースやチケットなどの情報
を得ることができる。）

資料4　タスク

DOMO and SO-KA

Sheet B

Your mission is to sell the *SO-KA* cellular phone at a reasonable price.　You will earn the balance above 2,800 yen if you sell one. If you can sell two cellular phones,　you will double the balance you earn, plus you will receive 1,000 yen as a bonus.

SO-KA

〈実寸大〉

- 小さい！
- 軽い！（68g）
- 安い！（3,000 円）
- 画面(モニタースクリーン)が大きい！
  （画面に 350 文字表示できる。）
- カラフル！
- 役に立つ！
  （E メールを送ることができる。
  音楽を聴くことができる。）

SO-KA SO-KA
SO-KA
SO-KA
SO-KA
SO-KA
SO-KA
SO-KA
SO-KA
SO-KA
SO-KA
SO-KA
SO-KA
SO-KA
SO-KA SO-KA

第 2 章
タスク活動・タスクなどの言語活動の実施と評価

　「実践的コミュニケーション能力」の育成を目標として掲げた学習指導要領では，目標達成のための指導として，「実際に言語を使用して互いの気持ちを伝え合うなどのコミュニケーションを図る活動」（文部省 1999 a: 24）や「情報や考えなどを伝え合うことを活動の中心とし」「生徒が情報や考えなどの送り手になり」「具体的な言語の使用場面を設定した」コミュニケーション活動（文部省 1999 b: 18）を行うことが大切であるとしている。第 1 章では，教室における言語活動をその目的と特徴から整理し，実践的コミュニケーション能力の育成のための活動として，タスク活動（TA）やタスク（Task）が重要な役割を果たすことを明らかにした。

　TA のような活動を取り入れた授業が，より現実的な言語の使用場面を創り，言語習得に貢献することは明らかになったが，限られた授業時数や教科書との兼ね合い，学習者の状況などを考慮に入れた計画的な実施が望まれる。また，学習内容の定着を図るためには，フィードバックが必須である。本章では，TA や Task の実施とフィードバック，さらに，どのような評価を行っていけばよいのかについて検討する。

2.1　タスク活動などの言語活動の実施とフィードバック

2.1.1　活動の実施計画

　英語が「実践的に」使用できるようになるためには，実際に学習者に英語を使用する体験をさせなくてはならないことは論を待たない。教師は，コミュニケーション能力の育成の観点から教材や言語活動を選択して授業を計画し，授業においては学習者を支援することが求められる。言語活動の選択にあたっては，活動を通して教授内容に学習者を主体的に関わらせ，知識の伝授に留ま

ことなく，学習者が知識を活用する環境を設定する視点が必要である。教室外で英語を使用する機会をほとんど持たない学習者にとっては，シミュレーションとしての言語活動という形で英語を使うことが，唯一の言語使用の機会となるからである。

　第1章で概観したように，教室における言語活動は，コミュニケーションを目的として広く様々な活動を含むタスクを志向した活動（TOA），課題達成を容易にするための段階を与えた TA，英語を使ってコミュニケーションの目的を達成する Task など多岐に渡る。限られた授業時数の中で，どのような活動をどの程度の時間をかけ，また，いかなるタイミングで行うべきなのかを考える必要がある。

　まず，定着させたい事項に関して，育成しようとする力に応じて，言語活動の種類と時間配分を決める。また，学習者が活動にスムーズに取り組めるように，Drill や Exercise のような形式に焦点を当てた活動を前段階に取り入れるなどして，基礎・基本を定着させた後に段階的，発展的に様々な活動が有機的に連動し目標達成に向かうように，授業を組み立てることが望まれる（第1章図1-3参照）。

　次に，実施時期に関しては，TA や Task といった，より体験的な言語活動は，単元の学習後，あるいは学期の総まとめとしてなど，目的に応じて年に5，6回程度実施するのが現実的である（具体的な年間計画については，第3章3.4を参照）。

　TOA，TA，Task といった活動に共通するのは，学習者に言語を実際に使わせることによって，より正確で適切な言語使用を支援しようとする姿勢である。このような活動を授業に取り入れる際には，教師は学習者が自信を持って活動に参加できるように，段階的な練習や準備の時間を与えたり，ペア活動が実施しにくいようであれば，複数の学習者同士で協力して会話の流れを相談させるなどの配慮が必要である。

　また，モデル・ダイアローグが与えられていない TA や Task のような活動では，未習の語や表現の扱いについても，年間計画の中で考えておきたい[1]。語句等は活動前に与えてもよいが，活動後に学習者の不足感を解消し疑問に答える形で与えることも可能である。いずれにせよ，活動をより効果的なものとし，言語使用の正確性を高めることを目指すには，フィードバックについてもあらかじめ計画することが必要なのである。

2.1.2 フィードバック

　フィードバックには，活動中に行うものと，活動後に行うものが考えられる。Task のような言語活動では，意味内容の伝達が第一義であるため，正確で適切な表現が使用されないことがある。このような状況での知識の不足を補い，効率よく学習を進める方法として，授業におけるフィードバックは重要な意味を持つ。

　第二言語習得理論研究の分野では，コミュニケーションを行う中で言語形式に学習者の意識を向けさせること（focus on form）が，言語習得・学習に貢献するとする研究が進んでいる（例えば，Doughty and Williams 1998）。中でも，Task のようなメッセージの授受を第一義とした言語活動で，学習者の発話の中で誤って使用された言語形式についてフィードバックを与え（corrective feedback），学習者の意識を言語形式に向けさせる手法は，正しい発話を引き出し言語使用の正確性を高めるとされる（例えば，Doughty and Varela 1998）。

　言語形式に対するフィードバックには，教師が学習者に対し誤りを指摘したり，文法用語を使って間違いに気付かせる明示的な方法と，学習者の誤った発話を繰り返したり，"Excuse me?" "What do you mean?" などと聞き直したりして学習者の更なる発話を促したり（clarification request），相手の意図する内容を正しく言い換えたりする（recast）などの暗示的な方法がある。大切なのは，実際にコミュニケーションを行う時にこのようなフィードバックを与え，学習者自身による修正された発話（repair）を得ることであるとされる（例えば，Lyster and Ranta 1997）。

　しかし，現実に Task などを行った場合，活動中にこのようなフィードバックを学習者同士が行うとは限らない[2]。そこで，活動後に幾組かのペアに他の学習者の前で実演させたり，録画・録音したものを視聴したりしながら，伝え

---

[1] 学習者の負担に配慮し，活動の直前に語句を与えるのではなく，後の活動で使うことになる語句を，練習等で場面を通して扱っておくことで未知語への接触の機会を増やす方法も考えられる。Long (1991) の主張する，コミュニケーションの際の不都合への対処的フィードバックである reactive focus on form に対して，Ellis, *et al.* (2002) は，コミュニカティブな教室においては，活動前に語彙や文法について学習者から質問が出ることが多いことを指摘し，実際の発話の前に言語形式に学習者の意識が向くことから，これを preemptive focus on form と呼んでいる。このようなタイプの focus on form は，教師主導であるよりも学習者主導である方が言語習得・学習には効果的であるとしている。

[2] 村上・髙島（2004）は，Task を行う中で，学習者自身がフィードバックを与え，相手の学習者が自分の発話を修正する事例を報告し，Task のような活動では，Drill や Exercise ではみられない「意味のやりとり」が起こる可能性が高いことを指摘し，この種の活動の必要性を説いている。

たかった内容を本人に確認し，どのように言えばよかったのかを皆で考えるなどの機会を持つ方法が現実的である。また教師は，多くの学習者に共通する誤りや，より適切な表現について補足説明をすることにより，言語の場面に応じた言語形式の正確性を高める指導をすることができる。

　このように，活動前の文法説明だけでなく，活動のフィードバックを通した指導も，文法指導の重要な一部である。言語活動を介して言語使用を体験させ，適切なフィードバックを与えることで，誤りに気づかせたり納得させたりして，知識をいつでも利用できる状態へと効率よく導くことが，文法指導の効果なのである。

2.1.3　フィードバックからフィードフォワードへ

　本書で紹介している TA や Task は，目標文法項目の使用ができる限り自然な場面でなされるように設定されているため，コミュニケーションにおける文法の必要性が際立つようになっている。従って，活動ごとに，特定の言語形式の正確さや適切さに関するフィードバックがあらかじめ計画しやすい。また，このような言語形式に関するフィードバックの他にも，活動後に「学んだ表現を使ってみようとした」「伝えたいことが言えた」など，活動全般に関して学習者に自己評価をさせることは，自己評価力を高める意味で大切である。

　言語活動を通して得た様々なフィードバック（図2-1中の◀┄┄┄┄）は，次回の活動，さらには実際に英語を使う場面に遭遇した場合に活用しようとする，いわば次の学習への推進力のようなものを「フィードフォワード」と呼び，学習者への直接的な働きかけであるフィードバックと区別すべきである。（図2-1中の一番外側の⇧）。「振り返り」「反省」に終わることなく，次の活動によりよい形でつなげて行こうとする学習者自身の前向きな姿勢と言ってもよい。このような力を育てるには，個々の言語活動を単発的に行い完結するのではなく，継続的・発展的に実施することが大切である。活動に連続性を持たせることで，言語形式の正確性に関する意識を高めるだけでなく，「相手が言ったことがわからなければ，もう一度言ってもらえるように頼む」「自分の言ったことが相手に通じていないようであれば違う言い方で言い直してみる」などといった，コミュニケーションにおける望ましい振る舞いやストラテジー（例えば，Yule and Tarone 1997）を身につけていくことが期待される。

　言語によって思いや考えを伝え合い，よりよい人間関係をつくる力は，「生

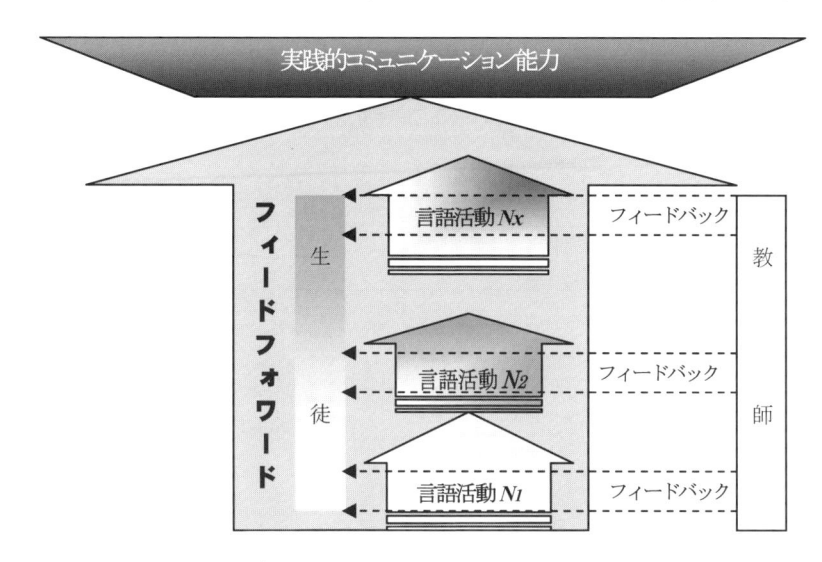

図 2-1　フィードバックとフィードフォワードの関連

きる力」の根幹をなす重要な要素の一つである。フィードバックを個々の活動（図1中の小さな⇧）で終わらせることなく，次回の活動により積極的に取り組もうとする学習者の自主性を育み，言語に関する知識と共に実践的コミュニケーション能力の育成へと総合的にフィードフォワードさせていくことが，重要なことなのである。

2.2　「話すこと」の評価

2.2.1　教育活動の一環としての評価

　教育活動において，「計画，指導，評価」は一連の基本的な流れである。つまり，目標（ねらい）を定めその達成を目指した授業を考案し〈計画〉，様々な手段を講じて授業を実施し〈指導〉，授業の結果を見定め〈評価〉，評価で得られた結果を基に，更に改善した授業計画を立てる，一連の活動として教育活動は捉えられる。この流れの中で考えると，評価に関して3つの視点が含まれることに気がつく。

　1点目は，教育活動の計画に当たっては，設定された目標に照準を当てた評価がなされるべきであることである。2点目は，指導したことに関してそれが

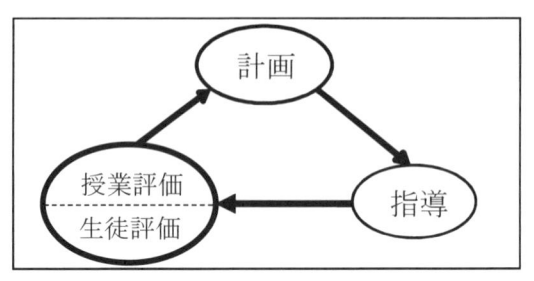

図 2-2　教育活動の流れ

どの程度学ばれたかという視点（「指導と評価の一体化」）で評価されなければならないことである。3点目は，評価には，学習状況の診断や学習の進捗状況の判断を目的とする学習者に関するもの（生徒評価）と，指導法やカリキュラムを見直すことを目的とする指導者のためのもの（授業評価）との2側面があることである[3]（図2-2参照）。

　公立の中学校・高等学校で現在行われている「目標に準拠した」絶対評価においては，設定した目標の達成状況を測っている。それによって，学習者に学習の進捗状況を知らせ，次の一歩への足がかりとさせると同時に，教師も学習者の実態を把握することで，目標の設定に無理はなかったか，目標達成が可能な手立てを十分に与えたかなどを見直し，指導方法などの改善を行うことが求められている。教育活動は，評価することで完結すると同時に，次の教育実践への出発点ともなる。指導した内容について評価を行い「指導と評価の一体化」を図ることで評価は妥当性のあるものとなり，教育の説明責任（accountability）を果たすことにもなるのである。

---

[3] 評価とは，「具体的な教育機関においてカリキュラムの改善を促進しその効果を明らかにするために必要なすべての適切な情報の組織的収集と分析である」（ブラウン 1999）。評価に関する用語には，evaluation と assessment があるが，授業やプログラム等の全般的な評価には evaluation が，学習者の能力の評価には assessment が使われる。また，assessment の方法としては，ペーパーテストの他にも，インタビューやスピーチのようなパフォーマンスによるものや活動における観察などがある。

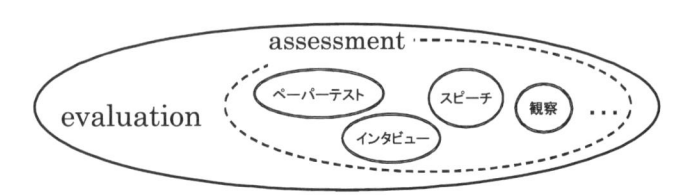

2.2.2 評価の観点と技能領域

中・高等学校外国語（英語）科における4つの評価の観点は，①「コミュニケーションへの関心・意欲・態度」，②「表現の能力」，③「理解の能力」，④「言語や文化についての知識・理解」である。「聞くこと」「話すこと」「読むこと」「書くこと」の4つの技能領域について，これらの観点に関して絶対評価を行い，最終的には評定へと集約する。目標に準拠した絶対評価においては，それぞれの評価の観点における評価規準を客観的かつ指導内容と整合性のあるものに設定することが，信頼性と妥当性を高めるために必要である。

4つの技能領域のうち，ペーパーテストでは直接その能力を測ることができないのが「話すこと」の技能である。瞬時に消える音声を多くの観点から即時に測ることは困難である。そのため運用力としての「話すこと」の能力については，③「理解の能力」と，会話文で強く読む語を問うなどしてペーパーテストで測ることも可能である ④「言語や文化についての知識・理解」を除いた，①と②の観点に絞って測ることが現実的である。特に，①「コミュニケーションへの関心・意欲・態度」については，「生徒が実際にコミュニケーションを行う場を設定し，その言語活動への取り組み状況を観察しその記録の累計等から評価する必要がある」（平田 2002a: 14）。また，そのような言語活動において，②の「表現の能力」に関しては，国立教育政策研究所教育課程研究センター（2002）が提示しているように，「正確さ」と「適切さ」の観点から測定しなくてはならない。

「話すこと」の評価は，スピーチなどで行うことも可能であるが，相手の言うことを理解し，即時（on-line）に働きかけながら双方向にコミュニケーションを行う「話すこと」の能力を測るには，TA や Task のような，自分で考え，目的を持ってコミュニケーションをすることが要求される言語活動に取り組ませる中で，伝えたい内容を自分なりに表現できているか，コミュニケーションを継続させようと努力しているかなどの，評価規準を満たしているかどうかを評価しなければならない。つまり，「話すこと」の評価については，明らかに，従来のペーパーテストとは別に，パフォーマンス評価を取り入れることが必要である。

2.3 パフォーマンス評価

　1980年代より北米のESL教育の現場では，伝統的なペーパーテスト（pencil-and-paper test）評価に代わる代替的評価（alternative assessment）が注目を集め実践されている。具体的な評価方法としては，パフォーマンステストとポートフォリオによるものが主流であり，学習者の実際に言語使用能力を測ろうとする現実場面に則した評価であることから，オーセンティック評価（authentic assessment）と呼ばれることもある。

　ペーパーテストによる知識量を測る評価から，技能および運用・創造力を重視した評価への変換は，アメリカのESL教育現場だけではなく，イギリスのESL/EAL（English as an Additional Language）教育やオーストラリアのESLおよび外国語教育現場においても見られる。いずれの場合も，そのもっとも大きな特徴は，言語発達の段階ごとにその段階で顕著に見られる評価規準が，学校種および技能領域ごとに示されていることである（村上 他 2003a）。

　表2-1は，オーストラリアのセカンダリースクール（中学校・高等学校）におけるESLの「話すこと」の熟達度に関する記述である。どのようなことができればどのレベルであるのかという，判断のための規準が具体的に示されている。この「第二言語としての英語熟達度尺度」（ESL Bandscale）は，蓄積されたデータをもとに国によって開発され，全国で統一して使用されている。教師は，熟達度尺度にある記述の行動が表れやすいような「評価のための活動」を授業で行い，学習者のパフォーマンスを評価するのである。

　パフォーマンス評価で用いられる活動とは，どのようなものなのであろうか。英語学習におけるパフォーマンス評価について，O'Malley & Pierce (1996) は次のような特徴を持つとしている（下線は筆者）。

① 学習者の自己表現活動で評価する。
② 指導の成果と現実世界の言語が使われる場面を映し出す活動で評価する。
③ 言語の技能と複合的な知識と技能の統合を必要とする活動で評価する。
④ 課題の達成について評価する。
⑤ 課題達成だけでなく，手順や方略などのプロセスも重視する。
⑥ 学習者の技能や学習内容の習得状況についての幅広く深い情報を提供する。

　特徴をまとめると，パフォーマンス評価は，「課題達成を含む，現実の英語

表 2-1　オーストラリアのセカンダリースクールにおける
第二言語としての英語熟達度尺度「話すこと」

(一部抜粋)

レベル	熟達度の記述（規準）
8	・個人的，社会的，および一般的な学校内のコンテクストにおいて，英語を適切に使用することができる。大変流暢かつ正確に言わんとすることを伝えることができる。訛りがある場合でも流暢さやコミュニケーションには支障がない程度である。
7	・個人的，社会的，および一般的な学校内のコンテクストにおけるたいていの目的に関して，英語を適切に使用する能力を確かなものとしつつある。大変流暢に話すことができるが，時には文構造，語彙の選択，強勢・イントネーション，社会文化に関することなどで間違いをする。
6	・年齢相応の場における，たいていの公式および非公式の会話に相手の援助なしに参加し，コミュニケーション・ストラテジーを使用して，英語母語話者との会話に参加することができる。文法的に不正確なところは残っているが，形容詞や副詞などを使ってより正確に内容を伝えることができる。一般的な語彙はかなり身に付いており，頻度の高い口語表現も使うことができる。発音の誤りや訛りはあるが，理解に支障がない程度である。
3	・差し迫った必要以外のことに関しても，聞き手の援助を得ながら話すことができる。 ・バスが遅れたなど，なじみのあるコンテクストにおける出来事に関して伝えることができる。 ・繰り返して言ってもらえるように頼むことができる。 ・基本的な代名詞や動詞の語尾変化などを使うが誤りが多い。 ・疑問文を使うようになるが，複雑なものは語順を誤ることが多い。 ・少しずつ，自信を持って速く話すようになるが，強勢，イントネーション，文の区切りが不適切で，理解しにくいことがある。 ・たいていの発音はある程度理解可能であるが，発音しにくい音がある。
2	・店でのやり取りなど，会話展開が予測可能な対人コミュニケーションに参加することができる。 ・定型表現以外の発話は，断片的である。 ・物の名称，人間関係，行動に関する基本的な語や，好き・嫌いについて言うことができる。
1	・ジェスチャーや一語の発話で，差し迫った必要を表現する。 ・Sorry. Excuse me. などの定型表現を使うこともある。 ・物の名称をいくつか言うことができる。

(出典：*ESL Development: Language and Literacy in Schools Vol. 1: Teachers' Manual Project Overview, NLLIA ESL Bandscales and Materials*，筆者による試訳)

の使用場面を模した，学習者が既習の知識や技能を駆使して自分で考えて英語を使う」活動を使ってなされることになる。下線部を見ると，本書の提案しているTAやTaskの定義（第1章参照）とほぼ一致しており，パフォーマンス評価はこのような言語活動を用いた評価であることがわかる。これらの言語活動は，言語使用の機会とフィードバックを与えるための活動としてだけではなく，評価のための活動としても活用されるのである。

2.3.1 タスク活動やタスクを使ったパフォーマンス評価

パフォーマンス評価は，学習者に実際に言語を使用させ，その運用能力を測る評価である。つまり，学習者に課題を与え，その達成の度合いをさまざまな観点から評価するのである。このため，前述したように，英語の「話すこと」のパフォーマンス評価においては，TAやTaskのような活動が使われることになる。

「話すこと」の言語活動をパフォーマンス評価で使用する場合は，音声を対象とするため，評価を行うには時間的制約を受ける。ビデオに録画したりテープに録音したりしない限り「見直す」ことはできない。そこで効率よく評価するために必要とされるのが，① チェックリスト（表2-2）やルーブリック（rubric，表2-3）といった採点のための評価シートと，② 学習者による自己評価表（具体例については，第3章参照）である。前者は，短時間でパフォーマンス評価を行い「目標に準拠した評価」に総括することのできるデータとなり，また，学習者へのフィードバックの際に使用できる。後者は，ポートフォリオ化して個人内評価の参考に利用できるものである。

2.3.1.1 チェックリスト

表2-2は，「話すこと」の評価の観点のうち，①「コミュニケーションへの関心・意欲・態度」と ②「表現の能力」の2つの観点に絞った評価チェックリストである。実際の使用にあたっては，その時間に行う活動で評価したい項目を選び，また，活動によって評価規準の具体例をより具体的に直し，実際に学習者がTAやTaskを行っている際に，活動への取り組みを観察し，評価規準の具体例の行動が見られた場合にチェックをする。1つの活動中に全項目について，すべての学習者の評価をすることは難しいため，何組かのペアに限って評価項目を絞ることになる。学期や学年を通して学習者と観点の双方を均

表 2-2 タスク活動やタスクを用いた評価チェックリスト（例）

観点	評価規準	具体例	生徒1	生徒2	生徒3	生徒4
コミュニケーションへの関心・意欲・態度	言語活動への取組 ・「話すこと」の言語活動に積極的，主体的に取り組んでいる。	① 間違うことを恐れず，自分の考えなどを話している。				
		② 自ら学んだ表現などを使って話している。				
	コミュニケーションの継続 ・さまざまな工夫をすることで，コミュニケーションを主体的に続けようとしている。	① うまく言えないことがあっても，別の語句や表現で言い換えるなどの工夫をしている。				
		② つなぎ言葉を用いるなど，不自然な沈黙をせず話し続けている。				
表現の能力	正確な発話 ・比較的平易な英語を用いて，情報や考えなどを正しく話すことができる。	① 文法に従って話すことができる。				
		② 伝えたい情報や考えなどを正確に話すことができる。				
		③ 理解のできる発音や自然なイントネーションで話すことができる。				
	適切な発話 ・比較的平易な英語を用いて，場面や目的に応じて適切に話すことができる。	① 場面に応じて，適切な口調と声の大きさで話すことができる。				
		② 相手の発話に対して適切に対応することができる。				
		③ 適切に話を進め，話を終了させることができる。				

等に評価できるように，計画的に複数回評価活動を行うことを考えなくてはならない。

　同じ活動中に学習者全員のパフォーマンスを評価しようとする場合には，1つの活動で評価する項目を1つ，あるいは2つに絞ってチェックする方法も考えられる。ティーム・ティーチングの場合は，もう一人の授業担当教員と手分けして評価する項目を担当すると効率がよい。ALTとのティーム・ティーチ

ングの場合は,「適切さ」の項目については,ALT に協力してもらうならば,効率性だけでなく,ネイティブスピーカーとしての特質を活かして教育活動に関わってもらえることになる。いずれの場合も,その活動においてどのような表現をしていれば評価規準を満たすことになるのかについて,評価規準の具体例を評価者同士で話し合って合意しておくことが大切である。

チェックリストの項目となる評価規準については,学習者に評価のための活動の前に示しておくことが必須である。評価規準を知ることによって,学習者は,「何を」「どのように」できることが期待されているのかが解り,目標を持って学習に取り組むことができる。つまり,教師にとって評価の観点であり評価の規準であるものは,生徒にとっては学習の目標となるのである。

2.3.1.2　ルーブリック

パフォーマンス評価を効率よく行い,学習者へのフィードバックとしても使える方法としてルーブリックを使用することもできる。ルーブリックは,「評価指標」と訳され,評定尺度(基準)とその内容を記述する指標(評価規準)を縦軸と横軸とにもつチェックリストのような形式の評価シートである。学習者が「評価規準」として示される学習目標や内容に関して,どのような行動が見られたときにどのような評価がなされるのかを,評価の観点ごとに具体的に記述してある。つまり,評価の規準と基準が一枚のシートに表されているのである。ルーブリックは,学習者の活動で見られる質的な転換点を基準として段階的に評定されるため,「目標に準拠した評価」に客観性や妥当性を保証するものであるとされる(田中 2002)。英語の暗唱やスピーチなどを評価する際,採点表を使用することがあるが,単に点数をつけるだけでなく,具体的な評価規準を提示した評価表がルーブリックである(表 2-3 参照)。

このルーブリックは,「期待されるパフォーマンス」とともに,学習者に活動前に提示するとよいとされる[4]。例えば,パフォーマンスの録画やデモンストレーションなどが,「期待されるパフォーマンス」に当たる。これを見ることにより,学習者はある評価を得るには,何が,どの程度できるようになるこ

---

[4] ルーブリックという名称は北米で用いられるが,パフォーマンス評価において,ルーブリックにみられる行動目標的記述を含む段階的評価指標を「話すこと」「書くこと」などの技能ごとのテストで学習者に提示することは,オーストラリアの外国語授業においても行われている(村上 他 2003a 参照)。ルーブリックは採点用評価指標(scoring rubric)とも呼ばれる。

とが期待されているのかがわかり，活動後は達成の度合いを知ることで自らの学習状況がわかり，今後どのような点を改善すればよいのかが見えてくる。このことは，評価としての客観性を与えると共に，記録として残しにくい「話すこと」の評価のデータを提供することになり重要である。

TA や Task で「話すこと」のパフォーマンス評価を行い，ルーブリックを使って採点し記録する場合は，学習者とのインタビュー形式が最も実施しやすい。表 2-2 のチェックリストの 2 つの評価の観点について，ルーブリックの形式にした例を表 2-3 に示した。

達成の度合いは『指導要録』の分類に従い，「A：十分満足できると判断されるもの」「B：おおむね満足できると判断できるもの」「C：努力を要すると判断されるもの」とし，具体的な内容をそれぞれの観点別に示している。教師や ALT は，学習者と TA や Task を行いながら，ルーブリック上の項目について，それぞれの ABC の欄にチェックすることになる。活動後，ルーブリックを学習者に渡し，次回の活動へのフィードフォワードとなるよう配慮する。このようにして，パフォーマンス評価を客観的かつ具体的に学習者にフィードバックすることが可能となるのである。

ルーブリックを作成する際は，基準 B と C の境目をどのように設定するかが，重要な点である。パフォーマンス評価を繰り返し行う中で，学習者の実態に則した評価規準を開発し，評価規準を普遍性のあるものとしていくことで評価の信頼性を高めていく必要がある。また，基準 C の表示については，学習者を励ます表現とし，今後どのように努力すればよいのかを示すことが肝要である。評価は学習の達成状況を測るのと同時に，今後の学習に向けた指針を与えるものでなくてはならないからである。

2.4　まとめ

パフォーマンス評価は，何がどれくらいでき，どのような点が不足で今後学習に取り組むべきであるのかが明確になる点で，学習者にとって達成度がわかると同時に，次への目的意識を持たせる，即ち，フィードフォワード的な評価である。TA や Task のような活動を授業に取り入れ，言語使用体験をさせ，必要な指導を行った後に総括的な評価活動としてこのような活動を行うことは，指導と評価の一体化という点から考えても望ましい。また，TOA などの

後に，学習した内容が使える状態になっているかどうかをTAを用いて確かめることも，「話すこと」の直接的な評価を行う点から必要なことである。このような指導と評価を繰り返し，継続的に行うことで，学習者の「話すこと」の能力の伸張は促進され，同時に学習者と指導者の目標の達成状況を明らかにすることで，教師は学習者や保護者への説明責任を果たすことになるのである。

表2-3 「話すこと」の評価のためのルーブリック（例）

評価規準の記述に当てはまる場合は□にチェック（✓）する。

基準	評 価 規 準						
観点	① コミュニケーションへの関心・意欲・態度		② 表現の能力				
評価項目	言語活動への取り組み	コミュニケーションの継続	正確さ			適切さ	
			文法	意味内容の伝達	発音・イントネーション	声の大きさ・口調	応答
A	□ 間違うことを恐れず，学んだ表現などを使っている。	□ 理解してもらえるように，別の表現で言い換えたり，説明を加えたりしている。	□ 文法に従って正しく話している。	□ 伝えようとすることを相手にわかりやすく正確に話すことができる。	□ 場面に合わせて，自然な発音やイントネーションで話すことができる。	□ 常に相手や場面によって，適切な速さや声の大きさ・口調で話すことができる。	□ 常に相手の言うことを理解し，それに応じて話すことができる。
B	□ 何とか話をしている。	□ つなぎ言葉を用いるなど，不自然な沈黙をせずに話し続けている。	□ 多少文法上の誤りはあるが，理解を妨げる程度ではない。	□ 何についてどのようなことを伝えようとしているのかほぼ理解できる。	□ 多少誤りはあっても，相手が理解できる発音やイントネーションで話している。	□ 適切な口調と声の大きさで話している時もある。	□ 聞かれたことに関連した受け答えをしている。
C	□ 間違えてもよいから話してみよう。	□ 黙ってしまわないで何か言ってみよう。	□ どんな表現をすればわかってもらえるか考えよう。	□ 〜に関する語を覚えよう。□ 相手にわかってもらえているか確認しながら話そう。	□ 発音やイントネーションの練習をしよう。	□ 相手に聞こえるように話そう。	□ 聞かれたことに関して応答しよう。

第3章
タスク活動・タスクの具体例と評価

　本章では、タスク活動（TA）・タスク（Task）を具体的に紹介する。まず、3.1では、各活動の構成について述べる。3.2では、3.6で紹介するTA・Taskを通して生徒を評価する際に使用する「評価シート」、活動後生徒自身が学習を振り返る際の「振りかえりシート」の枠組みをそれぞれ示している。「評価シート」の具体的な評価規準や「振りかえりシート」のチェック事項に関しては、3.6で各活動とともに提示している。

　次に、3.3の「活動の手順」では、実際にどのように活動を行えばよいのかを説明する。3.4では、中学校検定教科書7社のうち3社合わせて約86％の使用率（2002年度）を占める、*New Horizon*（東京書籍）、*Sunshine*（開隆堂）、*New Crown*（三省堂）の各学習文法項目の配列を基に作成したTA・Taskの年間シラバス案を提示する。3.5では、活動の難易度に関して言及する。

　さらに、3.6では、第1章で述べた、TA・Taskの理論を背景とし、3.4で提示したTAの配列に沿って、TA・Taskの各17種類、34の活動を紹介する。それらの活動では、現実に近い「言語の使用場面」を設定し、目標文法項目が自然に使用されるように工夫されている。生徒は、活動を通して場面に応じてどのような文法項目を使用することが適切であるのかを実体験する。加えて、第2章での評価のあり方を踏まえ、TAとTaskを評価する際の具体的な観点を例示する。

3.1 各活動の構成

各活動は以下の内容で構成されている。

> 🔖 — タスク活動（TA）／ ♟ — タスク（Task）
> - ねらい
> - タスク活動・タスクのイメージ
> - 評価規準
> - 「振りかえりシート」のチェック事項
> - （活動の工夫）
> - 会話例
> - 活動シート

　各活動には，2種類のねらいが設定されている。1つは，言語の働きを重視した（message-focused）ねらいであり，もう1つは，言語形式の使用を重視した（form-focused）ねらいである。これは，TA・Task が意味・内容の伝達を重視する言語活動であり，特定の文法項目の使用を狙っているためである。

　活動のイメージには，活動の形態（ペアワーク，グループワークなど）や，状況・特徴が示されている。状況・特徴では，会話が行われる時や場所などの場面や，会話をする人物の関係，活動で達成すべき目的（たとえば，旅行の行き先を決定する，など）が各活動に応じて記されている。

　各活動には，活動の特徴に応じた評価規準と「振りかえりシート」で使用するチェック事項が示されている（詳細は，次項参照）。活動によっては「振りかえりシート」のチェック事項の後に，生徒の状況に応じて活動シートをアレンジするアイデアなど，活動の工夫が紹介されているものもある。また，各活動の会話例は，学習者の既習文法事項等を配慮しながら，どのように目標文法項目が用いられるかの目安とするために作成してある。

　活動シートは，ペアワークの場合であれば［Sheet A］［Sheet B］，グループワーク（3人）の場合であれば［Sheet A］［Sheet B］［Sheet C］の3枚のシートが準備されている。活動によっては，シートが1種類であったり，活動に必要な資料が別紙として付け加えられているものもある。

　本書の活動はすべて，各活動のイメージで説明されている具体的な場面の中で実施される。これは，特定の言語形式が「いつ，どのような場面で，なぜ」

使用されるのかという use（言語使用）の面を活動に取り入れているからである。具体的な場面の中で，前述の2種類（message-focused と form-focused）のねらいを設定することで，Larsen-Freeman（2003）が言う form（言語形式），meaning（意味），use（言語使用）という3つの側面を相互に関連させた活動とすることを意図している（第1章，注14参照）。

3.2 評価シート・振りかえりシート

3.2.1 タスク活動・タスクの評価シート

次ページの表は評価シートの枠組みである。

「コミュニケーションへの関心・意欲・態度」の観点は，スピーチなど，他の「話すこと」の活動との関連から設定することが望ましい。「表現の能力」の観点に関しては，特に，各活動に共通すると考えられる正確さと適切さの評価規準を枠組みの中に予め記載している。正確さの規準では，発音やイントネーションなどの音声面と言語形式などの面を扱い，適切さの規準では，場面や人間関係等の社会言語学的な観点からの規準を設けている。

例えば，正確さでは，すべての TA・Task に共通の項目として「正しい発音，イントネーションで話すことができる」を挙げている。適切さに関しては，TA に共通する項目と，Task に共通する項目が異なっている。「適切な声の大きさで話している」や「相手の話に応じて，適切に反応することができる」は，TA と Task に共通の項目となっているが，Task では，これらに加え，「適切に話を進めることができる」や「適切に話を終了させることができる」といった項目が付け加わっている。これは，Task には，TA のような段階づけがなく，生徒自身が話を展開していくことが求められているためである。

各活動には，枠組みの中に記載した項目以外に，特定の文法項目の使用に関する項目等が考えられるが，それらは3.6の個々の活動の「評価規準」の欄で紹介する。それらの規準は，活動を実際に実施する際に評価シートの枠組みに書き込んで使用できるようになっている。評価するにあたっては，活動ごとの評価シートを使用し，評価規準を満たしているかどうかを評価し，「できている」か「できていない」のかを記入する（2.3.1.1参照）。活動で実際に評価する項目に関しては，授業形態や生徒の学習段階などを考慮し取捨選択する必要がある（4.2.3.3参照）。

タスク活動・タスクの「評価」シート　　（活動名：　　　　　　　）

	評　価　項　目	生徒1	生徒2	生徒3	生徒4	生徒5	生徒6
関心・意欲・態度 コミュニケーションへの	（言語活動への取組）						
	（コミュニケーションの継続）						
表現の能力	（正確さ） ・正しい発音，イントネーションで話すことができる。						
	（適切さ） ・適切な声の大きさで話している。 ・相手の話に応じて，適切に反応することができる。 ・適切に話を進めることができる。（タスクのみ） ・適切に話を終了させることができる。（タスクのみ）						

3.2.2 タスク活動・タスクの「振りかえりシート」の枠組み

次に，振りかえりシートの枠組みを示す。枠組み中のチェック項目である Completion, Message, Structures に関しては，各活動でそれぞれ内容が異なるため，3.6 で紹介する活動毎に提示しているチェック項目を記入して使用する。特に，Structures のチェック項目では，特定の文法構造の使用を意識させるようにデザインされている。また，focused task（1.1.1 参照）であるため，Task に関しても TA 同様に Structures の項目を設定している。

振りかえりシート

Name（　　　　　　　　　）
★活動名：（　　　　　　　　　　　）
★文法項目：（　　　　　　　　　　）

今日の活動を振りかえって，下記の表に○か×を記入しましょう。

項目	チェック事項	○ or ×
Completion （活動目標の達成）	・時間内に活動を終了できた。 ☆（　　　　　　　　　　）	
Message （意味内容の伝達）	✿（　　　　　　　　　　） ✿（　　　　　　　　　　） ✿（　　　　　　　　　　）	
Negotiation （意味のやりとり）	・わからなかったことや知らなかったことを，聞き返したり質問したりした。	
Structures （構造の比較）	♪（　　　　　　　　　　） ♪（　　　　　　　　　　）	
Information Gap （情報の差）	・自分が持っている情報を，全部相手に伝えた。 ・相手に質問して必要な情報を得ることができた。	
Interest （興味深さ）	・楽しく活動できた。	

言いたかったのに，英語で言えなかった表現があれば，日本語で書きましょう。また，気づいたこと，思ったことなどを書きましょう。

具体的な使用方法を3.6.13の『Can You（勧誘）?』（現在形 & 過去形 & 未来表現）のTAで用いる「振りかえりシート」を例に挙げ説明する。たとえば，表3-1のCompletionの項目では，「時間内に活動を終了できた」というチェック事項は，全活動において共通の事項であるので既に記入されている。しかし，「入部するかしないか決めることができた」という事項は，この活動独自のもの（斜字体）であり，3.6.13で示されているチェック事項を記入して活用する。

表3-1 「振りかえりシート」の具体例（「現在形＆過去形＆未来表現」）

項目	チェック事項	○ or ×
Completion （活動目標の達成）	・時間内に活動を終了できた。 ☆入部するかしないか決めることができた。	
Message （意味内容の伝達）	✿クラブ活動に関して，これまでの経緯を確認することができた。 ✿なぜ，入部しないのか，なぜ入部して欲しいかを説明することができた。	
Negotiation （意味のやりとり）	・わからなかったことや知らなかったことを，聞き返したり質問したりした。	
Structures （構造の比較）	♪所属しているクラブ活動について，また，これまでの経緯について適切に現在形や過去形を使うことができた。 ♪これからの予定を説明する時に，適切に未来表現を使うことができた。	
Information Gap （情報の差）	・自分が持っている情報を，全部相手に伝えた。 ・相手に質問して必要な情報を得ることができた。	
Interest （興味深さ）	・楽しく活動できた。	

3.3 活動の手順

各活動を行う場合の手順はおおよそ以下の通りである。

① ペアの一方の生徒に Sheet A，もう一方の生徒に Sheet B を（3人での活動の場合，さらに Sheet C を）配布する。その際，各々のシートを見せ合わないように注意する。
② 簡単に，どのような場面の活動であるのかを確認する。
③ 各自，シートを黙読し，各パートの内容や場面などを確認する。活動に入る前に，プランニングタイム（約5分）を取る場合は，Sheet A を持っているグループ，Sheet B を持っているグループに分かれ，場面設定などの確認をする。
④ 設定した時間を生徒に伝え，活動に入る。
⑤ 活動後，数ペアの発表を聞く。
⑥ 発表ペアの良かった点について，意見交換したり，共通する誤りについて，訂正・確認する。
⑦ 活動中に生徒が「言いたくても言えなかった表現」や「気づいたことや思ったこと」を，振りかえりシートに書かせる。
⑧ 会話モデルのシートを配布し確認する。
⑨ 次時に振りかえりシートを基にフィードバックを与える。
　　（4.2.3.4 を参照）。

3.4 各学年別タスク活動・タスクのシラバス

中学校各学年の学習文法項目と照らし合わせ，どのような内容の TA を実施することが可能であるのかを，教科書（*New Horizon*/*Sunshine*/*New Crown*）を基にまとめたものが表3-2である。ただし，実際の活動で対比させたい文法項目を考慮しているため，学習するすべての文法項目を網羅しているわけではない。また，『中学校学習指導要領（外国語編）』で「理解の段階にとどめる」ものと明示されている3つの項目，つまり，「主語＋動詞＋間接目的語＋直接目的語」の文型のうち，「直接目的語が *how* など＋不定詞の場合」，「主語＋動詞＋*what* などで始まる節」，「関係代名詞の用法」に関しても取り扱っていな

い。

　表 3-2 に基づき，全種類の TA や Task に取り組むことが理想的である。しかし，限られた授業時間数の中での実施となるため，授業の進捗状況，他の言語活動との関連，生徒の学習状況などに応じて選択し，実施することも考えられる。

　表 3-2 で述べた具体的な活動を 3.6 で紹介する。

表 3-2　各学年別 タスク活動(TA)・タスク(Task)年間シラバス案

中学 1 年生 TA・Task の種類：

TA 1-1　*be* 動詞 ＆ 一般動詞
TA 1-2　*be* 動詞 ＆ 一般動詞（三人称単数を含む）
TA 1-3　現在形 ＆ 現在進行形
TA 1-4　*can* を用いた肯定文 ＆ 否定文 ＆ 疑問文
TA 1-5　疑問詞の用法
TA 1-6　現在形 ＆ 過去形

⇩

中学 2 年生 TA・Task の種類：

TA 2-1　現在形 ＆ 過去形 ＆ 過去進行形
TA 2-2　未来表現（*will & be going to*）
TA 2-3　助動詞の用法
TA 2-4　不定詞の用法
TA 2-5　「*There is (are)* ＋ 不特定なもの」＆「特定のもの ＋ *is (are)*」
TA 2-6　形容詞の原級 ＆ 比較級

⇩

中学 3 年生 TA・Task の種類：

TA 3-1　現在形 ＆ 過去形 ＆ 未来表現
TA 3-2　受動態 ＆ 能動態
TA 3-3　過去形 ＆ 現在完了形
TA 3-4　過去分詞 ＆ 現在分詞（後置修飾）
TA 3-5　現在形 ＆ 過去形 ＆ 未来表現 ＆ 現在完了形

3.5 活動の難易度

　TA や Task を効果的にシラバスに取り入れていくためには，学習者に適した難易度の活動の実施が必要である。一口に TA・Task と言っても，活動によって難易度は異なり，活動を遂行するために学習者に求められる能力は異なる。また，同じ活動であっても，それを難しいと感じるかどうかは，学習者の言語能力のレベルや学習動機，言語学習に対する自信等，さまざまな要因によって異なる。そのような各学習者が持つ個人的要因も，検討すべき重要な点ではあるが，ここでは，活動そのものに関連する要因に絞り活動の難易度について述べる。

　図 3-1 は，活動の難易度を変化させる要素をまとめたものであるが，活動の難易度を操作できるのは，主に活動を作成する時と活動を実施する時である。まず，活動を作成する際には，活動の中で生徒が伝達しなければならない意味・内容をどのようなものにするかを考慮しておく必要がある。例えば，活動に関わる背景知識が学習者に十分あれば，たとえ言語でうまく表現できなかったとしても，その背景知識が理解を助けてくれるため，活動の課題を解決することがより容易になる。つまり，活動で扱うトピックが，学習者にとって身近なものである場合にはより容易であり，そうでない場合には，より難易度が高い活動となる（Brown, et al. 1984 参考）。例えば，3.6.12 で紹介している TA，「てんぷら USA」の場合，料理の経験があまりない学習者にとっては，てんぷらの作り方や料理器具についての背景知識がないため，活動が難しいものとなる。

　また，活動の中で，伝達すべき情報の量を減らすことによって，難易度を低くすることができる。例えば，活動シートに記載されている情報の中には，活動で設定された課題を達成するのに不必要な情報が含まれている場合がある。3.6.7 の TA，「アリバイを崩せ！」では，Sheet A・B の 4. で示されている参考人からの証言のうち，いくつかの情報はなくとも，容疑者を特定するという課題は達成可能である。学習者の学習段階によっては，そのように活動の結果に直接関係しない情報を減らすこともできる。

　加えて，活動の中で伝えるべき内容が具体的なものは，抽象的な内容と比較して，今，目の前にある（here and now）ことは，過去の別の場所（there and then）のことと比較して，伝達が容易である（Brown, et al. 1984, Foster and

要素 \ 難易度			易 ←――――――――――→ 難	
活動の難易度に関わる要素	作成時	伝達すべき意味・内容	内容について背景知識あり	内容について背景知識なし
			内容が具体的	内容が抽象的
			内容が目の前にある(here)・今(now)	内容が目の前にない(there)・別の時(then)
			伝達すべき情報少	伝達すべき情報多
		結果	結果に選択肢がある	結果に選択肢がない
			自由裁量で導く結果	交換された情報に基づく結果
			結果に正誤性がない	結果に正誤性がある
	実施時		活動前の準備時間あり	活動前の準備時間なし
			未習語彙・文法項目少	未習語彙・文法項目多

図3-1 活動の難易度に関わる要素

Skehan 1996）ことも事実である。

　次に，活動の作成時に難易度を考慮するための要素として，活動の結果をどのように設定するかがある。TA・Taskには，何らかの結果（目標）があるが，その中には，学習者が独自に導かなければならないものや，与えられた選択肢の中から選ぶというものがある。活動の結果（目標）を導くためには，言語による意味のやりとり（negotiation of meaning）が行われなければならないが，結果によっては意味のやり取りの必要とされる度合いが異なってくる。例えば，以下に挙げる3点は，学習者がどれだけ正確に，また詳細に情報を交換し意味のやりとりを行わなければならないかに大きく関わっている。

(a) 結果を選択肢で提示しているか。
(b) 交換された情報に基づいて結果を導く必要があるか。
(c) 結果に正誤性が求められているか。

　結果を選択肢で提示している場合，ある程度結果が限定されているので，交換された情報に誤りがあったり，うまく情報交換が行われなかったとしても，結果を導き出すことができる。しかし，そのような選択肢がなく，結果を創造的に導かなければならない場合は，言語による情報交換がうまく行われなければ，結果そのものも導くことができない。交換された情報に基づいて結果を導

く必要がある場合は，そうでない場合と比較して，より正確な情報交換が求められ，学習者への負担は大きいと考えられる。3.6.7 の TA,「アリバイを崩せ!」では，容疑者のアリバイや関係者からの証言に基づいて，容疑者を一人に絞る必要がある。この活動では，情報に基づけば必然的に容疑者は一人になるが，情報交換を正確に行わなければ，正しい結果を導くことができないため，活動はより難しいものとなる。

　さらに，活動を実施する際には，未習語彙や文法項目の数を増減することが可能である。TA・Task では，生徒が活動する際に，原則，使用する言語形式が特定されず，学習者は既存の言語知識を総動員させ活動に取り組むことになる。しかし，必要とされる語彙や文法項目が未習であると，学習者にとっての負荷が高まり，活動は難しいものとなる。そこで，活動で使用されると思われる語彙や文法項目を，予め授業の中で指導しておくことで活動の難しさを軽減することができる。例えば，3.6.12 の TA,「てんぷら USA」では，活動で必要と予想される文法項目では「不定詞」が，語彙では，「皮をむく」「おろす」「おろし器」といったものが予想される。そのような文法項目や語彙を，事前の TOA や文法説明の中で紹介しておくことができる。一方，活動中に必要な語彙が分からなくても，他の言葉で言い換えたり（パラフレーズ）することが可能なレベルの言語能力が学習者に育っている場合は，事前の語彙指導はせず，活動後にフィードバックを与えるという形をとることも可能である。また，活動前に，個人またはグループでの活動のための準備時間をとることで，学習者の活動中の負担を軽減させることもできる（Robinson 2001）。事前の準備時間に，学習者は活動の内容を把握し，必要な背景知識や言語知識を活性化させることができるからである。もちろん，実際のコミュニケーションの場においては，このような準備時間はなく，即座に言語を使用してコミュニケーションを図らなければならない。そのような能力を育成するためにも，最終的には準備時間がない状況でタスクを完了することが目標となる。

　最後に，活動を作成する際には，学習者の能力を考慮するとともに，実施の際に学習者の様子を観察し，活動レベルが学習者に適したものであったかを振り返らなければならない。学習者のコミュニケーション能力の発達を評価するのみならず，実施した活動内容や実施方法等，教師側の指導についても点検，評価することが必要である。

3.6 活動の具体例と評価

3.6.1 be 動詞 & 一般動詞

(1) タスク活動（活動所要時間 10 分）

★ねらい
- 話すことの言語活動を通して特徴を伝えあい，自分に必要な情報を得て，相手がだれかを決めることができる。
- 場面や内容に応じて，be 動詞と一般動詞を用い，自分や人のことについて尋ねたり，述べたりすることができる。
- 相手が誰であるかをあてるために質問しあうなかで，be 動詞，一般動詞の使い分けができる。

★タスク活動のイメージ
- ペアワーク
- 状況 & 特徴

> - アニメ好きの2人の会話である。
> - 相手が選んだアニメのキャラクターを，質問し合いあてっこをする。
> - キャラクターは3つのなかから1つ，質問は一覧表の項目の中から5つを選ぶ。

★評価規準

正確さ	・be 動詞を用いて，名前・年齢・職業・出身・性格を尋ねたり，説明したりすることができる。 ・$like$ を用いて，好きなことを尋ねたり，答えたりすることができる。 ・$have$ を用いて，相手の持っているものや身につけているものを尋ねたり，答えたりすることができる。
適切さ	・名前・年齢・職業・出身・性格を尋ねて，相手の選んだキャラクターに関する情報を集めることができる。 ・相手の質問に応じて，答えることができる。

★「振りかえりシート」のチェック事項

項目	チェック事項
Completion	☆ 相手のキャラクターを決めることができた。
Message	❀ 相手の特徴を尋ねることができた。 ❀ 相手の質問にきちんと答えることができた。
Structures	♪ 名前・年齢・職業・出身・性格を尋ねたり，答えたりする時に，be動詞を使った。 ♪ 好きなことや，相手の持っているものや身につけているものを尋ねたり答えたりする時に一般動詞を使った。

★活動の工夫

- キャラクターを歌手や芸能人，自分の学校の先生など，それぞれの生徒の興味・関心に応じてかえることで，より身近な活動になる。
- 特徴の項目をかえることで，難易度の高い活動や比較級・不定詞などを使う活動も考えられる。
- 自分の特徴を相手に伝える形式でのクイズにして，「説明する」活動にすることも可能である。

タスク活動の会話例（Who Am I?）

(A：江戸川コナン　　B：ジャイアンを選んだ場合)

1. (Sheet A・Sheet B の 1. に対応)

   A： Now let's begin.　Are you a robot?
   B： No, I'm not.　Are you eleven years old?
   A： No, I'm not.　Are you a pupil?
   B： Yes, I am.　Are you seven years old?
   A： Yes, I am.　Do you like money?
   B： A little.　Do you like soccer?
   A： Yes, I do.　Do you have a dog?
   B： Yes, I do.　Do you have a skateboard?
   A： Yes, I do.　Do you wear a cap?
   B： No, I don't.　Are you smart?

A: Yes, I am.

2. (Sheet A・Sheet B の 2. に対応)
   B: Now it's "Answer Time".
   A: OK. Well …　Are you Crayon Shinchan?
   B: No, I'm not.
   A: Oh, no!　Who are you?
   B: I'm Gian.
   A: That's too difficult.　It's your turn.
   B: O.K.　You are Conan!
   A: That's right!　You win.

Vocabulary

幼児： a little child	小学生： an elementary school pupil
主婦： a homemaker	警察官： a police officer
サラリーマン： an office worker	ロボット： a robot
かしこい： smart	強い： strong
明るい： cheerful	かわいい： cute
なまけもの： lazy	

Who Am I?
[Sheet A]   ◆TA

〜〜〜〜〜〜〜〜〜〜〜〜〜〜〜〜〜〜〜〜〜〜〜〜〜〜〜〜〜〜〜〜〜
あなたはアニメが大好きなラフィーくんです。今日は同じようにアニメが大好きな友だちのチュッパさんといっしょにアニメのキャラクターをあてっこします。
（□の印のついている番号は、あなたから始めます。）
〜〜〜〜〜〜〜〜〜〜〜〜〜〜〜〜〜〜〜〜〜〜〜〜〜〜〜〜〜〜〜〜〜

1. まず、下のアニメのキャラクターの中から1人を選びましょう。あなたがその人になったつもりで、チュッパさんに質問しましょう。また、チュッパさんの質問に答えましょう。

特徴 ＼ 選んだ人に○	江戸川コナン	両津勘吉	野比のび太
出　身	東　京	東　京	東　京
年　齢	7　歳	38　歳	11　歳
職　業	小学生・探偵	警察官	小学5年生
好　き	サッカー	お金	昼寝
きらい			勉強・スポーツ
持っている	スケートボード	多くの免許	よい友だち
身につけている	めがね	ゲタ	めがね
性　格	かしこい	おもしろい	なまけもの

2. チュッパさんもアニメのキャラクターを1人選んで、その人に変身しています。だれに変身したと思いますか。下の項目から選んで順番に質問し、その答えを聞いて、相手がだれに変身したかを当てましょう。
　　質問を5つした後がアンサータイムです。　　　質問：☆ ☆ ☆ ☆ ☆

出身地	北海道・東京・大阪・福岡
年　齢	5歳・7歳・11歳・15歳・24歳・30歳・38歳
職　業	幼児・小学生・主婦・警察官・サラリーマン・ロボット
好　き きらい	お金・どら焼き・サッカー・昼寝（寝ること）・歌・読書・料理・きれいな人・ネズミ・勉強・スポーツ・ピーマン・ゴキブリ
持っているもの	犬・妹・こども・スケートボード・すてきな友だち・多くの免許（ライセンス）・たくさんのお金
身につけているもの	めがね・帽子・ゲタ・オレンジのセーター・指輪
性　格　等	かしこい・おもしろい・明るい・強い・なまけもの・かわいい・親切

★チュッパさんが選んだキャラクターは【　　　　　　　　　　　　】

あてっこの勝敗は？？　　　WIN　　　DRAW　　　LOSE

■ TA

Who Am I?
[Sheet B]

あなたはアニメが大好きなチュッパさんです。今日は同じようにアニメが大好きな友だちのラフィーくんといっしょにアニメのキャラクターをあてっこします。
（□の印のついている番号は，あなたから始めます。）

1．下のアニメのキャラクターの中から1人を選びましょう。あなたがその人になったつもりで，ラフィーくんの質問に答えましょう。また，ラフィーくんの質問に答えましょう。

選んだ人に○ 特徴	ふぐた サザエ	ジャイアン	野原 しんのすけ
出 身	福 岡	東 京	東 京
年 齢	24 歳	11 歳	5 歳
職 業	主 婦	小学生	幼 児
好 き	読書・料理	歌	きれいなお姉さん
きらい	ゴキブリ		ピーマン
持っている	こども	犬	妹
身につけている	指輪	セーター	
性 格	明るい	強 い	かわいい

2．ラフィーくんもアニメのキャラクターを1人選んで，その人に変身しています。だれに変身したと思いますか。下の項目から選んで順番に質問し，その答を聞いて，相手がだれに変身したかを当てましょう。
　　　質問を5つした後がアンサータイムです。　　　　　質問：☆☆☆☆☆

出身地	北海道・東京・大阪・福岡
年 齢	5歳・7歳・11歳・15歳・24歳・30歳・38歳
職 業	幼児・小学生・主婦・警察官・サラリーマン・ロボット
好 き きらい	お金・どら焼き・サッカー・昼寝（寝ること）・歌・読書・料理・きれいな人・ネズミ・勉強・スポーツ・ピーマン・ゴキブリ
持っているもの	犬・妹・こども・スケートボード・すてきな友だち・多くの免許（ライセンス）・たくさんのお金
身につけているもの	めがね・帽子・ゲタ・オレンジのセーター・指輪
性 格 等	かしこい・おもしろい・明るい・強い・なまけもの・かわいい・親切.

★ラフィーくんが選んだキャラクターは【　　　　　　　　　　　　　】

あてっこの勝敗は？？　　　WIN　　DRAW　　LOSE

(2) タスク（活動所要時間 10 分）

◆ねらい
- 話すことの言語活動を通して，好みや特徴などを相手に伝え，お互いの違いや共通点を理解し合うことができる。
- 共通点をより多く見つけるために，より多くの情報交換をする中で，*be* 動詞と一般動詞の使い分けができる。

◆タスクのイメージ
- ペアワーク
- 状況 ＆ 特徴

> - 自己紹介をしている場面である。
> - ２人の共通点をいくつ見つけられるか競う。

◆評価規準

正確さ	・*be* 動詞や一般動詞を使って，自分の特徴を伝えることができる。 ・*be* 動詞や一般動詞を使って，相手の特徴について尋ねることができる。
適切さ	・相手の話に相づちをうったり，尋ねかえしたりして適切に応答できる。

◆「振りかえりシート」のチェック事項

項目	チェック事項
Completion	☆ 相手との共通点を見つけることができた。
Message	✿ 自分の特徴を伝えることができた。 ✿ 相手と同じだということを伝えることができた。 ✿ 相手も自分と同じかどうか尋ねることができた。
Structures	♪ be 動詞や一般動詞を使って，自分の特徴を伝えることができた。 ♪ be 動詞や一般動詞を使って，相手の特徴について尋ねることができた。

タスクの会話例（どこがいっしょ？）

A : Hi.

B : Hi.

A : I am Keiko Inoue. I'm 13 years old. I'm from Kami-Takino. I like volleyball and tennis. I'm a member of the volleyball club. My favorite subjects are English and math. I have two sisters, but I have no brothers. I play the piano.

B : I'm Yoshiko Takeuchi. I'm 13, too. I'm from Shimo-Takino, so we are both from Takino. I like baseball and volleyball, but I don't like tennis. I'm a member of the softball team. I like English and science. Do you like science?

A : No, I don't.

B : I see. I have a brother and a sister. I also play the piano. I like music and I have many CDs. Do you have any CDs?

A : Yes, I like music, and I have about 20 CDs. I'm a student at Takino Junior High School, and you are a student there, too.

B : Right.

☪ Task

『どこがいっしょ？』

　あなたはぴかぴかの１年生です。新しいクラスに早くなれて友達をたくさん作るために，となりの席の人とペアになって，お互いの共通点をできるだけたくさん見つけましょう。メモをしながら話しましょう。
（じゃんけんをして勝った人から始めましょう。）

📝（メモ）

（早く終えたペアは，２人の共通点を英語で書いてみましょう。）

・
・
・
・
・
・
・

２人の共通点は(　　　　)こ

『どこがいっしょ？』

                                                                Task

> あなたはぴかぴかの１年生です。新しいクラスに早くなれて友達をたくさん作るために，となりの席の人とペアになって，お互いの共通点をできるだけたくさん見つけましょう。メモをしながら話しましょう。
> （じゃんけんをして勝った人から始めましょう。）

(メモ)

(早く終えたペアは，２人の共通点を英語で書いてみましょう。)

. _____
. _____
. _____
. _____
. _____
. _____
. _____

                                          ２人の共通点は(　　　　)こ

3.6.2 be 動詞 & 一般動詞（三人称単数現在）

(1) タスク活動（活動所要時間 15 分）

★ねらい
- 留学生は自分にあったホストファミリーを見つけるため，コーディネーターは留学生にあったホストファミリーを勧めるために，それぞれの持つ情報を伝え合い，ホームステイ先を決定することができる。
- 場面や内容に応じて，be 動詞と一般動詞を用いて，自分や人のことについて述べることができる。

★タスク活動のイメージ
- グループワーク（3 人）
- 状況 & 特徴

  - 留学生とホームステイコーディネーター 2 人との会話である。
  - 留学生は自分の希望にあったホストファミリーを見つけたい。
  - コーディネーターは留学生の希望条件を満たすホストファミリーを紹介したい。
  - 2 つのホストファミリーの中から，留学生は自分の希望に合ったファミリーを決める。

★評価規準

正確さ	・be 動詞を用いて，名前・年齢・出身・職業・性格を伝えることができる。 ・一般動詞を使って，好きなことや話す言葉，するスポーツなどを言うことができる。 ・一般動詞の三単現の '-(e)s' を用いて，ホストファミリーの好きなこと，持ち物・話す言葉を説明することができる。
適切さ	・コーディネーター（客）として適切な話し方をしている。 ・理由を述べて希望に合ったホストファミリーを選ぶことができる。

★「振りかえりシート」のチェック事項

項目	チェック事項
Completion	☆ どのホストファミリーを選ぶか決まった。
Message	✿ どのようなホストファミリーを希望しているのか伝えることができた。(木村) ✿ 自分のホストファミリーを選んでもらうために，その特徴を説明し伝えることができた。(コーディネーター)
Structures	♪ 名前・年齢・出身・職業・性格を伝える時に，*be* 動詞を使うことができた。 ♪ 自分の好きなことや話す言葉，するスポーツなどを伝える時に，一般動詞を使うことができた。 ♪ ホストファミリーの好きなことや話す言葉，するスポーツなどを伝える時に，一般動詞の三単現の '-(e)s' を使うことができた。

★活動の工夫
・留学生やホストファミリーの好みや条件を増やしたり，変えたりすることで，難易度の高い活動や不定詞を使う活動も考えられる。

タスク活動の会話例 (*Homestay in China*)

1. (Sheet A・Sheet B・Sheet C の 1 .に対応)
   B： Hi. I'm Won.　May I help you?
   C： Hi, I'm Ma.
   A： Hi, I'm Shizuka Kimura.　I'm looking for a good host family.

2. (Sheet A・Sheet B・Sheet C の 2 .に対応)
   A： I'm Shizuka Kimura.　I'm 13 years old.　I'm from Fukuoka, Japan.　I'm a student at Fun Fun Junior High School.　I study Chinese.
   I like sports and reading.　I play soccer, and I like swimming.　I speak Japanese and a little English.　I don't speak Chinese very well.

3. (Sheet A・Sheet B・Sheet C の 3 .に対応)
   B： Do you like animals?

A : No, I don't.
B : OK. I know a good host family. How about the Whites?
A : The Whites?
B : Yes. Mr. White is a cook. He is 47 years old, and he's tall. He likes fishing. He is good at baseball. And he has a nice motorbike. Mrs. White is a teacher. She is 43, and she's friendly. She likes sports. They're from the United States. They speak English. But they don't speak Japanese or Chinese. They don't have any pets.
A : I see.
C : I know another very nice family. The Chins. Mr. Chin is a police officer. He is funny. He is 54 years old. He likes movies. He is a good soccer player. He is from China. Mrs. Chin is a nurse. She is 52. She is a little strict, but it's good for you. She has many books.

4．(Sheet A・Sheet B・Sheet C の 4 .に対応)
　A : I like children. Do the Whites have any children?
　B : Yes, they have three boys and one girl. The boys are 18, 15, and 13. The girl is 16.
　C : The Chins have children, but they are older. They are 27 and 24.

5．(Sheet A・Sheet B・Sheet C の 5 .に対応)
　A : Well, ... I like the Whites. They have many children ...
　C : You study Chinese. So the Chins are good for you. They speak both English and Chinese. And Mrs. Chin also speaks Japanese.
　A : I know ... I like the Chins. They speak English and Chinese.
　C : Yes, they are a good host family for you. Here's a picture of them.
　A : Thank you.

※ TA

[Sheet A]   *Homestay in China*

> あなたは中国に留学している日本人の木村静香です。これまでホテルに滞在していましたが、ホームステイをして、いろんな経験をしたいと思っています。そこで、ホームステイコーディネートセンターを訪れました。2人のコーディネーターから、良いホストファミリーを紹介してもらおうと思っています。
> (□の印のついている番号は、あなたから始めます。)

1．あいさつをしましょう。

2．下の表にもとづいて、あなた自身のことをコーディネーターに伝えましょう。

> ★年齢・・・13歳　　　　　　　　★出身・・・福岡（日本）
> ★学校・・・上海のファンファン中学校で中国語を学ぶ
> ★好きなこと（もの）・・・スポーツ・読書
> ★スポーツ・・・サッカー・水泳
> ★ことば・・・日本語OK, 英語少し、中国語はあまり…

3．コーディネーターの質問に自分で考えて答えましょう。
そして、2人のコーディネーターが紹介してくれる2つのホストファミリーのことをよく聞いてメモしましょう。わからないことがあれば、聞き返して確認しましょう。

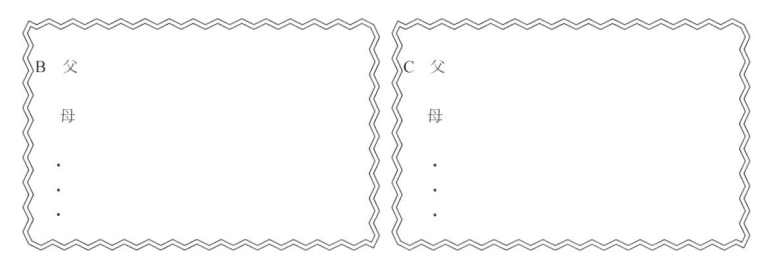

> B 父
> 　母
> 　・
> 　・
> 　・

> C 父
> 　母
> 　・
> 　・
> 　・

4．2人のコーディネーターに、あなたは子供が好きだということを告げ、その家庭に子供がいるかどうかたずねましょう。数や年齢まで聞けるといいですね。

5．どちらのホストファミリーがいいか、理由を言って、選びましょう。

　　　　あなたの選んだ家族は？【　　　　　　　】
　　　　その理由は？［　　　　　　　　　　　　　　　　　］

[Sheet B]　　　　　*Homestay in China*　　　　　　　　　TA

あなたはホームステイコーディネーターの一人，王（ワン）さんです。契約した数に応じて賃金が決まるので，できるだけたくさんの契約を取りたいと思っています。今日もホストファミリーを紹介してほしいという人がやってきました。
（□の印のついている番号は，あなたから始めます。）

1. 笑顔で話しかけて名乗りましょう。

2. 静香さんの話をよく聞いて，メモをとりましょう。わかりにくいときは聞き返して，きちんと確認しましょう。

・名前	・好きなこと
・年齢	・スポーツ
・学校	・ことば
・出身	・その他

3. まず，相手がペット（動物）を好きかどうかたずねましょう。
　一覧表からふさわしいと思う家族を紹介しましょう

The Whites（ホワイト一家）
父：コック　47　背が高い
　　つりが好き・アメリカ出身
　　野球が得意・
　　すてきなバイクを持っている
母：教師　43　親しみやすい
　　スポーツ好き・アメリカ出身
2人とも英語OK・
　日本語・中国語はダメ
ペット：なし

The Chos（張：チョー一家）
父：タクシー運転手　30　ハンサム
　　読書が好き・中国人
　　日本語少しOK
母：主婦　28　親切
　　音楽好き・中国人
　　水泳が得意・
　　CDを約百枚持っている
2人とも中国語OK
ペット：犬2匹・ウサギ1匹

4. 下のこどもに関する情報をもとに，相手の質問に答えましょう。

| The Whites：男（18）女(16)　男(15)　男(13)　　　The Chos：男(10ヶ月) |

5. 静香さんがホストファミリーを選びます。自分が紹介したファミリーを選んでもらえるように，その家族のいいところをもっとPRしましょう。
　静香さんが，自分の紹介したホストファミリーを選んでくれたら，その家族の写真を渡してあげましょう。

　　　　静香さんの選んだ家族は？【　　　　　】その理由は？［　　　　　　　　］

[Sheet C]   *Homestay in China*   TA

> あなたはホームステイコーディネーターの一人，馬（マー）さんです。契約した数に応じて賃金が決まるので，できるだけたくさんの契約を取りたいと思っています。今日もホストファミリーを紹介してほしいという人が やってきました。

1．王（ワン）さんに続いて，笑顔で話しかけて名乗りましょう。

2．静香さんの話をよく聞いて，メモをとりましょう。わかりにくいときは聞き返して，きちんと確認しましょう。

・名前	・好きなこと
・年齢	・スポーツ
・学校	・ことば
・出身	・その他

3．王（ワン）さんに続いて，一覧表からふさわしいと思う家族を紹介しましょう。
　　（王さんの質問に対する答えも参考にね。）

```
    The Chins（陳：チン一家）

 父：警察官    54    ジョークが好き
    映画好き・サッカーが得意
    中国人
 母：看護士    52    きびしい
    読書好き・イングランド出身
    たくさんの本を持っている
    日本語少しOK
 2人とも英語と中国語がOK
 ペット：なし
```

```
    The Yamadas（山田一家）

 父：医者      45    力持ち
    読書好き・中国語少しOK
 母：科学者    46    すてき
    スポーツ好き・ソフトボール
    が得意
    赤いスポーツカーを持っている
 2人とも日本人
 日本語と英語OK
 ペット：ネコ1匹
```

4．下のこどもに関する情報をもとに，相手の質問に答えましょう。

| The Chins ：女(27) 男(24)　　　　The Yamadas： 女(12) |

5．静香さんがホストファミリーを選びます。自分が紹介したファミリーを選んでもらえるように，その家族のいいところをもっとPRしましょう。
　　静香さんが，自分の紹介したホストファミリーを選んでくれたら，その家族の写真を渡してあげましょう。

　　　静香さんの選んだ家族は？【　　　　　】その理由は？［　　　　　　　　　　　］

第3章 タスク活動・タスクの具体例と評価　65

Homestay in China 別紙

The Whites（ホワイト一家）　　The Chos（張：チョー一家）

The Chins（陳：チン一家）　　The Yamadas（山田一家）

(2) タスク（活動所要時間 15 分）

◆ねらい
- 話すことの言語活動を通して，人の特徴などを述べることができる。
- 自分が見つけてきたホストファミリーの特徴やいいところを説明する中で，*be* 動詞と一般動詞の使い分けができる。

◆タスクのイメージ
- ペアワーク
- 状況 ＆ 特徴

> - 留学生 2 人の会話である。
> - 留学生たちは自分の希望に合ったホストファミリーを見つけたい。
> - いくつかのホストファミリーの中から，2 人で相談して，自分たちの希望条件を満たすファミリーを決める。

◆評価規準

正確さ	・*be* 動詞・一般動詞を使って，自分が探してきたホストファミリーの情報を伝えることができる。 ・*be* 動詞・一般動詞を使って，自分がよいと思うホストファミリーとその理由を伝えることができる。 ・*be* 動詞・一般動詞を使って，よくないと思うホストファミリーとその理由を伝えることができる。
適切さ	・一番よいと思うホストファミリーを相手と協力し合って決めることができる。

◆「振りかえりシート」のチェック事項

項目	チェック事項
Completion	☆ どのホストファミリーを選ぶか決まった。
Message	❀ どのようなホストファミリーを希望しているのか伝えることができた。 ❀ 見つけてきたホストファミリーの特徴を説明し伝えることができた。 ❀ ホストファミリーを選ぶ際，その理由を相手に伝えることができた。
Structures	♪ 名前・年齢・出身・職業・性格を伝える時に，be 動詞を使うことができた。 ♪ 好きなことや話す言葉，するスポーツなどを伝える時に，一般動詞を使うことができた。 ♪ ホストファミリーの好きなことや話す言葉，するスポーツなどを伝える時に，一般動詞の三単現の '-(e)s' を使うことができた。

タスクの会話例 (Homestay in Korea)

A: Hi, B.

B: Hi, A.

A: I know some nice host families. One is the Gos. They're farmers. Mr. Go is 36 years old. He is a strong man. He likes hiking, and he has a nice camping car. Mrs. Go is hard-working. She likes sports. They are from Korea, and they speak Korean. They have no pets, but many children.

B: How many?

A: Five.

B: Wow! Five?

A: Yes. They have an 11-year-old girl, three boys, 10, 7, 4, and a baby girl. She is 8 months old.

B: Great!

A: And the other family is the Ryus. They're Korean, too. Mr. Ryu is a doctor. He is 43 years old, and he's kind. He likes reading. Mrs. Ryu is a writer. She is 45 and a very nice woman. She likes traveling, and she has a Cessna. She speaks a little

Japanese. They speak English and Korean. They have three dogs and two cats. They have a son. He is 13.

B : I see. I know two families, the Lees and the Kims. Mr. Lee is a scientist.
He is 40 years old. He is a handsome man. He likes fishing, and he has a yacht. Mrs. Lee is a bus driver. She is 39, and she is funny. She is from the States. They speak both English and Korean. They have three daughters and a pet.

A : How old are the daughters?

B : They're 18, 16, and 14. And how about the Kims? The father is an engineer. He is 55, and he's very tall. He likes music. He's Korean, but he speaks a little English. The mother is a singer. She is not so young, but she is popular. She's from Japan. She knows a lot of singers and TV stars. They speak Japanese and Korean. They have no children or pets.

A : Good. We study Korean, and they all speak Korean. They are all good for us. Do you like children?

B : Yes, I do. But the Gos have too many children. Maybe they are too noisy. I like the Lees (better). They have three girls, and they speak English, too.

A : I like the Lees, too.

Homestay in Korea
[Sheet A]

あなたは，韓国でのホストファミリーをさがしている留学生Aさんです。同じ留学生のBさんといっしょにホームステイしようとホストファミリーをさがしています。今日はそれぞれに見つけてきたファミリーの情報を交換して，ホストファミリーを選びましょう。

〈あなたの見つけてきたホストファミリー〉

The Gos （呉：ゴー家）	The Ryus （柳：リュー家）
父：農業　36　力持ち 　　趣味：ハイキング 　　　　キャンピングカー所有 母：農業　31　働き者 　　趣味：スポーツ 2人とも韓国人・韓国語 こども：女(11)　男(10)　男(7) 　　　　男(4)　女(8ヶ月) ペット：なし	父：医者　43　親切 　　趣味：読書 母：作家　45　すてき 　　趣味：旅行・セスナ機所有 　　日本語少しOK 2人とも韓国人・韓国語・英語OK こども：男(13) ペット：犬3匹，ネコ2匹

〈Bさんの見つけてきたホストファミリー〉

名前： 父： 母： ・ ・ ・ ・	名前： 父： 母： ・ ・ ・ ・

Homestay in Korea

[Sheet B]

    Task

あなたは，韓国でのホストファミリーをさがしている留学生Bさんです。同じ留学生のAさんといっしょにホームステイしようとホストファミリーをさがしています。今日はそれぞれに見つけてきたファミリーの情報を交換して，ホストファミリーを選びましょう。

〈あなたの見つけてきたホストファミリー〉

The Lees （李：リー家）	The Kims （金：キム一家）
父：科学者　40　かっこいい 　　趣味：つり　ヨット所有 母：バスの運転手　39　おもしろい 　　アメリカ出身 2人とも英語，韓国語OK こども：女(18)　女(16)　女(14) ペット：犬1匹	父：エンジニア　55　背が高い 　　趣味：音楽鑑賞 　　韓国人・英語少しOK 母：歌手　52　人気がある 　　日本出身 　　たくさんの歌手やタレントと知り合い 2人とも日本語，韓国語OK こども：なし ペット：なし

〈Aさんの見つけてきたホストファミリー〉

名前：	名前：
父：	父：
母：	母：
・ ・ ・ ・	・ ・ ・ ・

3.6.3 　現在形 ＆ 現在進行形

（1）タスク活動（活動所要時間 15 分）

★ねらい
- 話すことの言語活動を通して，情報を伝えあい，自分に必要な情報を得て，課題解決することができる。
- 場面や内容に応じて，現在形と現在進行形を用いて，自分や人の行動について述べることができる。
- 自分たちの探している人を見つけるために，相手に情報を求めたり，相手に自分の知っている情報を伝えたりする中で，現在形と現在進行形の使い分けができる。

★タスク活動のイメージ
- ペアワーク
- 状況 ＆ 特徴

> - 中学生2人の会話である。
> - それぞれに友だち2人を探している。
> - 自分の知っていることを伝えるとともに，相手の家の近くにいないか，知っていることはないか尋ねて2人を見つけたい。

※活動実施の留意点
　本活動を実施する際には，予め別紙のシートの絵を拡大し，各絵を教室の4隅に貼っておく。「Sheet A」「Sheet B」の会話のステップ4で，生徒は，各絵が貼られている場所まで実際に探しに行く。

★評価規準

正確さ	・現在形を使用して，探している人の特徴や習慣を伝えることができる。 ・現在進行形を使用して，現在の状況を伝えることができる。
適切さ	・相手の言ったことを聞き返したり，確認したりして，自分に必要な情報を得ることができる。 ・相手の理解が不十分な場合には，繰り返して言うなど適切に応じることができる。

★「振りかえりシート」のチェック事項

項目	チェック事項
Completion	☆ 探していた2人を見つけることができた。
Message	✿ 探している友だちの普段の行動を伝えることができた。 ✿ 絵を見て，友だちが今どこで何をしているかを伝えることができた。 ✿ 友だちが相手の家の近くにいないか，相手が何か知らないかを尋ねることができた。
Structures	♪ 探している人の特徴や習慣を伝える時に，現在形を使うことができた。 ♪ 現在の状況を伝える時に，現在進行形を使うことができた。

★活動の工夫

・本活動とは異なった動作をしている絵を使用することにより，いろいろな動詞を使わせることが可能である。

タスク活動の会話例（仲間をさがせ！）

1．(Sheet A・Sheet B の 1．に対応)

A： Hello.　This is Connan.

B： Hi, Connan.　This is Hemus.

A： Hi, Hemus.　I'm looking for Charan and Poran.　Charan often plays tennis on Sunday afternoon.　Is he at the tennis court in front of your house?　He is big and always wears a big hat.

B： Well, ... Yes!　A big man is playing tennis over there.　He is wearing a very big hat. Maybe it's Charan.

2．(Sheet A・Sheet B の 2 .に対応)
 B：I'm also looking for my friends, Tomaton and Yatcha. Tomaton often plays soccer on Sunday afternoon. Is he in the park near your house? He is very tall and wears glasses.
 A：O.K. Let me see ... Oh, is that Tomaton? Some boys are playing soccer. One of them is very tall, and he is wearing glasses.
 B：Thank you. Maybe it's him.

3．(Sheet A・Sheet B の 3 .に対応)
 B：I know nothing about Yatcha. Do you know anything about him?
 A：He likes sports, and he often goes to the gym on Sunday afternoons. Maybe he is there.

4．(Sheet A・Sheet B の 4 .に対応)
 A：I also know nothing about Poran. Do you have any ideas?
 B：Well, he likes reading, and he often goes to the library on Sunday afternoon. Maybe he is there.
 （この間，生徒は教室に貼ってある絵を見に行く。）

5．(Sheet A・Sheet B の 5 .に対応)
 A：Hello, Hemus. Poran is watching a video in the library. Thank you.
 B：You're welcome. And thank you. Yatcha is in the sports gym. He's swimming now.
 A：You're welcome. Good-bye.

仲間をさがせ！！

[Sheet A]

あなたはコンナン君，江戸川中学校の1年生です。
今日は日曜日，友だちのチャランとポランに用事があって，電話をかけてみましたが留守でした。さあ，2人はどこで何をしているのでしょうか。見つけ出せるかな？
（□印のついている番号は，あなたから始めます。）

1. チャランは日曜日の午後によくテニスをするということを思い出しました。
   友だちのヘームズ君に電話して，友だちのチャランとポランをさがしていることを告げましょう。そして，チャランが日曜の午後によくテニスをすることを言って，ヘームズ家の前のテニスコートにいないか確かめてもらいましょう。

   【チャランの特徴】　太っている。
   　　　　　　　　　いつも大きな帽子をかぶっている。

2. 下の絵はあなたの部屋の窓から見える風景です。絵を見て，ヘームズ君に答えましょう。

3. ヘームズ君の質問に答えましょう。

   【あなたの知っていること】
   　ヤッチャはスポーツが好きだ。
   　ヤッチャは日曜日の午後，よくスポーツジムに行く。

4. あなたもポランについてはまったく心当たりがありません。
   ヘームズ君もポランのことを知っているので，何か知らないか聞いてみましょう。
   ポランのいそうな場所が分かったら，そこへポランをさがしに行きましょう。

5. （早く見つけられた方から話しましょう）
   ポランが見つかったらすぐに，ヘームズ君にお礼の電話を入れましょう。その時にポランが今どこで，何をしているところかもきちんと伝えましょう

仲間をさがせ！！

■ TA

[Sheet B]

あなたはヘームズ君，江戸川中学校の１年生です。
今日は日曜日，友だちのトマトンとヤッチャに用事があって，電話をかけてみましたが留守でした。さあ，２人はどこで何をしているのでしょうか。見つけ出せるかな？
（□印のついている番号は，あなたから始めます。）

1．日曜日の午後，友だちのコンナン君から電話がかかってきました。コンナン君はだれかをさがしているようですよ。

右の絵はあなたの部屋の窓から見える風景です。絵を見ながら，コンナン君に答えましょう。

2．あなたも友だちのトマトンとヤッチャをさがしていることを告げましょう。
また，あなたはトマトンが日曜の午後によくサッカーをするのを知っています。コンナン君にそのことを告げ，彼の家の近くの公園にいないか確かめてもらいましょう。

【トマトンの特徴】　とても背が高い。
　　　　　　　　　めがねをかけている。

3．ヤッチャについてはまったく心当たりがありません。
コンナン君もヤッチャ君のことを知っているので，何か知らないか聞いてみましょう。

4．コンナン君の質問に答えてあげましょう。その後，ヤッチャがいそうな場所へヤッチャをさがしに行きましょう。

【あなたの知っていること】
　　ポランは読書が好きだ。
　　ポランは日曜の午後よく図書館へ行く。

5．（早く見つけられた方から話しましょう）
ヤッチャが見つかったら，すぐにコンナン君にお礼の電話を入れましょう。
その時には，ヤッチャが今どこで，何をしているところかもきちんと伝えましょう。

○図書館

○スポーツジム

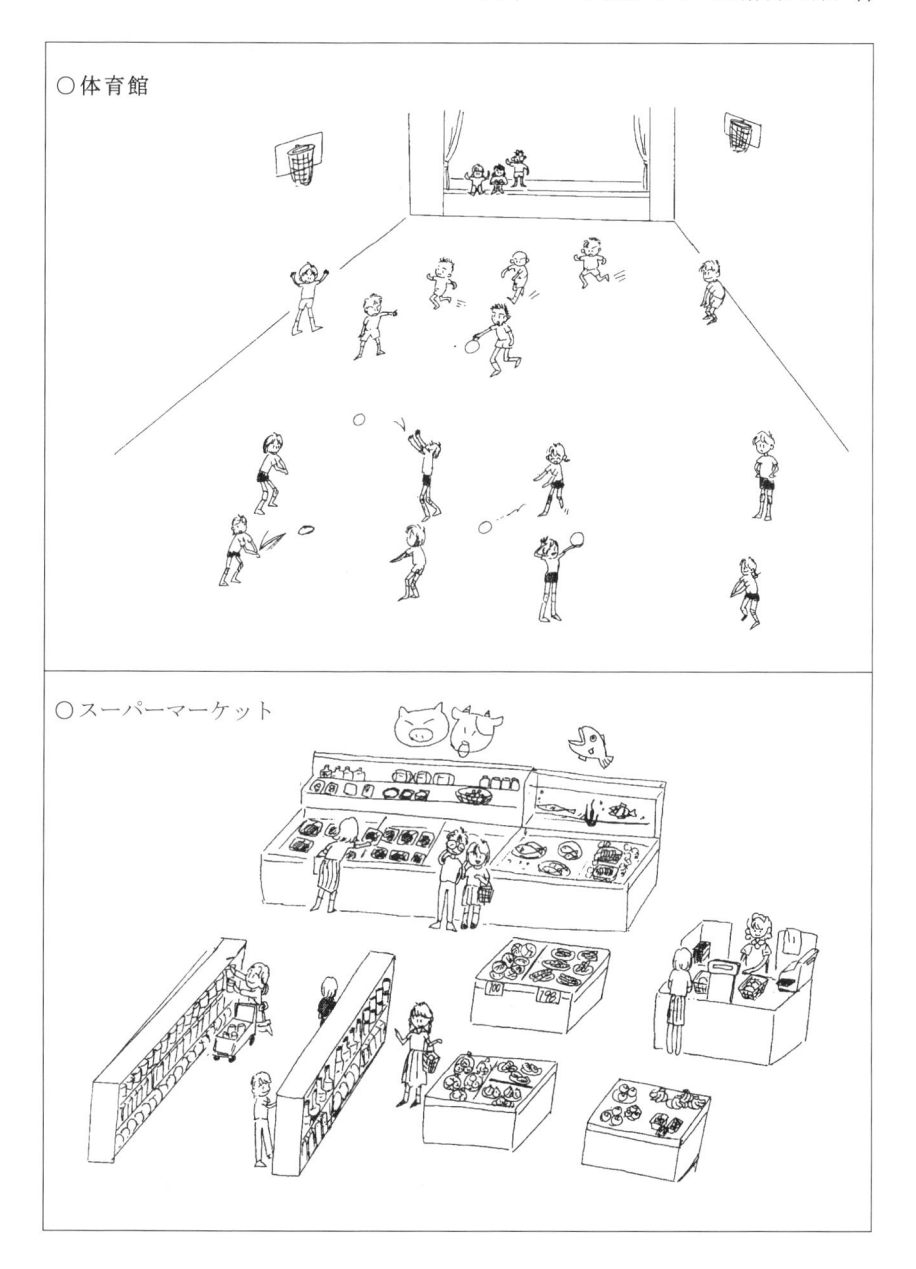

第3章 タスク活動・タスクの具体例と評価 77

○体育館

○スーパーマーケット

(2) タスク（活動所要時間 10 分）

◆ねらい
- 家族が好きなことや現在していることを言うことができる。
- 普段の行動や好きなこと，現在していることを相手に伝えたりする中で，現在形と現在進行形の使い分けができる。

◆タスクのイメージ
- ペアワーク
- 状況 ＆ 特徴

> - 日本とスコットランドに住むいとこ同士の電話での会話である。
> - 絵などの情報から，通常していることや現在していることを相手に伝え，日本から送るもの（送られてくるもの）を決める。

◆評価規準

正確さ	・現在していることを伝えるときに現在進行形を使うことができる。 ・普段していることや好きなことを伝えるときに現在形を使うことができる。
適切さ	・自分の送りたい物（送ってほしい物）を伝えたり，相手の送ってほしい物（送りたい物）を聞いたりして送る物（送ってもらう物）を決めることができる。 ・半年ぶりの電話にふさわしい話し方ができる。

◆「振りかえりシート」のチェック事項

項目	チェック事項
Completion	☆ 日本から送られてくる（送る）物を決めることができた。
Message	❀ 現在していることや通常していることを相手に伝えることができた。
Structures	♪ 現在していることを伝えるのに現在進行形を使うことができた。 ♪ 通常していることや好きなことなどを伝えるのに現在形を使うことができた。

タスクの会話例（日本からの贈り物）

A: Hello. This is Yuki.
B: Hello, Yuki. This is Mary. How are you?
A: I'm fine, thank you, and you?
B: I'm fine, thank you.
A: What are you doing?
B: I'm playing the piano.
A: Oh, Ken likes music, too. What is your family doing?
B: Eri is reading a book. She likes *Neko-yasha*. Jun is using the computer. He likes computer games.
A: Oh, I like computer games, too, and I play computer games every day. What is Takuya doing?
B: He's eating sweets. He likes Japanese sweets very much.
A: Well, I'd like to send you something from Japan. How about Japanese sweets, or a *Game Girl*, or Japanese music CDs.
B: Hmm, I'd like some Japanese sweets or Japanese music CDs. I like *Yuzu,* and I'd like *Yuzu*'s CDs.
A: OK. How about some Japanese sweets and *Yuzu*'s CDs?
B: Thank you.

【 Sheet A 】 日本からの贈物　　　Task

あなたは、ユキさんです。スコットランドにいとこの家族が住んでいます。何か日本の物を送ってあげたいと思っています。何を送ればいいか、いとこのMaryに電話をして決めることにしました。半年ぶりなのでMaryの家族が、今、何をしているかなどを聞き、Maryと話し合って送るものを決めましょう。

あなたの家族
ケン　ユキ

いとこのメアリーさんの家族
タクヤ　メアリー
エリ　ジュン

私・ユキ
今、していること
コンピュータゲームが好きで毎日する。

夫・ケン
今、していること
音楽が好き。毎日ピアノを弾く。

日本から送りたいと思っている物

和菓子　ゲームガール　ゆずのCD　本

第 3 章　タスク活動・タスクの具体例と評価　81

【 Sheet B 】　🎁 日本からの贈物 🎁　　　　　　　　　　👤 Task

あなたは，Mary です。スコットランドに住んでいます。日本に住んでいるいとこのユキさんから半年ぶりに電話がかかってきました。ユキさんやユキさんの家族が，今，何をしているかなどを聞きましょう。ユキさんが日本から何か送ってくれるようです。ユキさんと話し合って送ってもらう物を決めましょう。

あなたの家族
タクヤ／ジュン／メアリー／エリ

いとこのユキさんの家族
ケン／ユキ 

	今，していること		今，していること
夫 （タクヤ） 和菓子が大好き		子ども・娘 （エリ） ネコ夜叉が好き	
私 （メアリー） ゆずの歌が好き		子ども・息子 （ジュン） ゲームが大好き ツーピースが好き	

日本から送ってほしいと思っている物

- ゆずの CD
- 和菓子
- ネコ夜叉かツーピースの本

3.6.4 　can を用いた肯定文 ＆ 否定文 ＆ 疑問文

(1) タスク活動（活動所要時間 15 分）

★ねらい
- キャンプでどの体験コースに行くのかを相談して決めることができる。
- キャンプへの持ち物を確認したり，参加する体験コースを選択する際に，可能・許可を表す助動詞 *can* とその否定形 *can't* や *can* を用いた疑問文を場面に応じて正確・適切に使うことができる。

★タスク活動のイメージ
- ペアワーク
- 状況 ＆ 特徴

> - キャンプに参加する中学生 A と留学生 B の電話での会話である。
> - A はキャンプの持ち物を教え，B は分からないことを尋ね，確認する。
> - A には行きたい体験コースがあるが，B は漢字が十分読めないため 2 つの体験コースの情報を得る。
> - 2 人で話し合い，一緒に体験するコースを決める。

★評価規準

正確さ	・助動詞 *can* を用いた肯定文と否定文を使用し，持っていってよい物について尋ねたり，説明することができる。 ・助動詞 *can* を用いた疑問文を用いて，必要な情報を得たり，交換することができる。
適切さ	・話の流れに応じて，相手の意見を尋ねたり，自分の意見を述べたりすることができる。 ・2 人の意見に基づいて，どの体験コースがよいか提案することができる。

★「振りかえりシート」のチェック事項

項目	チェック事項
Completion	☆ どの体験コースを一緒に体験するのか決定した。
Message	✿ キャンプの日程，持ち物について伝えることができた。(Sheet A) ✿ 分からない持ち物について尋ねたり，必要な情報を得ることができた。(Sheet B) ✿ 体験コースの内容や特徴を伝えることができた。
Structures	♪ キャンプに持って行く持ち物について，助動詞 *can* や *can't* を使用し，尋ねたり説明した。

★活動の工夫

- ここでは助動詞 *can* を用いた肯定文・否定文・疑問文を使い分けるタスク活動の例をあげたが，キャンプに持って行かなければならないことを述べるなど have to (must) と助動詞 *can* を対比させる活動も考えられる。
- ここでの場面設定はキャンプに行くことにしているが，修学旅行や遊園地に行く場面設定に変えて行うこともできる。

タスク活動の会話例（キャンプに行こうよ！）

A : Hello. This is ＿＿ speaking. How are you?
B : Oh, I'm fine today. Thank you.
A : Listen, we are going to camp in our summer vacation. Can you go with us?
B : Sure. I want to bring some snacks and a GAME BOY. Is it OK?
A : You can bring some snacks, but you cannot bring the GAME BOY.
B : How about my cellular phone? Can I take it?
A : I'm sorry. You can't.
B : How about my camera? Can I take it?
A : Yes, you can.
B : Good. Thank you. I want to go. Now you can help me. I have a fax about two courses from our homeroom teacher. I

cannot read some Kanji. We can only take one course. What can we do in the Outdoors Course?
- *A* : We can go on a hike and enjoy nature. We can fish. We cannot climb trees.
  The instructor is Kanari Kazuki.
- *B* : Oh, I see. There is one more course, but I cannot read its name. What does it say?
- *A* : It says "Training at the Temple Course".
- *B* : What can we do?
- *A* : We can do Zazen. We can see many old buildings. We can enjoy Shojin Ryori. But we cannot talk in the temple. The instructor is Sankyu. Which course do you like?
- *B* : I like the Temple Course. We cannot talk in the temple, right? I cannot speak Japanese well!
- *A* : That's true. OK. Yes, let's take the Temple Course.

キャンプに行こうよ！

[Sheet A]

> 夏休みに学校からキャンプに行くことになっています。今日，キャンプについての説明がありました。留学生Bさんは欠席していたので，電話をかけて情報を教えてあげましょう。そして，キャンプでの体験コースを決めましょう。
> （□印が番号についている人から会話を始めましょう。）

1. Bさんに電話して，体の具合いについて聞いてみましょう。

2. 持っていっていいもの，持っていってはいけないものは次のものです。Bさんの質問に答えてあげましょう。

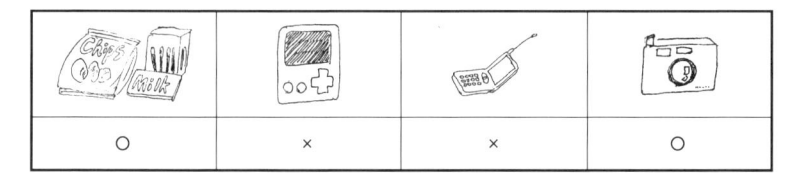

お菓子	ゲーム機	携帯電話	カメラ
○	×	×	○

3. 体験活動では次の2つのコース中から1つ選ぶことになっています。それぞれのコースについて，知っていることをBさんに伝えましょう。

アウトドアコース	お寺で修行コース
<内容>	<内容>
・ハイキングをして自然が楽しめるよ。	・座禅体験ができるよ。
・魚釣りができるよ。	・古い建物の見学ができるよ。
・木登りは厳禁だよ。	・精進料理が食べれるよ。
	・おしゃべりは厳禁だよ。
<インストラクター>	<インストラクター>
かなり　かずき	三休さん

4. あなたはアウトドアー派で，インストラクターのかなりかずきに会えることを楽しみにしています。Bさんの希望も聞きながら，話し合ってコースを1つ選びましょう。

コース名	<理由>

TA

キャンプに行こうよ！

[Sheet B]

あなたは，日本の中学校にきている留学生です。夏休みのキャンプに参加することになっています。今日は風邪で学校を休んでいたので，クラスメートのAさんが電話をかけてきてくれました。キャンプでの体験コースを決めましょう。（□印が番号に付いている人から会話を始めましょう。）

1．Aさんから電話がかかってきます。自分の体の様子を伝えましょう。

2．あなたは次の物をキャンプに持っていきたいと思っています。Aさんに聞いて持っていってよい物には○，ダメなものには×をつけましょう。

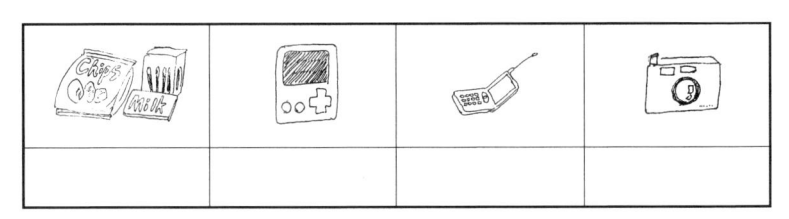

3．体験活動では次のコース中から1つ選ぶことになっています。担任の先生からファックスが来ましたが，漢字がすべては読めません。コースの情報を手に入れましょう。

アウトドアコース	お寺で？？コース
<内容> ・ハイキングをして，？？の中で楽しもう。 ・魚？りができるよ。 ・？？りは？？だよ。 <インストラクター> 　　かなり　かずき	<内容> ・？？？？ができるよ。 ・古い？？の？？ができるよ。 ・？？？？が食べれるよ。 ・おしゃべりは？？だよ。 <インストラクター> 　　？？

4．あなたは，日本語を使わなくてよいコースに行きたいと思っています。Aさんの希望も聞きながら，話し合ってコースを選びましょう。

コース名	<理由>

(2) タスク（活動所要時間 15 分）

◆ねらい
- キャンプについての情報交換と確認をし，どちらのキャンプに行くか決定することができる。
- 自分が知っているキャンプの情報を伝える時，可能・許可を表す助動詞 *can* とその否定形 *can't* や *can* を用いた疑問文を用いることができる。

◆タスクのイメージ
- ペアワーク
- 状況 ＆ 特徴
  - キャンプのパンフレットを持っている A と，別のキャンプのパンフレットを持っている友人 B の電話での会話である。
  - お互いに行きたいと思っているキャンプについて，パンフレットに書かれている内容を説明する。
  - どちらのキャンプがいいか話し合って，一緒に行くキャンプを決める。

◆評価規準

正確さ	・自分が知っているキャンプの情報を，*can* や *can't* を用いて伝えることができる。 ・自分が行きたいキャンプとその理由を相手に伝えることができる。
適切さ	・キャンプ地を決定する時，自分の意見や理由を述べることができる。 ・2人の意見に基づいて，キャンプ地を決めることができる。

◆「振りかえりシート」のチェック事項

項目	チェック事項
Completion	☆ キャンプの行き先を決めた。
Message	✿ キャンプについて内容や特徴を伝えることができた。 ✿ どちらのキャンプに行くのか，相手の希望を聞いたり自分の考えを言うことができた。
Structures	♪ キャンプに持って行く持ち物について，*can* や *can't* を使用し，尋ねたり説明した。

タスクの会話例 (Let's Go Camping!)

A : Hello. This is ___ speaking. May I speak to ___ ?
B : This is ___. How are you?
A : Fine, thank you. I want to go camping in summer vacation. Can you go with me? I have a pamphlet for Adventure Camp.
B : Sure. I have that pamphlet, too. It is an exciting camp (エキサイティングキャンプ). It's from July 20 to 21. We can go on a paraglider and a helicopter and ride on a horse. We can enjoy a campfire under the beautiful starry sky. We can eat barbecue for dinner. It's 15,000 yen. We can't take our cellular phones. The instructor is ケアナ・リーブス. We can meet him. And we can have his autograph. I like this camp. Do you?
A : Yes. But I know another camp. I have that pamphlet, too. It's the Southern Island Survival Camp (南の島 サバイバルキャンプ). It's from August 13 to 15. We can build a fire. We can enjoy fishing and walking around the mountains. We can also enjoy a beautiful starry sky. It's 2,000 yen. We can't take our cellular phones, games, or comics. We make our meals. Can you cook?
B : Yes, I can. Can we take some snacks?
A : No, we can't. The instructor is ツルベスタ・ヘタローン. We can meet him. But we can't have his autograph. Do you like this camp?
B : Yes. I like the Southern Island Survival Camp better, too. Which do you like?
A : I like the Southern Island Survival Camp better.
B : Yes, let's go there.

Let's Go Camping !

[Sheet A]

 あなたは，夏休みに行きたいと思っていたキャンプのパンフレットを手に入れました。友だちのBさんを誘おうと電話をしました。パンフレットを見て，キャンプについてBさんに教えてあげましょう。Bさんも，違うキャンプのパンフレットを手にいれているようです。どちらかに決めて一緒にキャンプに行きましょう。
 あなたから話しかけましょう。

＜Bさんから聞いて分かったことをメモしよう＞

＜２人で行くことになったキャンプは？＞

＜選んだ理由は？＞

Let's Go Camping!

[Sheet　B]

あなたは，夏休みにどこかに行きたいと思っています。友だちのAさんから電話でキャンプに誘われました。行きたいキャンプがあるようです。あなたもあるキャンプのパンフレットを手にいれています。そのキャンプについてAさんに教えてあげましょう。そして、どちらかに決めて一緒にキャンプに行きましょう。

＜Aさんから聞いて分かったことをメモしよう＞

＜2人で行くことになったキャンプは？＞

＜選んだ理由は？＞

〈Sheet A のパンフレット〉

無人島で過ごす　2泊3日

南の島　サバイバルキャンプ

＜日程＞　8月13日〜15日

＜お楽しみはこれ！＞
・火おこし体験
・魚釣りや山の探検が楽しめます。
・美しい星空が楽しめます。（都会にはない夜空が見れるよ！）

＜費用＞
　2,000円（船賃のみ）

＜注意事項＞
・携帯電話，ゲーム類，マンガは持ち込めません。
・食事はすべて自分たちで作ります。（お菓子の持ち込みはできないよ。）

＜特典＞
・インストラクターはツルベスタ・ヘタローン（サバイバルと言えば彼！彼に会えるよ。でも、サインはもらえません。）

〈Sheet B のパンフレット〉

乗り物満喫！！1泊2日

エキサイティング　キャンプ

＜日程＞　7月20日〜21日

＜お楽しみはこれ！＞
・普段はなかなか乗れない乗り物に乗れます。
　　　（パラグライダー，ヘリコプター、馬）
・美しい星空の下でキャンプファイヤーが楽しめます。
・夕食はみんなでバーベキュー

＜費用＞
　15,000円

＜注意事項＞
・携帯電話は持ち込めません。

＜特典＞
・インストラクターはケアナ・リーブス（乗り物と言えば彼！彼に会えるよ。サインがもらえるよ！）

3.6.5 疑問詞

(1) タスク活動（活動所要時間 15 分）

★ねらい
- 質問をして，必要な情報を得ることができる。
- 場面に応じて，色々な疑問詞を使い分けることができる。

★タスク活動のイメージ
- ペアワーク
- 状況 & 特徴

> - 映画監督と女優という設定での会話である。
> - 女優は，映画監督の新作映画のヒロインに決まっている。
> - 映画監督は，映画の新作映画のイメージにぴったりしたヒロインの相手役を選びたい。
> - 女優は，自分にぴったりの相手役を選びたい。
> - 2人で相談をして，ヒロインの相手役を決定する。

★評価規準

正確さ	・疑問詞を用いて，出身地を尋ねることができる。 ・疑問詞を用いて，年齢を尋ねることができる。 ・疑問詞を用いて，職業を尋ねることができる。 ・疑問詞を用いて，好きなことを尋ねることができる。
適切さ	・相手役には誰が良いと思うか，相手の意見を尋ねたり，自分の意見を述べることができる。 ・お互いの意見を考慮した上で最適な相手役を決定することができる。

★「振りかえりシート」のチェック事項

項目	チェック事項
Completion	☆ 誰を映画の相手役にするのか決定した。
Message	✿ 相手役候補のプロフィールについて，伝えることができた。 ✿ 誰を相手役にしたいのか，自分の意見を伝えることができた。
Structures	♪ 候補者の出身地，年齢，職業，好きなことを尋ねる時に，疑問詞（*who*, *what*, *when*, *which*, *where*, *how* など）を使うことができた。

★活動の工夫

・ここでは相手役を選ぶための情報として，年齢・出身地・職業・趣味というプロフィールを使用しているが，年齢や容姿が映画の相手役の重要な条件として関わってくるような設定であれば，さらに形容詞の原級，比較級，最上級を使わなくてはならない活動も考えられる。

タスク活動の会話例（21世紀のスターを探せ！）

1. （Sheet A・Sheet B の 1. に対応）
    B : Hello?　This is Spil-hamburg.
    A : Hello?　This is Naomi.
    B : Hi, Naomi.　What are you doing?
    A : Well, I'm reading the scenario of your new movie.
    B : I see.　Now I'm looking for your partner in the new movie.

2. （Sheet A・Sheet B の 2. に対応）
    A : You sent me three pictures and some information by fax.　But there are some ink spots on it.　I can't read some of the information.
    B : Oh, I'm sorry.
    A : How old is Yuji Owada?
    B : He is 35 years old.
    A : He looks younger in the picture.　What does he like to do?
    B : He likes to snowboard.

A : I see. How about Hanao? Where is he from?
B : He is from Miyagi prefecture. He is a comedian.
A : How about Tam Cruise?
B : He is from New York. He is a famous actor.

3. (Sheet A・Sheet B の 3. に対応)
   B : You also sent me three pictures and some information. But the fax is very dirty, and I can't read the information clearly. May I ask some questions?
   A : Of course.
   B : Where is Hideaki Takiyama from?
   A : He is from Tokyo. He likes shopping very much.
   B : Really? I like shopping, too. How about Beckom?
   A : He is from London, and he is a professional soccer player.
   B : That's great. How about Sanbei? How old is he?
   A : He is 23 years old.
   B : Really? He is still young.

4. (Sheet A・Sheet B の 4. に対応)
   A : I think Beckom is the best as my partner. He is from London, and I'm from London, too.
   B : I think Yuji Owada is good because he is from Hokkaido. The location of my movie is in Hokkaido.
   A : O.K. I think Yuji Owada is nice, too. Let's choose him as the hero of the new movie.

   ─── **Vocabulary** ───
   女優： an actress　俳優・男優： an actor　映画監督： a movie director
   歌手： a singer　テレビタレント： a TV personality

【Sheet A】　　　　　　　★ 21世紀のスターを探せ！★　　　　　　　　　TA

> あなたは，国際派女優・伊集院ナオミです。世界的名監督・スピルハンバーグ氏の新作映画にヒロインとして出演が決定しました。あなたは，**自分にぴったりの相手役**をと考えています。スピルハンバーグ氏とよく相談をして相手役を1人選びましょう。（□印のついている番号は，あなたから始めます。）

あなたのプロフィール

□ 年 齢	27歳
□ 出身地	ロンドン
□ 好きなこと	ショッピング，スキー，旅行

1. 映画のシナリオを読んでいる時に，スピルハンバーグ氏から電話がかかってきました。あいさつをしましょう。

2. 映画の相手役を決めましょう。スピルハンバーグ氏から相手役候補のプロフィールをファックスで送ってもらっていますが，汚れていてわからない箇所があります。質問しましょう。

◆ スピルハンバーグ氏が送ってきた相手役の候補

	おわだ雄二	はなお	タム・クルーズ
□ 年 齢	●	28	●
□ 出身地	北海道	●	ニ●
□ 職 業	歌手	●	●
□ 好きなこと	●ード●	カラオケ	旅行

3. スピルハンバーグ氏の質問に答えましょう。

◆ あなたが考えている相手役の候補

	滝山秀明	ベッコム	さんべい
□ 年 齢	22	27	23
□ 出身地	東京	ロンドン	奈良
□ 職 業	俳優	サッカー選手	コメディアン
□ 好きなこと	ショッピング	旅行	寝ること

4. スピルハンバーグ氏と相談をして，自分にぴったりの相手役を1人選びましょう。

Who?　　　　　　　Why?

第3章 タスク活動・タスクの具体例と評価 97

【Sheet B】　　　　　★ 21世紀のスターを探せ！★　　　　　　　　　　　　TA

あなたは，世界的名監督・スピルハンバーグ氏です。国際派女優・伊集院ナオミをヒロインにした映画を作ります。あなたは，**映画のイメージにぴったりの相手役**をと考えています。ナオミとよく相談をして，相手役を1人選びましょう。（□印のついている番号は，あなたから始めます。）

新作映画のイメージ

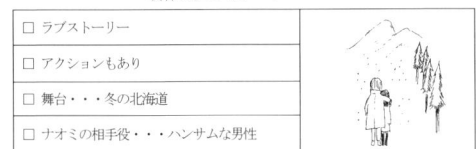

- □ ラブストーリー
- □ アクションもあり
- □ 舞台・・・冬の北海道
- □ ナオミの相手役・・・ハンサムな男性

1. ナオミに電話をかけましょう。ナオミは何をしているのでしょうか，聞いてみましょう。
2. ナオミの質問に答えましょう。

◆ あなたが考えている相手役

	おわだ雄二	はなお	タム・クルーズ
□ 年　齢	35	28	45
□ 出身地	北海道	宮城	ニューヨーク
□ 職　業	歌手	コメディアン	俳優
□ 好きなこと	スノーボード	カラオケ	旅行

3. ナオミからも相手役候補のプロフィールをファックスで送ってもらっていますが，汚れていてわからない箇所があります。質問しましょう。

◆ ナオミが送ってきた相手役の候補

	滝山秀明	ベッコム	さんぺい
□ 年　齢	22	27	●
□ 出身地	●	ロ●	奈良
□ 職　業	俳優	●選手	コメディアン
□ 好きなこと	●ング	旅行	●と

4. ナオミと相談をして，新しい映画にぴったりした相手役を1人選びましょう。

　Who?　　　　　　Why?

(2) タスク（活動所要時間 15 分）

◆ねらい
- 話すことの言語活動の中で，様々な疑問詞を適切に使用し，必要な情報を得ることができる。
- 与えられた情報から先輩の好きなものを考え，意見を交換し，何をプレゼントするのかを決定することができる。

◆タスクのイメージ
- ペアワーク
- 状況 ＆ 特徴

> - 友達同士の会話である。
> - AとBは，それぞれ先輩から好きなものを聞いており，どんなプレゼントがよいかを考えてきている。
> - AとBが聞いてきた先輩の好きなものの情報が異なっている。
> - 先輩の好きなものと自分たちの予算を考えて，何をプレゼントするのか決める。

◆評価規準

正確さ	・疑問詞を用いて，先輩の好きなものや嫌いなものを尋ねることができる。 ・疑問詞を用いて，品物の値段を尋ねることができる。 ・疑問詞を用いて，どの品物が良いか尋ねることができる。
適切さ	・自分の意見を述べたり，相手の意向を尋ねたりするなどして，話を進めることができる。 ・お互いの意見を考慮した上でプレゼントを決定することができる。

◆「振りかえりシート」のチェック事項

項目	チェック事項
Completion	☆ 先輩に何を買うのかを決定した。
Message	❀ 先輩の好きなものと嫌いなものについて伝えることができた。 ❀ プレゼントの候補として考えているものについて伝えることができた。 ❀ 自分が考えているプレゼントを買うように相手を説得することができた。
Structures	♪ 先輩の好きなものや嫌いなものを尋ねる時，疑問詞（*what* など）を使うことができた。 ♪ 品物の値段を尋ねる時，疑問詞（*how much* など）を使うことができた。 ♪ どの品物がよいかを決める時，疑問詞（*what*, *how much* など）を使うことができた。

タスクの会話例（あこがれのあの人にプレゼント）

A: Domoto senpai's birthday is coming soon. Let's buy some presents for him.
B: That's a good idea.
A: What does he like?
B: He likes baseball very much. So let's buy a baseball team key ring.
A: How much is one key ring?
B: It's 350 yen.
A: OK, but we have 3,000 yen. So how about a birthday cake, too? It's 1,500 yen. He really likes sweets.
B: Good idea. Hey, he likes TV games, too. How about buying one for him?
A: How much is one? It's probably expensive.
B: Well, it's 2,300 yen.
A: Oh, then we can't buy a birthday cake.
 So, let's buy some game software and a baseball key ring.
B: All right. How much is all that?
A: That's 2,650 yen.

★ あこがれのあの人にプレゼント ★

【Sheet A】

                                                                                                      ≗ Task

もうすぐ、あこがれの先輩のバースデーがやってきます。あなたとパートナーの2人で、プレゼントを買うつもりです。予算は2人合わせて3,000円です。予算内であれば、複数のプレゼントを買ってもかまいません。今日はプレゼントを買いに行く日です。あなた達は、それぞれ先輩の好きなものを聞いています。
よく相談して何を買うのか決めましょう。

◆ 先輩の情報

	名前	堂本　光一郎
	年齢	15歳
	好きなもの	マンガ、甘い食べ物、音楽
	嫌いなもの	カラオケ、携帯電話

◆ プレゼントの候補

サッカーボール 3000円	バースデーケーキ 1500円
松浦マヤのCD 2000円	マンガ 450円

◆ 先輩へのプレゼント

品物（個数）	(　　　)	(　　　)	(　　　)

★ あこがれのあの人にプレゼント ★

【Sheet B】

もうすぐ、あこがれの先輩のバースデーがやってきます。あなたとパートナーの2人で、プレゼントを買うつもりです。予算は2人合わせて3,000円です。予算内であれば、複数のプレゼントを買ってもかまいません。今日はプレゼントを買いに行く日です。あなた達は、それぞれ先輩の好きなものを聞いています。よく相談して何を買うのか決めましょう。

◆ 先輩の情報

名前	堂本　光一郎
年齢	１５歳
好きなもの	野球、テレビゲーム、映画
嫌いなもの	カラオケ、サッカー

◆ プレゼントの候補

野球チーム・キーホルダー ３５０円	ゲームソフト ２３００円
DVD ２５００円	携帯ストラップ ６００円

◆ 先輩へのプレゼント

品物（個数）	(　　　)	(　　　)	(　　　)

3.6.6 現在形 & 過去形

(1) タスク活動（活動所要時間約10分）

★ねらい
- 「文化祭の出し物」を決めることができる。
- 「文化祭の出し物」を決める際に，場面に応じて，現在形と過去形を使い分けることができる。

★タスク活動のイメージ
- ペアワーク
- 状況 & 特徴

> ・学校での，中学1年生同士の会話である。
> ・テレビ番組を参考に，文化祭の出し物について相談して決める。

★評価規準

正確さ	・「見たテレビ番組」については，過去形で答えることができる。 ・「文化祭の出し物」については，現在形・過去形を使い分けて話し合うことができる。
適切さ	・文化祭の出し物を決めるために，相手の意見を尋ねたり，自分のことについて伝えたりすることができる。

★「振りかえりシート」のチェック事項

項目	チェック事項
Completion	☆ 文化際の出し物を何にするのか決めることができた。
Message	✿ 好きなテレビ番組名を伝えることができた。 ✿ 先週見たテレビ番組について聞き合うことができた。
Structures	♪ テレビ番組について，先週見たかどうか，また，文化祭の出し物を決めるために，現在形・過去形を使い分けて話をすすめることができた。

★活動の工夫

- ここでは,テレビ番組の話題としたが,生徒の実態によっては映画の話題などを取り上げることも可能である。

タスク活動の会話例（テレビ番組を参考に,文化祭の出し物を考えよう！）

1. （Sheet A・Sheet B の1.に対応）
   - B： Did you watch "Torebian no izumi" last week?
   - A： Yes, I did.　It was very interesting.
     I watch it every week.　I watched "Project Y" last week, too.
     How about you?
   - B： I watched it, too.
     It was O.K.
   - A： I think so, too.
     Did you watch "Satoke no Shokutaku"?
   - B： Yes.　But I watched it for only 5 minutes.
     I changed the channel because it wasn't interesting.
     Did you watch "Gyouzamodekiru Houritsu Soudansho"?
   - A： No, I didn't.

2. （Sheet A・Sheet B の2.に対応）
   - A： Let's choose one program for our school festival.
   - B： O.K.　I think "Project Y" is good.
   - A： I like "Project Y", too.　What do we call our program?
   - B： "Project A", "Project B" ..., how about "Project V"?
   - A： O.K.　That sounds good!

   ===== **Vocabulary** =====
   文化祭： school festival　　テレビ番組： TV program　　選ぶ： choose

TA

[TV 番組を参考に，文化祭の出し物を考えよう！]
[Sheet　A]

あなたは，中学生のAさんです。文化祭ではテレビ番組を参考にして，番組をまねた出し物を考えることになりました。あなたは，実行委員のBさんに相談して出し物を決めましょう。
（□のついている番号はあなたから始めます。）

1．次の番組を先週見たかどうか，そして，それはおもしろかったかどうかお互いに聞き合ってみましょう。

番組名	見たかどうか	おもしろかったか
トレビアンの泉	毎週見ている	とてもおもしろかった
ギョウザもできる法律相談所	見なかった	
佐藤家の食卓	見た	あまりおもしろくなかった
プロジェクトY	見た	今いちであった

＜参考情報＞

トレビアンの泉…みんながあまり知らない情報を提供する番組。
ギョウザもできる法律相談所…ギョウザを食べながら法律相談をする番組。
佐藤家の食卓…生活に役立ついろいろなアイデアを紹介する番組。
プロジェクトY…困難を乗り越えて何かを成し遂げた人たちを紹介する番組。

2．文化祭で出し物の参考にする番組をどれにするのか，話し合いましょう。そして番組の名前を決めましょう。

　　　　参考にする番組名は　→　（　　　　　　　　　　）
　　　　番組の名前は　→　（　　　　　　　　　　）

◣ TA

[TV番組を参考に，文化祭の出し物を考えよう！]
[Sheet　B]

> あなたは，中学生のBさんです。文化祭では，テレビ番組を参考にして，出し物を考えることになりました。あなたは，実行委員のAさんに相談して出し物を決めましょう。（ □ のついている番号はあなたから始めます。）

1. 次の番組を先週見たかどうか，そして，それはおもしろかったかどうかお互いに聞き合ってみましょう。

番組名	見たかどうか	おもしろかったか
トレビアンの泉	見なかった	
ギョウザもできる法律相談所	見た	とてもおもしろかった
佐藤家の食卓	5分見ただけ	おもしろくなかったのでチャンネルを変えた
プロジェクトY	見た	まあまあ

＜参考情報＞

　トレビアンの泉…みんながあまり知らない情報を提供する番組。
　ギョウザもできる法律相談所…ギョウザを食べながら法律相談をする番組。
　佐藤家の食卓…生活に役立ついろいろなアイデアを紹介する番組。
　プロジェクトY…困難を乗り越えて何かを成し遂げた人たちを紹介する番組。

2. 文化祭で出し物の参考にする番組をどれにするのか，話し合いましょう。そして，番組の名前を決めましょう。
　　　参考にする番組名は　→　（　　　　　　　　　　）
　　　番組の名前は　→　（　　　　　　　　　　）

(2) タスク（活動所要時間 15 分）

◆ねらい
- お互い意見交換して，文化祭の出し物を決めることができる。
- 文化祭の出し物を話し合う中で，現在形や過去形を使用することができる。

◆タスクのイメージ
- ペアワーク
- 状況 ＆ 特徴
  - 小学校の学芸会でしたことを報告し合う。
  - 自分の好きなことを話し合う。
  - 文化祭の出し物を話し合う。

◆評価規準

正確さ	・小学校の学芸会でしたことについて，過去形を使って伝えることができる。 ・自分の好きなことについて，現在形を使って伝えることができる。 ・文化祭の出し物について話し合う時，現在形・過去形を使い分けることができる。
適切さ	・文化祭の出し物について，適切に現在形と過去形を使用して話し合うことができる。 ・「文化祭の出し物」というテーマに対して，相手の意見も理解しながら，適切な応答をすることができる。

◆「振りかえりシート」のチェック事項

項目	チェック事項
Completion	☆ 文化祭で何をするのか決定することができた。
Message	✿ 昨年したことを伝え合うことができた。 ✿ どんな番組を見ているか，お互い話し合うことができた。
Structures	♪ 文化祭の出し物について話し合う時，場面に応じて現在形と過去形を使用することができた。

タスクの会話例（文化祭の出し物を考えよう！）

A： We sang some songs at the student concert last year.
And I played the piano.
How about you?
B： We had a play "Ginpachi-sensei".
And I played "Ginpachi-sennsei".
I like watching TV very much.
I watch TV every day.
Do you like watching TV?
A： Yes, I do.　I like movies very much.
And I like music very much.
Do you like music?
B： Yes, I do.
I like pop music.
A： Me, too.
I have 10 of Utata Neru's CDs.
B： I have 5 of Hirai Gen's CDs.
A： What do we do for our School Festival?
B： How about a quiz?
A： A quiz is good.
B： Final answer?
A： Final answer.

―― **Vocabulary** ――
学芸会： school concert
映画： movie
文化祭： school festival

『文化祭の出し物を考えよう！』

[Sheet　A]

> 生徒会が，文化祭での個人参加の申し込みを受けつけています。あなたと友だちのBさんは参加しようと考えています。相談して何をするのか決めましょう。

※　小学校の学芸会でしたこと……クラスのみんなによる歌

　　　　　　　　　　　あなたのしたこと…ピアノの伴奏

※　あなたの好きなこと……　映画が好き。
　　　　　　　　　　　毎週1本は，見ている。
　　　　　　　　　　　『ハリーホッター』が，大好き。

　　　　　　　　　　　音楽も好き。
　　　　　　　　　　　ピアノは毎日ひく。
　　　　　　　　　　　ポップスが好き。
　　　　　　　　　　　うたたひかるのCDを10枚もっている。

※　文化祭の出し物でやったらいいと，あなたが考えていること

　　・劇
　　・歌 / 楽器の演奏
　　・クイズなど

> 文化祭で何をすることになりましたか。
> 　(内容・タイトルなど具体的に考えてみよう！)

『文化祭の出し物を考えよう！』

[Sheet B]

　生徒会が文化祭での個人参加の申し込みを受けつけています。あなたと友だちのAさんは参加しようと考えています。相談して何をするのか決めましょう。

※　小学校の学芸会でしたこと……「銀八先生」の劇。

　　　　　　　　　　　　あなた…先生役

※　あなたの好きなこと……　テレビが好き。
　　　　　　　　　　　　　　ほとんど毎日見ている。
　　　　　　　　　　　　　　「クイズ番組」が，大好き。

　　　　　　　　　　　　　　音楽も好き。
　　　　　　　　　　　　　　ギターを弾くことができる。
　　　　　　　　　　　　　　ポップスをよく聞く。
　　　　　　　　　　　　　　平井ゲンのCDは，5枚もっている。

※　文化祭の出し物でやったらいいと，あなたが考えていること

　　・劇
　　・歌／楽器の演奏
　　・クイズ　など

　文化祭で何をすることになりましたか
　（内容・タイトルなど具体的に考えてみよう！）

3.6.7 現在形 ＆ 過去形 ＆ 過去進行形

(1) タスク活動（活動所要時間 15 分）

★ねらい
- 情報交換をした内容を検討し，容疑者を1人に絞り込むことができる。
- 場面に応じて，現在形，過去形，過去進行形を用いて，情報を伝えることができる。

★タスク活動のイメージ
- ペアワーク
- 状況 ＆ 特徴

> - 宝石店で盗難事件があり，その事件解決のために，刑事と部下が情報を交換している場面である。
> - それぞれが，容疑者2人と関係者4人に事情聴取を行っている。
> - お互いが持つ情報を交換し，一番あやしい容疑者は誰かを推理する。

★評価規準

正確さ	・容疑者の普段の様子を伝えるときに，現在形を使用することができる。 ・容疑者のアリバイを伝えるときに，過去形や過去進行形を使うことができる。
適切さ	・刑事とその部下という場面設定に応じた話し方をすることができる。 ・どの容疑者が一番あやしいと思うか自分の意見を述べることができる。 ・2人が交換した情報に基づき，結論を導き出すことができる。

★「振りかえりシート」のチェック事項

項目	チェック事項
Completion	☆ 一番あやしい容疑者を推理することができた。
Message	❀ 自分が事情聴取をした容疑者のアリバイを伝えることができた。 ❀ どの容疑者が一番あやしいと思うか，自分の考えを伝えることができた。
Structures	♪ 容疑者の普段の様子を伝えるときに，現在形を使うことができた。 ♪ 容疑者のアリバイを伝えるときに，過去形や過去進行形を使うことができた。

★活動の工夫

- 事件がおきた場所を生徒にとって身近な場所にしたり，刑事やその部下，容疑者などの名前を生徒にとって知名度の高い人物にすることで，活動に対する興味・関心を高めることができる。
- どのグループが，最も速く犯人を見つけることができるのかを競わせることも可能である。

タスク活動の会話例（アリバイを崩せ！）

1. （Sheet A・Sheet B の 1. に対応）

   B： *RING RING RING*

   A： Hello, this is Hide speaking.

   B： Hello, Hide. This is Chick. What are you doing?

   A： I'm going back to the police station.

2. （Sheet A・Sheet B の 2. に対応）

   B： What was Rupon doing at 9:00 p.m. last night?

   A： Well, he bought cigarettes at the station.

   B： How about at 9:30 p.m.? What was he doing?

   A： He was having dinner with his friend at a restaurant. He stayed at the restaurant until 10:20 p.m.

   B： I see. Then what time did he arrive home?

A : He arrived home at 10:30 p.m.
B : How about Chigen's alibi?
A : He was watching TV at home at 9:00 p.m., and he went to a convenience store at 9:45 p.m. by car. He came home at 10:30 p.m.
B : I see.

3. (Sheet A・Sheet B の 3 .に対応)
   A : What was Fujie doing at 9:00 p.m. last night?
   B : She was watching a video at her friend's house.
   A : Did she stay overnight at her friend's house?
   B : No, she went back to her own house at about 10:00 p.m.
   A : O.K. What was she doing around 10:30 p.m.?
   B : She was taking a shower.
   A : How about Koemon?
   B : He was working at a bookstore from 7:00 p.m. till 10:20 p.m. He works there at the same time every evening.
   A : O.K. What did he do after work?
   B : He went to a video rental shop, and he came home at 11:00 p.m.

4. (Sheet A・Sheet B の 4 .に対応)
   B : I talked to one of Rupon's friends. He and Rupon had dinner together last night.
   A : OK, then, Rupon is telling the truth.
   B : Yes. I talked to Chigen's friend. He said he was talking with Chigen at a convenience store at about 10:00 p.m.

5. (Sheet A・Sheet B の 5 .に対応)
   A : I think Koemon is (the most) suspicious. He said his part-time job was until 10:20, but his friend said she was working with Koemon until 9:20 last night.
   B : Really? Then Koemon is (the most) suspicious.

―― 参考 ――

until＝till

　from 7 p.m. to 10 p.m.＝from 7 p.m. until (till) 10 p.m.

until≠by

　Until は，継続している状態や未来の時点で止まるような状態について述べる時に使われる。By は，ある時点に，またはその前に起こる行為について述べる時に使われる。

（例）　Can I stay until the weekend?　　［継続状態］

　　　　Can you repair my watch by Tuesday?　　［行為］

We use *by* (=‛*not later than*') to say that something happens at or before a certain moment.

UNTIL
You can keep the car until Sunday.

BY
You really must bring it back by 12.00 on Sunday.

NOW ─────── SUNDAY　　　FRI... SAT... SUN 11.00.. SUN 12.00.. SUN 1.00
　　　　　　　　　　　　　　　OK　OK　OK　OK　not OK

(Swan and Walter 2001)

【Sheet A】　　　　　　　★ アリバイを崩せ！ ★　　　　　　　　TA

> あなたは，チック刑事の部下，ヒデさんです。昨晩10時頃，よしろ町の宝石店で盗難事件がありました。
> 単独犯です。あなたとチック刑事は分担して，4人の容疑者の事情聴取を行いました。
> チック刑事と情報交換し，犯人を見つけましょう。　（□印のついている番号はあなたから始めます。）

1. チック刑事から電話がかかってきました。あなたは警察署に戻ろうとしているところです。
   質問に答えましょう。

2. チック刑事が ルポンとチゲンのアリバイを聞いてきます。昨夜，彼らが何をしていたのか伝えましょう。

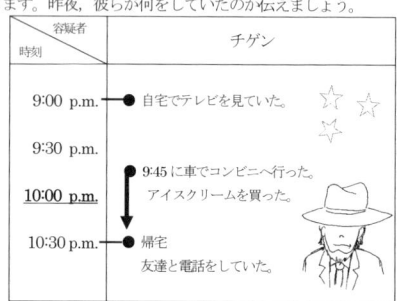

容疑者／時刻	ルポン
9:00 p.m.	駅でタバコを買った。
9:30 p.m.	レストランで友達と夕食を食べていた。
10:00 p.m.	↓ 10:20頃まで
10:30 p.m.	帰宅

容疑者／時刻	チゲン
9:00 p.m.	自宅でテレビを見ていた。
9:30 p.m.	
10:00 p.m.	9:45に車でコンビニへ行った。アイスクリームを買った。
10:30 p.m.	帰宅　友達と電話をしていた。

3. チック刑事に，フジエ と こえもんが昨夜，何をしていたのか尋ねましょう。

容疑者／時刻	フジエ
9:00 p.m.	
9:30 p.m.	
10:00 p.m.	
10:30 p.m.	

容疑者／時刻	こえもん
9:00 p.m.	
9:30 p.m.	
10:00 p.m.	
10:30 p.m.	

4. 昨晩の事件についてあなたが得た情報は下の通りです。チック刑事と情報交換しましょう。

- ◆　レンタルビデオ店の男性店員： 10時30分頃，こえもんとうちの店でしゃべっていました。
- ◆　フジエの女友達： フジエとビデオを観ていたよ。フジエが私の家を出たのは，9時40分頃でした。
- ◆　こえもんのバイト先の女友達： こえもんは，毎日9時20分頃まで働いています。
- ◆　フジエの母： フジエは10時頃に帰宅しました。

5. チック刑事と相談し，容疑者を1人に絞り込みましょう。

　　　　一番あやしいのは　　　　　　　　　　　理由は

第3章 タスク活動・タスクの具体例と評価 115

【Sheet B】　　　　　　★ アリバイを崩せ! ★　　　　　　　TA

> あなたは、チック刑事です。昨晩10時頃、よしろ町の宝石店で盗難事件がありました。
> 単独犯です。あなたと部下のヒデさんは分担して、4人の容疑者の事情聴取を行いました。
> ヒデさんと情報交換し、犯人を見つけましょう。（□印のついている番号はあなたから始めます。）

1. あなたからヒデさんに電話をかけます。ヒデさんは、何をしているところか聞いてみましょう。

2. ヒデさんに、ルポンとチゲンが昨夜、何をしていたのか尋ねましょう。

容疑者 時刻	ルポン
9:00 p.m.	
9:30 p.m.	
<u>10:00 p.m.</u>	
10:30 p.m.	

容疑者 時刻	チゲン
9:00 p.m.	
9:30 p.m.	
<u>10:00 p.m.</u>	
10:30 p.m.	

3. ヒデさんがフジエとこえもんのアリバイを聞いてきます。昨夜、彼らが何をしていたのか伝えましょう。

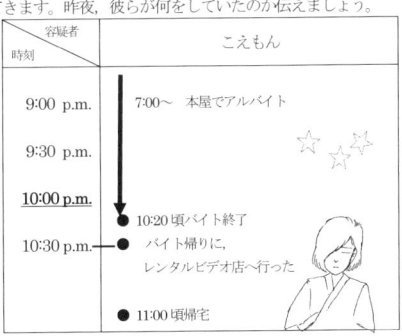

容疑者 時刻	フジエ
9:00 p.m.	●友達の家でビデオを観ていた。
9:30 p.m.	↓
<u>10:00 p.m.</u>	●帰宅
10:30 p.m.	●シャワーを浴びていた。

容疑者 時刻	こえもん
9:00 p.m.	7:00〜 本屋でアルバイト
9:30 p.m.	↓
<u>10:00 p.m.</u>	●10:20頃バイト終了
10:30 p.m.	●バイト帰りに、レンタルビデオ店へ行った
	●11:00頃帰宅

4. 昨晩の事件についてあなたが得た情報は下の通りです。ヒデさんと情報交換しましょう。

- ◆　ルポンの男友達　： ルポンとは、毎晩一緒に夕食を食べているよ。昨日レストランを出たのは、10時20分頃でした。
- ◆　チゲンの男友達　： 10時頃なら、チゲンとコンビニでしゃべっていました。
- ◆　駅の売店の男性店員： 9時頃に、男の人がタバコを30箱買いました。
- ◆　コンビニの女性店員： 10時頃、男の人がアイスクリームを買いましたよ。

5. チック刑事と相談し、容疑者を1人に絞り込みましょう。
　　　　一番あやしいのは　　　　　　　　　理由は

(2) タスク（活動所要時間 15 分）

◆ねらい
- 情報交換をした内容を検討し，容疑者を 1 人に絞り込むことができる。
- 容疑者のアリバイについて情報を交換する中で，現在形，過去形，過去進行形を使い分けることができる。

◆タスクのイメージ
- ペアワーク
- 状況 ＆ 特徴
  - 刑事と管理官の会話である。
  - それぞれが聞いてきた容疑者 2 人のアリバイと関係者の話について情報を交換する。
  - お互いの情報から，誰が犯人であるかを推理する。

◆評価規準

正確さ	・容疑者のふだんの行動を伝えるとき，現在形を使用することができる。 ・容疑者のアリバイを伝えるとき，過去形や過去進行形を使用することができる。
適切さ	・話の流れの適切な場面で，誰が一番あやしいと思うかなど，自分の意見を述べたり，相手の意見を尋ねたりすることができる。 ・2 人が交換した情報に基づき，適切に結論を導き出すことができる。

◆「振りかえりシート」のチェック事項

項目	チェック事項
Completion	☆ 誰が一番あやしいと思うかを決めた。
Message	✿ 容疑者のアリバイを伝えることができた。 ✿ 関係者から聞いた話を伝えることができた。 ✿ 誰が犯人であるかを推理する際，その根拠を述べることができた。
Structures	♪ 容疑者のふだんの行動を伝えるとき，現在形を使用することができた。 ♪ 容疑者のアリバイを伝えるとき，過去形や過去進行形を使用することができた。

タスクの会話例（悩む大捜査線！）

A: Hi, how are you, Mr. Aoshiba?

B: Fine, thanks. Do you have any information about Hamujiro?

A: Yes, I talked to Gori and Garao. They say they had alibis for last night.

B: Please tell me Gori's alibi.

A: Well, he was working at Animal Land. He works there from 4:00 p.m. to 8:00 p.m. every day. After work, he went to a convenience store by bike, and he met Gabata there at 8:30 p.m.

B: I see. What was he doing at 9:00 p.m.?

A: He was having dinner with Gabata. He came home at about 9:30.

B: Well, what about Garao?

A: Garao was taking a walk with Hanako in Animal Land at about 7:00 p.m., and they left there at 7:30 p.m. Then they went to a restaurant and had dinner together. It was about 8:00 p.m. Garao said good-bye to Hanako at 8:30 p.m.

B: That's strange. I talked to Hanako, and she said she and Garao said good-bye at the station at 8:00 p.m.

A: Really? Tell me Hanako's alibi.

B: She was taking a walk with Garao in Animal Land at about 7:00 p.m., and she left there with Garao at 7:30 p.m. She works at a

> restaurant from 8:30 p.m. to 12:00 a.m. every night, so she said she and Garao said good-bye at 8:00 p.m.
>
> A : I see. Maybe Garao told a lie to us. How about Gabata?
>
> B : Gabata said he met Gori at a convenience store at 8:30 p.m.
>
> A : So, I think Garao is the kidnapper.
>
> B : I agree with you. I also talked to a security man from Animal Land, and he said he found a key ring in front of Hamujiro's cage. He saw a big letter "G" on the key ring.
>
> A : Garao's initial is "G". So he is very suspicious. I talked to a zoo-keeper from Animal Land. He said he received a phone call at 9:00 p.m. It was a man's voice. The man said he kidnapped Hamujiro.
>
> B : OK. Then the kidnapper is not Hanako.
>
> A : No. Garao is (the most) suspicious.

★ 悩む大捜査線 ★

【Sheet A】

あなたは，ワンワン署のアオシバ刑事です。昨夜8時30分頃，アニマルランドから，人気者のハムスター，ハム次郎が誘拐されました。犯人は単独犯ですが，容疑者は4人います。あなたとニャアニャア署のオキ管理官は，それぞれ容疑者2人と関係者から事件の話を聞いてきました。2人で協力して，犯人を推理しましょう。

★ 容疑者のアリバイ

時刻	ゴリ	ガラオ	ガバ太	ハナコ
7:00 p.m.	アニマルランド内の店で仕事 （毎日 4:00 p.m. ～ 8:00 p.m.）	アニマルランドでハナコと散歩		
7:30 p.m.		アニマルランドを出た		
8:00 p.m.	バイクでコンビニへ向かった	近くのレストランでハナコと食事をしていた		
8:30 p.m.	コンビニでガバ太と会った	ハナコと駅で別れた		
9:00 p.m.	ガバ太と夕食 9:30 p.m. 帰宅			

★ 事件当夜の様子

アニマルランドの飼育係の話

7:30 p.m. アニマルランド閉園
8:00 p.m.
8:30 p.m.
9:00 p.m. 男の声で，ハム次郎を預かったという電話がありました

★ 一番あやしい人は誰だ？ ＿＿＿＿＿＿＿＿＿＿ 理由？ ＿＿＿＿＿＿＿＿

★ 悩む大捜査線 ★
【Sheet B】

▲ Task

あなたは，ニャアニャア署のオキ管理官です。昨夜8時30分頃，アニマルランドから，人気者のハムスター，ハム次郎が誘拐されました。犯人は単独犯ですが，容疑者は4人います。あなたとワンワン署のアオシバ刑事は，それぞれ容疑者2人と関係者から事件の話を聞いてきました。2人で協力して，犯人を推理しましょう。

★ 容疑者のアリバイ

時刻	ガバ太	ハナコ	ゴリ	ガラオ
7:00 p.m.	家でテレビを見ていた	アニマルランドでガラオと散歩		
7:30 p.m.	友人と電話で話をしていた	アニマルランドを出た		
8:00 p.m.	ゴリと会うので，バイクでコンビニへ向かっていた	ガラオと駅で別れたその後バスで，レストランへ		
8:30 p.m.	ゴリとコンビニで会った	レストランでアルバイト（毎晩 8:30 p.m. ～ 12:00 a.m.）		
9:00 p.m.	ゴリと夕食			
		9:30 p.m. 帰宅		

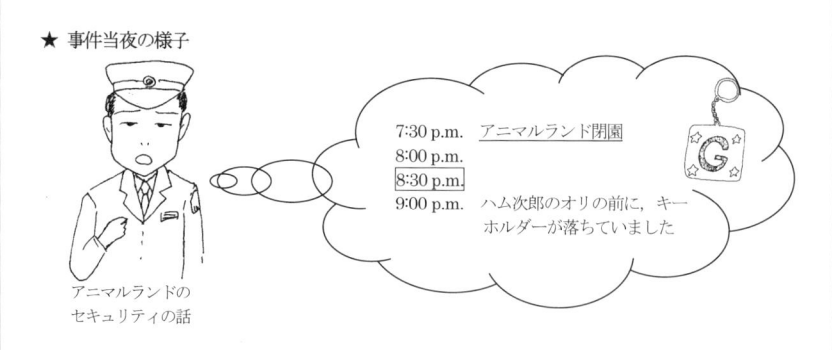

★ 事件当夜の様子

アニマルランドのセキュリティの話

7:30 p.m. アニマルランド閉園
8:00 p.m.
8:30 p.m.
9:00 p.m. ハム次郎のオリの前に，キーホルダーが落ちていました

★ 一番あやしい人は誰だ？ _____   理　由？ _____

3.6.8 未来表現（*will* & *be going to*）

(1) タスク活動（活動所要時間 15 分）

★ねらい
- 話すことの言語活動を通して，仲間の予定とイベントの日程を確認し，いつ何を「いただく（＝盗む）」のかを相談して決定することができる。
- いつ何を「いただく」のかを決めるため，お互いに自分の予定と自分が得た仲間の予定を述べ，イベントの日程を確認する中で，未来表現 *will* と *be going to* の使い分けができる。
- 場面に応じて，意思を表す未来の *will* と予定が決まっている確実性の高い未来の出来事について表す *be going to* を正確かつ適切に用いて，予定などを表現することができる。

★タスク活動のイメージ
- ペアワーク
- 状況 ＆ 特徴
  - 泥棒同士の会話である。
  - お互い，相手の予定と相手が知っている仲間の予定を確認し，都合の良いときに宝物をいただきたい。
  - 4 つの品物（目玉品）とイベントの期日を確認し，いつ何を「いただく」のか決める。

★評価規準

正確さ	・会話途中での予定変更や意思決定したことなどについて *will* を用いて表現することができる。 ・すでに決めている年末の予定について *be going to* を用いて表現することができる。
適切さ	・自分の都合を主張したり，時には譲歩するなどして，いつ，何を「いただく」かを決めることができる。

★「振りかえりシート」のチェック事項

項目	チェック事項
Completion	☆ いつ，何を「いただく」のか決定した。
Message	✿ 自分と自分が尋ねた人の予定を伝えることができた。 ✿ 相手の予定を変更するよう説得した。 ✿ 自分の予定を変更することを申し出た。
Structures	♪ 会話途中での予定変更や意思決定したことなどについて *will* を用いて表現することができた。 ♪ すでに決めている年末の予定について *be going to* を用いて表現することができた。

★活動の工夫
- ここでは未来に関する表現（*will* と *be going to*）を使い分けるタスク活動であるが，話題を現在や過去のことにも関連付けることで，他の時制も使うような活動も考えられる。

タスク活動の会話例（次のいただきものは？）

1. （Sheet A・Sheet B の 1. に対応）
   A： Hi, Chigen. How are you?
   B： Fine, thank you. And you, Lupon?
   A： I'm fine, too. We're going to steal something. What is your schedule for December?
   B： I'm going to practice shooting.
   A： Where?
   B： In Tokyo. Then I am going to take a vacation in Florida from the 23rd to the 26th. And for the last three days of December I'm going to read books at home.
   A： Well, how about Rokuemon?
   B： OK. He is going to travel alone in Tohoku from the 20th to 24th. On the 29th he is going to clean his room in Tokyo. And on the 31st, he is going to have *toshikoshisoba* in Kyoto.
   A： I see. You are very busy.

2．（Sheet A・Sheet B の 2．に対応）
 B： Yes, we are.　How about you and Fujiyo?
 A： Well, I am going to stay in Las Vegas on the 23rd and 24th.　On the 25th, Fujiyo and I are going to spend Christmas time in New York.　And from the 27th to the 31st, I'm going back to Paris.
 B： And Fujiyo?
 A： Fujiyo is going to travel in Egypt from the 20th to the 23rd and have a vacation in Hawaii from the 29th to the 31st.
 B： You and Fujiyo are very busy, too.

3．（Sheet A・Sheet B の 3．に対応）
 A： How about Cleopatra's pearl?　We can steal it on the 21st or the 22nd.
 B： But Rokuemon is in Tohoku, Japan.　He will not change his schedule.
 A： Oh, that's too bad.　What do you want to steal then?
 B： I want Himiko's earring.　But we will not be in Japan.　How about Napoleon?　It's a very famous picture.　If you and Fujiyo change your schedule on the 25th, I will change my schedule and go to Paris.　You can have a nice Christmas time with Fujiyo in Paris.
 A： That sounds nice.
 B： OK.　Let's do it.

【Sheet A】 次のいただきものは…   TA

> あなたは怪盗ルポンⅣ世です。
> 仲間と4人で年末に何かいただくつもりです。不二代の予定は知っています。
> 他の2人の予定も参考にし、相棒のチゲン小介と狙いを1つに決めましょう。
> （□印が番号についている人から会話を始めましょう。）

1. まず、チゲンに、チゲンと六衛門の予定を聞いてみましょう。（下の表にメモしましょう）

≪予定≫

ルポン	不二代		チゲン	六衛門
	エジプト旅行	12月20(月)		
	〃	21(火)		
	〃	22(水)		
ラスベガス滞在	〃	23(木)		
〃		24(金)		
ニューヨークで一緒にクリスマス		25(土)		
		26(日)		
パリに里帰り		27(月)		
〃		28(火)		
〃	ハワイ旅行	29(水)		
〃	〃	30(木)		
〃	〃	31(金)		

2. 今度は、チゲンが、あなたと不二代の予定を聞いてきます。教えてあげましょう。
   （上の表にメモしましょう）

3. 4人の予定を考えに入れ、2人で相談して以下の4つからいただくものを決めましょう。

	正倉院 (日本)	ルーブル美術館 (フランス)	エジプト博物館 (エジプト)	大英博物館 (英国)
期日	12月20日～24日	12月21日～28日	12月22日～27日	12月25日～29日
目玉品	ヒミコの イヤリング	名画 「ナポレオン」	クレオパトラの 真珠	女王の ネックレス
あなたの興味の ある順序	4	2	1	3

★★ いつ何をいただくことになりましたか。

12月（　　）日	品物：

【Sheet B】 次のいただきものは…

　　　　　　　　　　　　　　　　　　　　　　　　　　　　　TA

あなたは大泥棒チゲン小介です。
仲間と4人で年末に何かいただくつもりです。六衛門の予定は知っています。
他の2人の予定も参考にし、相棒のルパンⅣ世と狙いを1つに決めましょう。
（□印が番号についている人から会話を始めましょう。）

1. ルポンが、あなたと六衛門の予定を聞いてきます。教えてあげましょう。（下の表をもとに）

≪予定≫

チゲン	六衛門		ルポン	不二代
射撃の訓練（東京）	東北一人旅	12月20(月)		
	〃	21(火)		
	〃	22(水)		
フロリダ滞在	〃	23(木)		
〃	〃	24(金)		
〃	〃	25(土)		
〃	〃	26(日)		
		27(月)		
		28(火)		
自宅で読書（東京）	部屋の大掃除（東京）	29(水)		
〃		30(木)		
〃	京都で年越しそば	31(金)		

2. 今度は、ルポンに、彼と不二代の予定を聞いてみましょう。（上の表にメモしましょう）

3. 4人の予定を考えに入れ、2人で相談して以下の4つからいただくものを決めましょう。

	正倉院（日本）	ルーブル美術館（フランス）	エジプト博物館（エジプト）	大英博物館（英国）
期日	12月20日～24日	12月21日～28日	12月22日～27日	12月25日～29日
目玉品	ヒミコのイヤリング	名画「ナポレオン」	クレオパトラの真珠	女王のネックレス
あなたの興味のある順序	1	3	4	2

★★　いつ何をいただくことになりましたか。

12月（　　）日	品物：

(2) タスク（活動所要時間 15 分）

◆ねらい
- 相手や他の友達の予定を確認し，誰を誘うかを決定することができる。
- 誕生パーティーに誘う人を決めるために，お互いの集めた情報を交換する中で，未来表現 *will* と *be going to* の使い分けができる。

◆タスクのイメージ
- ペアワーク
- 状況 & 特徴
  - 2人の中学生の会話である。
  - お互いに，自分の希望の条件に合う友達を誘いたい。
  - 6人の友達の情報を交換して，誰を誘うのか決める。

◆評価規準

正確さ	・相談中に意思決定するなどしたことについて *will* を用いて表現することができる。 ・天気予報や登場人物の予定など，事前に情報を得ているものに関して *be going to* を用いて表現することができる。
適切さ	・相手の希望を尊重しながら，自分の希望も伝えることができる。 ・2人の意向を基に，だれを招待するのかを決めることができる。

◆「振りかえりシート」のチェック事項

項目	チェック事項
Completion	☆ 誰を誘うか決定した。
Message	❀ 誕生パーティーに誘いたい友達を伝えることができた。 ❀ 自分の聞いた友達の予定を伝えることができた。 ❀ 自分の希望する友達を誘うよう説得できた。
Structures	♪ 相談中に意思決定するとき，*will* を使うことができた。 ♪ 天気予報や登場人物の予定など，事前に情報を得ていることを伝えるとき，*be going to* を使うことができた。

タスクの会話例（誕生パーティーのメンバーは？）

A: Hi, Takuya. How are you?

B: Fine, thank you. And you?

A: I'm fine, too. Tomorrow is my birthday. Let's plan my party. Who do you want to invite?

B: Did you ask your friends about their schedules tomorrow?

A: Yes, of course. But my room is not so large, so we can only invite two or three people. We need two girls. They can help us.

B: And I want to eat a delicious meal or sweets.

A: OK, anyway let's check our friends' schedules. Everybody is busy ...

B: Yes, they are. But it's going to rain tomorrow afternoon. Then Naoko can come. She knows a good cake shop.

A: That's good! How about Maki? She is good at cooking. She can make us a good meal.

B: I can't wait! But ... if we invite Maki, we should invite Miki. Maki and Miki will be together that day. They are going to see fireworks in Kobe, so we have to invite them together.

A: That makes sense.

B: Wait, wait. They are all girls, and I'm the only boy. I don't like that. We need a boy.

A: Oh, sorry. I forgot about that. Then, who shall we invite? How about Hideki? He is a baseball club member, but he could come if it's raining.

B: That's nice!

A: I like Karaoke, and Hideki has a portable Karaoke set at home. We can enjoy Karaoke if he brings it.

B: Yes, yes. Let's invite Hideki, Maki, and Miki.

128

【Sheet A】 誕生パーティーのメンバーは？　　　　　　　　　　　　　　&Task

> あなたは中学生アヤです。明日の夕方自宅で誕生パーティーを開くつもりです。
> クラスメイトのタクヤと相談して誘う人を決めましょう。
> お互い３人ずつ友達の予定を聞いています。

- 部屋の広さから、誘うのは全部で２〜３人。
- できればカラオケで歌いたい。
- 準備を手伝ってもらえる人がいい。

★ アヤの聞いた友達の明日午後の予定

名前	マキ	イチロー	ヒデキ
	料理が得意。	人の手伝いは苦手。	家にポータブルカラオケがある。
予定	ミキと神戸へ花火を見に行く。	朝から一日、図書館で宿題をする。	夕方まで野球の部活動。

★ タクヤの聞いた友達の明日午後の予定

名前	ナナコ	ミキ	ケンジ
予定			

★★　誘うことになった人たちは…

　　　　≪名前≫　　　　　　　　　　　≪理由≫
1. _____　_____
2. _____　_____
3. _____　_____

【 Sheet B 】 誕生パーティーのメンバーは？　　　　　　　　👤 Task

あなたは中学生タクヤです。明日の夕方アヤの家でパーティーを開きます。クラスメイトのアヤと相談して誘う人を決めましょう。
お互い3人ずつ友達の予定を聞いています。

・男子が自分だけは嫌。
・おいしいものが食べたい。
・今朝の天気予報では「明日は午後から大雨」

★ タクヤの聞いた友達の明日午後の予定

名前	ナナコ	ミキ	ケンジ
	おいしいケーキ屋を知っている。	歌が上手い。	ゲームが大好きで、いつでも放さない。
予定	姉と高校野球を見に行く。	マキと神戸へ花火を見に行く。	親と買い物に行く。

★ アヤの聞いた友達の明日午後の予定

名前	マキ	イチロー	ヒデキ
予定			

★★ 誘うことになった人たちは…

　　　　《名前》　　　　　　　　　　《理由》
1. _____　_____
2. _____　_____
3. _____　_____

3.6.9 助動詞

(1) タスク活動（活動所要時間 15 分）

★ねらい
- 情報を比較検討し，新入生歓迎旅行の行き先を決定することができる。
- 魔法学校での生活や新入生歓迎旅行について，説明・質問・応答などをする中で，助動詞（*can* & *have to* & *must*）を用いることができる。

★タスク活動のイメージ
- ペアワーク
- 状況 & 特徴
  - 魔法学校の新入生と上級生の会話である。
  - 新入生は「学校での生活の心得」について質問する。
  - 上級生は，学校生活で「禁止されていること」と「許可されていること」について，新入生に説明する。
  - 新入生歓迎旅行について，4つの行き方の中から相談して決める。

★評価規準

正確さ	・魔法学校での生活の心得について，*must not* や *can't* などの助動詞を使って禁止されていることを相手に伝えることができる。 ・魔法学校の生活の心得について，*can* を使って応答をしたり，歓迎旅行の行き方について情報を伝えたり確認したりすることができる。 ・新入生歓迎旅行の行き方を，*have to* や *must* を使い，情報を伝えたり確認することができる。
適切さ	・新入生歓迎旅行の行き方を決める時，相手の意見を尋ねたり，自分の意見を述べるなどして話し合うことができる。

★「振りかえりシート」のチェック事項

項目	チェック事項
Completion	☆ 新入生歓迎旅行の行き先を決定した。
Message	◇「ハグワーツ魔法学校での生活の心得」について質問し確認できた。(ケン・ウェズィー) ❀「ハグワーツ魔法学校での生活の心得」について新入生の質問に答えることができた。(ハリー・パッター)
Structures	♪ 魔法学校での生活の心得について質問・応答をする時,助動詞 *must not*, *can* を使い分けることができた。 ♪ 行き先を決定する時, *must*, *have to*, *can* を使い分けることができた。

★活動の工夫
・ここでは最後に行き方を比較するという,助動詞 *must*（*have to*）と *can* を使い分けるタスク活動であるが,歓迎旅行で行う活動の予定や持ち物について他の助動詞 *should* などを使って話し合う場面も設定できる。

タスク活動の会話例（魔法学校イッチ年生）

1. (Sheet A・Sheet B の 1. に対応)
    B : Hi, I'm Harry Patter. Welcome to Griffintall House.
    A : Hi, I'm Ken Weazee. Nice to meet you.

2. (Sheet A・Sheet B の 2. に対応)
    A : I have some questions about school rules. I want to keep a pet in this school, but can I keep a big pet?
    B : No, you can't. But you can have small animals in your room.
    A : Can I read comic books?
    B : Yes, you can. You can read magazines and comic books.
    A : Do I have to clean my room every day?
    B : Yes, you do. But you can use magic for cleaning.
    A : Can I play magic chess?
    B : No, you can't. You must not play it here because it's too

dangerous.

A : Can I write letters to my family?

B : No, you can't. But you can get letters from your family.

A : Can I see our principal, Mr. Gambledoor?

B : No. You must not go to see him because he is very busy.

3. (Sheet A・Sheet B の 3 . に対応)

B : We're going to have a welcoming trip. How do you want to go? You can choose. If you take the Hagwarts Express, you can buy magic sweets. You have to take some money.

A : That sounds interesting. I want to try magic sweets.

B : Oh, really? But other ways are also interesting. If you use a flying broom (Bimbus 2005), you can learn magic. If you go by flying car, you can go very fast. But you must take your driver's license. If you want to go by magic carpet, you can sleep in the sky. But you must take some food for the carpet.

A : Wow! They all sound interesting. But I want to try the flying broom.

B : O.K. But you have to take ten hours of magic lessons. How about the magic carpet? It's really interesting.

A : O.K. Let's go by magic carpet.

第3章　タスク活動・タスクの具体例と評価　133

『魔法学校イッチ年生』

[Sheet A]

あなたは，有名なハグワーツ魔法学校に入学したばかりのケン・ウェズイーです。寮（house）はグリフィントール に決まりました。1週間後には，グリフィントール寮の新入生歓迎旅行もあります。早くハグワーツの生活に慣れましょう。
　　（□ のついている人から会話を始めましょう。）

1．まずあいさつをして，係の上級生の名前を確認しましょう。
　　　　　　　　　　　　　　　上級生の名前は（　　　　　　　　）

2．入学式で「ハグワーツ魔法学校での生活の心得」を聞きましたが，何だかはっきりとわかりません。先輩に確認し〇か×を書きましょう。

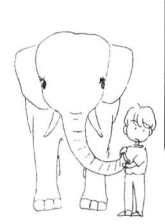

・大きいペットは飼えるのか　（　　　）
・漫画は読んでいいか　（　　　）
・毎日部屋の掃除をしなくてはいけないのか　（　　　）
・魔法チェスをしていいか　（　　　）
・家族に手紙は書けるのか　（　　　）
・ガンブルドア校長先生に会えるのか　（　　　）

気になること・・・

3．新入生歓迎旅行は，どうやら行き方を選べるようです。先輩がどんな行き方があるのか紹介してくれるので，相談して決めましょう。初めての旅行なので，あなたはゆっくりこの旅行を楽しみたいと思っています。

　　　相談して決まった行き方　（　　　　　　　　　　　）

　　　決まった理由は　（　　　　　　　　　　　　　　　　）

『魔法学校イッチ年生』
[Sheet B]

あなたは，かの有名なハグワーツ魔法学校で魔法を学んでいるハリー・パッターです。今年も新入生が入ってきました。1週間後にせまった新入生歓迎旅行に向けて，同じグリフィントール寮（house）に入った新入生のお世話をすることになりました。　（□のついている人から会話を始めましょう。）

1. まず，自己紹介をして新入生の名前を確認しましょう。

　　　　　　　　　　新入生の名前は（　　　　　　　　　　）

2. 入学式で「ハグワーツ魔法学校での生活の心得」の説明がありました。新入生が気になることを質問してくるのでていねいに教えてあげましょう。

してはならないこと	していいこと
・魔法チェス　（危険だから） ・ガンブルドア校長先生に会いに行く 　（校長先生は忙しいから） ・家族に手紙を書く 　（家族から手紙をもらうのはいい）	・動物を飼う　（部屋で飼える動物のみ） ・読書（雑誌や漫画もOK） ・部屋の掃除に魔法を使う 　（掃除は毎日）

3. 新入生歓迎旅行は行き方を選べます。どんな行き方があるのか新入生に紹介し，相談して行き方を決めましょう。

行き方	利点	しなければいけない事
列車(Hagwarts Express)	魔法のお菓子が買える	お金を持っていく
空飛ぶほうき (Bimbus 2005)	魔法の勉強になる	魔法のレッスンを10時間受ける
空飛ぶ車	速く行ける	運転免許を取る
魔法のじゅうたん (a magic carpet)	空で寝ることができる	じゅうたん用の食べ物を持っていく

　　相談して決まった行き方　（　　　　　　　　　　）

　　決まった理由は　（　　　　　　　　　　　　　　　　）

(2) タスク（所要時間 15 分）

◆ねらい
- 話すことの言語活動を通して，アルバイト先の情報を比較検討し，どこがよいかを決定することができる。
- アルバイト先を決めるため，それぞれが考えているバイト先の情報を伝える時，助動詞の使い分けができる。

◆タスクのイメージ
- ペアワーク
- 状況 ＆ 特徴

> - 中学 2 年生と留学生の会話である。
> - 2 人とも自分の行きたいバイト先がそれぞれある。
> - それぞれのバイト先の情報の比較を通して，2 人でどこにアルバイトに行くのか決める。

◆評価規準

正確さ	・助動詞 *can* を正確に使い，考えているアルバイト先の利点を相手に伝えることができる。 ・助動詞 *have to*，*must*，*must not* などを使い，考えているアルバイト先のきまりについて相手に伝えることができる。
適切さ	・それぞれのアルバイト先の利点やきまりを確認し比較することができる。

◆「振りかえりシート」のチェック事項

項目	チェック事項
Completion	☆ 行きたいアルバイト先が決まった。
Message	✿ 調べているアルバイト先の情報を伝えることができた。 ✿ 自分が考えているアルバイト先に行くよう説得できた。
Structures	♪ アルバイト先の情報を相手に伝えたり確認する時, 助動詞 *can*, *must*, *must not* を使い分けることができた。

タスクの会話例（アルバイトを決めよう）

B： Hi, Hachibei. I have some information about summer jobs.

A： Me, too. I think the library, the zoo and the restaurant *Bistro* are good summer jobs. We can read many books in the library for a week. But we have to put on our name cards there. We can touch a lion's baby at the zoo. This job is only on Saturdays and Sundays in the summer. But we can't eat and drink at the zoo. The restaurant *Bistro* is also nice. We can have free lunches there for a month. But we must study French for the menu.

B： They all sound nice. But the sports shop *Olympic*, the CD rental shop *Tsudaya* and the movie theater *Big* are also nice. We can see many uniforms of the Olympic gold medalists. This job is for two weeks. But we have to wear the sports shop's T-shirt at work. They lend old CDs for free at the CD rental shop *Tsudaya*. This job is for a week. But we need to know the titles of new songs. We can enjoy new movies at the movie theater *Big* for a month. But we must not drink and eat there.

A： Wow! I like cooking, reading books and listening to music. So *Tsudaya*, the library and *Bistro* sound very nice.

B： I think *Olympic, Bistro* and the movie theater are interesting because I like sports, cooking and watching movies.

A： Then let's go to *Bistro*. We can enjoy French lunches for a month.

B： OK then, see you.

第3章　タスク活動・タスクの具体例と評価　137

『アルバイトを決めよう』
(Sheet A)

♣ Task

あなたは中学2年生の柳生はちべいです。好きな事は，料理をすること・読書・音楽を聴くことです。友人の留学生のトム・クルーズンと一緒に夏休みにアルバイトをしたいと思っています。トムと相談してアルバイト先を決めましょう。

考えているバイト先

	バイト期間	利　　点	き　ま　り
図書館	1週間	読書が可能	名札をつける
動物園	土日（夏休み）	ライオンの赤ちゃんにさわることが可能	動物園内は飲食禁止
レストラン「ビストロ」	1ヶ月	昼食がでる	メニューのフランス語を勉強する

＊1日のバイト代はほぼ同じようです。

行きたいバイト先を相談して決めましょう。　　（　　　　　　　　　　）

『アルバイトを決めよう』
(Sheet B)

🔖 Task

あなたは留学生のトム・クルーズンです。好きなことは，スポーツ・料理をすること・映画を見ることです。友人のはちべいと一緒に夏休みにアルバイトをしたいと思っています。はちべいと相談してアルバイト先を決めましょう。

考えているバイト先

	バイト期間	利　　点	き　ま　り
スポーツショップ「オリンピック」	2週間	金メダリストのユニフォームがある	スポーツショップのTシャツを着る
レンタルCDショップ「ツダヤ」	1週間	古いCDをタダで借りられる	新曲のタイトルを知っておく
映画館「ビッグ」	1ヶ月	新しい映画を楽しめる	飲食禁止

＊1日のバイト代はほぼ同じようです。

行きたいバイト先を相談して決めましょう。　（　　　　　　　　　　）

3.6.10 「*There is (are)* + 不特定なもの」 & 「特定のもの + *is (are)*」

(1) タスク活動（活動所要時間 10 分）

★ねらい
- 話すことの言語活動を通して，不案内な土地で情報を収集する。
- 場面に応じて，「*There is (are)* + 不特定なもの」&「特定のもの + *is (are)*」を用いて，ものの存在を表現することができる。

★タスク活動のイメージ
- ペアワーク
- 状況 & 特徴

> - アメリカ出身の ALT と不動産会社の社員の会話である。
> - ALT は近くの町から転任したばかりで地理的に不案内である。通勤に便利な住居をこの町で探している。
> - 社員は ALT に紹介した物件の良さをアピールし，契約をとりたい。
> - ALT は今住んでいる家と比較して，契約するかどうかを決める。

★評価規準

正確さ	・家の近くに何があるかを尋ねたり説明したりする時に，「*There is (are)* 〜.」を使用できる。 ・情報を加えて説明する時，「特定の店の名前 + *is (are)* 〜.」を使用できる。
適切さ	・不動産会社の社員とその客という場面に応じた話し方ができる。 ・社員は，物件の良さを伝え，契約を勧めることが出来る。

★「振りかえりシート」のチェック事項

項目	チェック事項
Completion	☆ 契約するか決定した。
Message	❀ すすめられている家の近くに何があるのかたずねることができた。(Sheet A) ❀ すすめている家について説明することができた。(Sheet B)
Structures	♪ 家の近くにどのような建物があるのかを尋ねたり説明したりする時に，場面や状況に応じて「*There is (are)* ＋ 不特定なもの」と「特定のもの ＋ *is (are)* 〜.」を適切に使用することができた。

★活動の工夫

・施設を実際に生徒たちが良く知っているものにすることにより，より現実に近いものとして生徒たちは興味を持つことができる。

・比較表現を学習した後であれば，より会話の幅が広がることが期待できる。

タスク活動の会話例（Nice House!）

1．(Sheet A・Sheet B の 1．に対応)
    B： Hello, I'm＿＿＿＿． I work for Minami Housing.
        May I help you?
    A： Hi, I'm Andrew. Nice to meet you.
    B： Nice to meet you, too. Are you looking for a new house?
    A： Yes.
    B： This house is very nice. It's 10 years old but very good. There are 3 bedrooms, a kitchen, a bathroom, and a toilet. Also there is a small garden.

2．(Sheet A・Sheet B の 2．に対応)
    A： Is there a supermarket near here?
    B： Yes, there is. It's in front of the house.
    A： Really? Is there a convenience store near here?
    B： Yes, there is.

A: Thank you. Is there a hospital near here?
B: No, there isn't.
A: Then, is there a hamburger shop near here?
B: Yes, there is. ("Dom Dom Burger" is near here.)
A: Is there a post office near here?
B: Yes, there is. (It's next to the house.)

3. (Sheet A・Sheet B の 3. に対応)
   B: Oh, I remember now! A new convenience store opened last week. "Circle K" is near here.
   A: I see.

4. (Sheet A・Sheet B の 4. に対応)
   B: How do you like this house ?
   A: I like it very much. (I don't like it very much.)
  (B: Why?)
  (A: It isn't near the hospital.)
   B: Thank you.
   A: O.K. See you then.

Vocabulary

〈場所の言い方〉
　　コンビニ： convenience store　　温泉： hot-spring または spa
　　郵便局： post office　　　　　　病院： hospital

〈位置を示す前置詞〉
　　near 〜： 〜の近くに　　　　　in front of 〜： 〜の前に
　　next to 〜： 〜の隣に　　　　　behind 〜： 〜の背後に

〈その他〉
　　It takes 〜 minute(s).　〜分時間がかかる。

Nice House !

【Sheet A 】

🔲 TA

> あなたは，南中学校に新しくやって来たALTのアンドレーで，北町に住んでいます。南町に引っ越そうかと迷っています。不動産会社のAさんによさそうな家を紹介してもらい，説明を聞いて引っ越すかどうか決めましょう。
> （ □ 印のついている人から会話を始めましょう。）

1．あいさつをして，現在住んでいる家と比べながら説明を聞きましょう。

現在住んでいる家
築10年，部屋2つ，台所，風呂，トイレ，家賃7万円／月

2．住む所は便利な方がいいと思っているので，近くに次のものがあるかどうかたずねましょう。答えを聞いて，よくわからない点は質問しましょう。

	スーパーマーケット	コンビニ	病院	ハンバーガーショップ	郵便局
歩いてかかる時間	（　　）分	（　　）分	（　　）分	（　　）分	（　　）分

＜現在住んでいる家の周辺＞

北駅

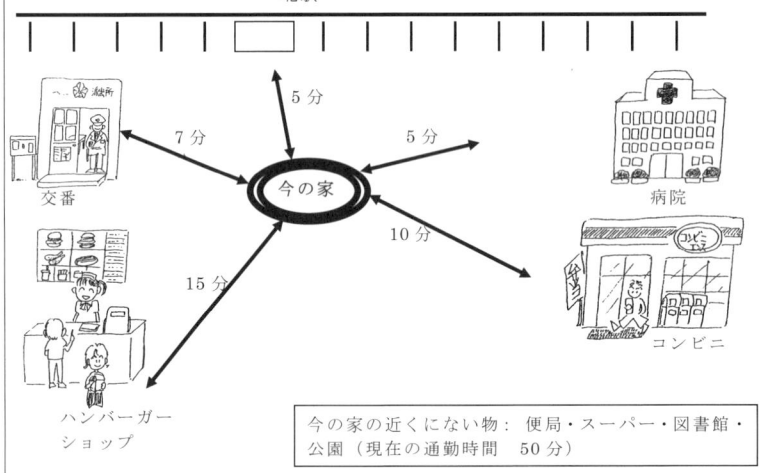

交番　7分　5分　　5分　病院
　　　　　今の家
　　　15分　　10分
ハンバーガーショップ　　　コンビニ

今の家の近くにない物：便局・スーパー・図書館・公園（現在の通勤時間 50分）

3．何か新しい情報があるみたいですので，聞いてみましょう。

4．さあ，あなたはこの家が気に入りましたか？また，そう決めた理由も伝えましょう。

| 決定：（ 気に入った ・ 気に入らない ） |
| 理由：（　　　　　　　　　　　　　　　） |

第3章 タスク活動・タスクの具体例と評価　143

Nice House !

【Sheet B】

📝 TA

　あなたは，不動産会社「南ハウジング」で働いている_____（自分の名前）さんです。南中学校のアメリカ人のALTに家を紹介することになっています。家の良さをアピールして，業績をあげるために商談を成功させましょう。
　（□印のついた人から会話を始めましょう。）

1. あいさつ・自己紹介をして，この家について説明をしましょう。

この家の特徴
築10年，部屋3つ，台所，風呂，トイレ，家賃　8万円／月
バリアフリー設計（車椅子で生活できる）
小さい庭がある（ガーデニングが楽しめる）

2. 質問に答えてあげましょう。この家の良さを最大限にアピールしましょう。

＜この家の周辺＞

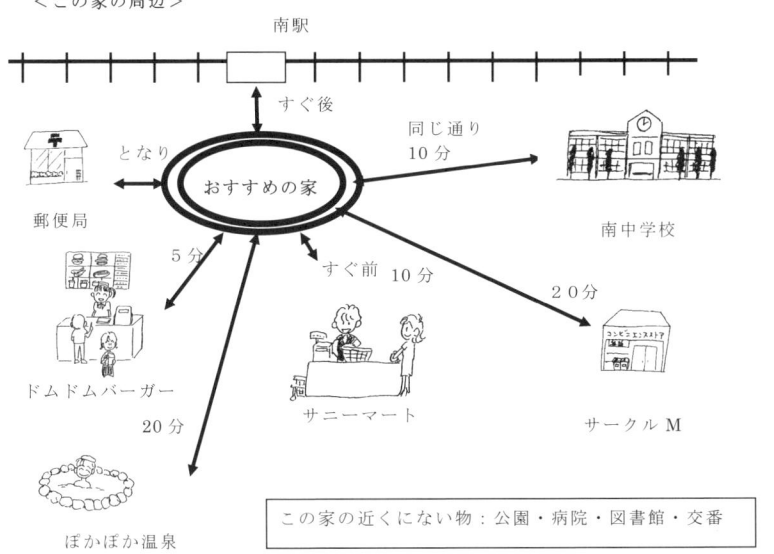

南駅　すぐ後
となり　おすすめの家　同じ通り 10分
郵便局　　南中学校
5分　すぐ前 10分　20分
ドムドムバーガー　サニーマート　サークルM
20分
ぽかぽか温泉

この家の近くにない物：公園・病院・図書館・交番

3. サークルMが先週オープンしたことを思いだしたので，伝えておきましょう。

4. さあ，この家が気に入ったかたずねてみましょう。気に入ってもらえなかった場合にはその理由も聞きましょう。

決定：（　気に入った　・　気に入らない　）
理由：（　　　　　　　　　　　　　　　　　　）

(2) タスク（活動所要時間 15 分）

◆ねらい
- 話すことの言語活動を通して，知らない所についての情報を得ることができる。
- 「*There is (are)* ＋ 不特定なもの」と「特定のもの ＋ *is (are)*〜.」を使い分けることができる。

◆タスクのイメージ
- ペアワーク
- 状況 ＆ 特徴

> - 生徒同士の会話である
> - 今週末，いっしょに遊びに行く予定を話し合う。
> - お互い，持っている情報が異なるので，どんな施設があるかを質問しあったり，具体的な情報を付け加えたりすることにより情報交換をする。
> - 週末をどう過ごすか，計画を立てる。

◆評価規準

正確さ	・施設内容を確認する時に，「*There is (are)* 〜.」を使用し，説明したり尋ねたりできる。 ・情報を加えて説明する時，「特定の場所 ＋ *is (are)* 〜.」を使用できる。
適切さ	・相手が行きたい場所を尋ねたり，自分の行きたい場所を伝えたりしながら，2人の意見に基づいて計画を立てることができる。

◆「振りかえりシート」のチェック事項

項目	チェック事項
Completion	☆ 週末の予定を決定することができた。
Message	❀ 自分の持っている情報を伝えることができた。 ❀ 不明な点を質問することができた。 ❀ 自分の気持ちを伝えることができた。
Structures	♪ 施設内容を説明したり尋ねたりする時に，場面や状況に応じて「*There is (are)* ＋ 不特定のもの」と「特定の事物 ＋ *is (are)* ～.」を使用できた。

◆活動の工夫

- 生徒の身近な情報を用い，ALT と出かけるという設定で行うとさらに実践に近い状況を作ることができる。
- 生徒の理解が不充分な場合，活動の中の文を対比的に取り出し，ALT が意識的に「*There is (are)* ＋ 不特定なもの」「特定のもの ＋ *is (are)* ～.」を用いて質問することにより，生徒に両者の違いを感じさせる。

タスクの会話例（Enjoy the Weekend!）

A : Hi, where do you want to go?

B : I want to go to "Yokonami Sky Park". It's in Yokonami-cho. "Yokonami Sky Park" is near Dokkoi Beach. It takes 20 minutes by train. How about you?

A : I want to go to "Misaki Marine Park". It's in Misaki-cho. "Misaki Marine Park" is near Mt. Suttoko. It takes 15 minutes by bus. In "Misaki Marine Park", there are some tennis courts. I want to play tennis. Are there any tennis courts in "Yokonami Sky Park"?

B : Of course, there are. There is also a table-tennis table in "Yokonami Sky Park". Can we play table tennis in "Misaki Marine Park"?

A : Yes, we can. And then, after we enjoy sports, I want to take a hot spring. Is there a hot spring in "Yokonami Sky Park"?

B : Yes. Tanukiyu is in the mountains. Then, is there a karaoke box in "Misaki Marine Park"?
A : Yes, there is. How about in "Yokonami Sky Park"?
B : Of course, there is. I want to skate, too. Is there a skating rink in "Misaki Marine Park"?
A : No, there isn't. But there is an aquarium named Kuroshio-kan. And there is a beautiful beach called Shirahama-Kaigan.
B : But it's winter now. It's very cold. In "Yokonami Sky Park", there is a beautiful lake. It's at the foot of Mt. Momiji. We can enjoy watching the yellow leaves. If you like animals, you can go to the zoo.
A : That sounds good. Let's go to "Yokonami Sky Park".
B : O.K.
A : Are there any places to eat lunch there?
B : Yes. There is a barbecue place. How about enjoying some barbeque?
A : Sure. Shall we go tomorrow?
B : Yes, let's!
A : Where shall we meet?
B : Let's meet at the station.
A : Good. What time?
B : How about at 9:20?
A : O.K. See you then.
B : See you.

Vocabulary

〈位置を示す前置詞〉
　near ～：～の近くに　　in front of～：～の前に
　by ～：～のそばに　　next to～：～の隣に
　at the foot of ～：～のふもとに

観覧車：a big wheel

Enjoy the Weekend !

【 Sheet　A 】

　今週の週末にあなたはパートナーと遊びに行くことになりました。あなたは，下の絵の魅力的な施設がたくさんある「岬マリンパーク」に行きたいと思っています。どのような施設があるか伝え，友達と話し合ってより魅力的な施設に行きましょう。ただし，以下の条件があなたにはあります。
　① スポーツをしたい。（できれば水泳か卓球）
　② カラオケも楽しみたい。
　③ 昼食は安くすませたい。

＜岬マリンパイク＞
岬町（すっとこ山の近く）
バスで 15 分

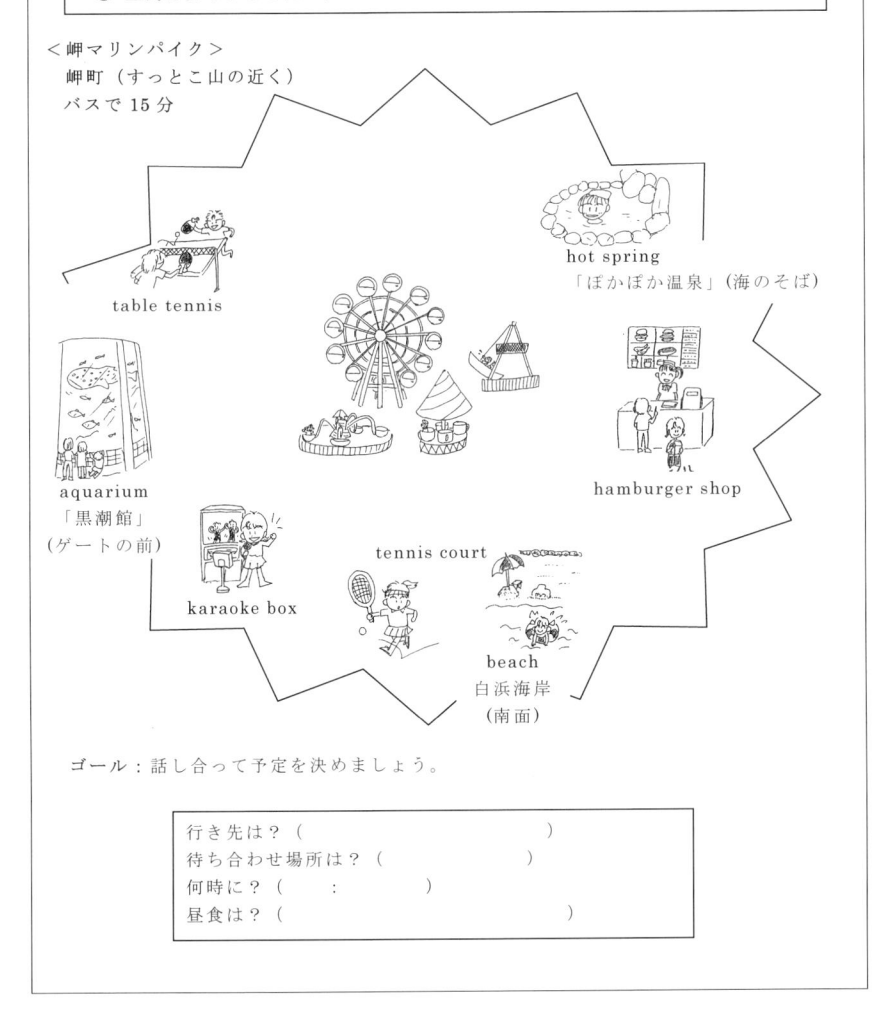

- table tennis
- hot spring 「ぽかぽか温泉」（海のそば）
- aquarium 「黒潮館」（ゲートの前）
- hamburger shop
- karaoke box
- tennis court
- beach 白浜海岸 （南面）

ゴール：話し合って予定を決めましょう。

行き先は？（　　　　　　　　　　　）
待ち合わせ場所は？（　　　　　　　）
何時に？（　　：　　　）
昼食は？（　　　　　　　　　　　　）

Enjoy the Weekend !

【 Sheet B 】

今週の週末にあなたはパートナーと遊びに行くことになりました。あなたは，下の絵の魅力的な施設がたくさんある「横波スカイパーク」に行きたいと思っています。どのような施設があるか伝え，友達と話し合ってより魅力的な施設に行きましょう。　ただし，以下の条件があなたにはあります。
① スポーツをしたい。（できればテニスかスケート）
② スポーツの後温泉に入りたい。
③ 昼食は野外で，きれいな景色を見ながら食べたい。

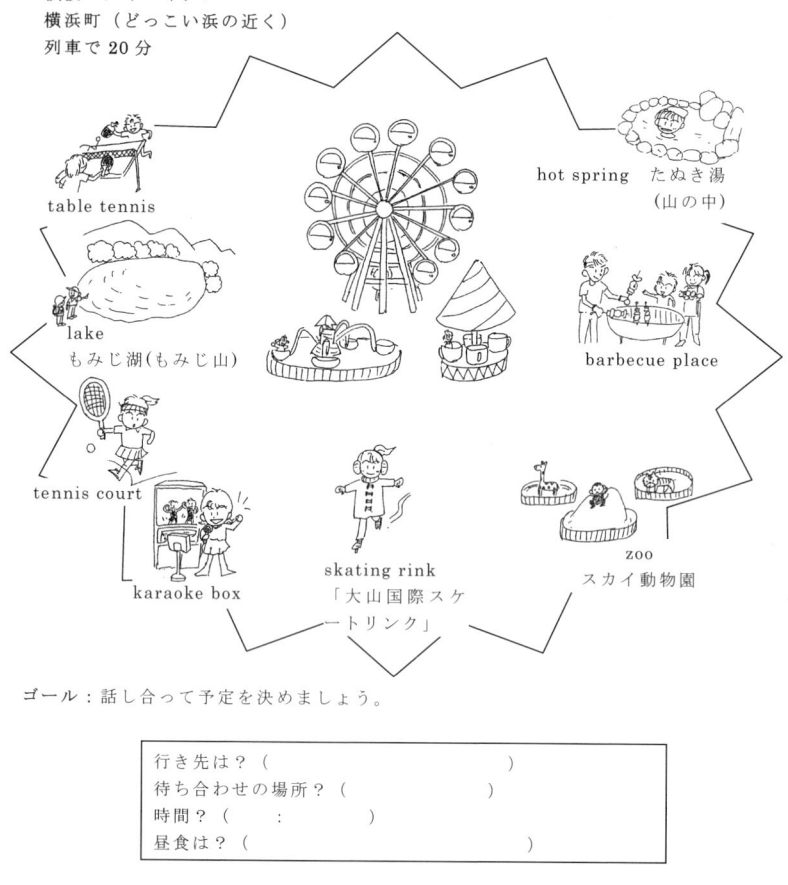

＜横波スカイパイク＞
横浜町（どっこい浜の近く）
列車で20分

table tennis

hot spring　たぬき湯
　　　　　（山の中）

lake
もみじ湖（もみじ山）

barbecue place

tennis court

karaoke box

skating rink
「大山国際スケートリンク」

zoo
スカイ動物園

ゴール：話し合って予定を決めましょう。

行き先は？（　　　　　　　　　　）
待ち合わせの場所？（　　　　　　）
時間？（　　：　　）
昼食は？（　　　　　　　　　　　）

3.6.11 形容詞の原級 & 比較級

(1) タスク活動（活動所要時間 10 分）

★ねらい
- 話すことの言語活動を通して，ものを比較検討し，どれがよいかを決定することができる。
- 客はどの犬を買うのかを検討し，店員は自分の店の犬を勧めるなかで，それぞれの特徴を比べ，形容詞の原級と比較級を使い分けることができる。

★タスク活動のイメージ
- ペアワーク
- 状況 & 特徴

> - ペットショップ「ワンワン」の店員と客の会話である。
> - 店員は，自分の店で売っている犬を売りたい。
> - 客は，隣のペットショップ「キャンキャン」の犬も気に入っている。
> - 2つ店にいる犬の比較を通して，客はどちらの商品を買うのか決める。

★評価規準

正確さ	・形容詞の原級を使って，犬の特徴や値段を尋ねねたり，答えたりすることできる。 ・形容詞の比較級を使って，さまざまな犬の特徴や値段を比較しながら尋ねたり，答えたりすることができる。 ・形容詞の原級や比較級を使って，自分が欲しい犬について説明できる。
適切さ	・店員（客）として適切な話し方をすることができる。 ・値引き交渉をしたり，値引き交渉に対応することができる。

★「振りかえりシート」のチェック事項

項目	チェック事項
Completion	☆ どの犬をいくらで購入/販売するのか決定した。
Message	✿ それぞれの犬の特徴を伝えることができた。 ✿ どのような犬が欲しいのか伝えることができた。(客) ✿ 自分の店の犬が他店のものより優れていることを伝えることができた。(店員)
Structures	♪ 形容詞の原級を使って、犬の特徴や値段をたずねたり、答えたりすることできた。 ♪ 形容詞の比較級を正しく使って、さまざまな犬の特徴や値段を比較しながらたずねたり、答えたりすることができた。 ♪ 形容詞の原級や比較級を使って、自分が欲しい犬について説明できた。

★活動の工夫
- ここでは犬を比較するという、形容詞の原級と比較級を使い分けるタスク活動であるが、動物の種類を増やして比較対象物を増やすことで、形容詞の最上級も使うような活動にすることもできる。

タスク活動の会話例（わん！ダフルライフ）

1. (Sheet A・Sheet B の 1. に対応)
   A: Hi, may I help you?
   B: I'm looking for a dog.
   A: What kind do you want?
   B: I want a small, cute one.

2. (Sheet A・Sheet B の 2. に対応)
   B: I saw a very cute chihuahua and a miniature dachshund at another shop. They were so cute. Do you have chihuahuas?
   A: Well, no. But miniature poodles are cute and small, too. Look at this one.
   B: It's cute! It's very small, too.
   A: Yes. It's only 2 kg, and it's 350,000 yen.

B： Oh, no. That's too expensive. The dachshund (at the other shop) is much cheaper. It's only 100,000 yen.
A： Miniature poodles are cuter than dachshunds. Look at this poodle. It's a 5 kg, three-month old female miniature poodle. It's 260,000 yen.

3．(Sheet A・Sheet B の 3 ．に対応)
B： It sounds good. But it is bigger than a chihuahua and still a little too expensive for my family.
A： Poodles are more popular than chihuahuas these days. This color is the most popular.
B： Please give me a discount. How about 240,000 yen?
A： That's too cheap. How about 250,000 yen?
B： O.K. I'll take it.
A： Thank you.

Vocabulary

数の言い方： 23,000 → (23×1000) twenty-three thousand
重さの言い方： 1 kg → one kilogram   2 kg → two kilograms
　　　　　　　1.5 kg → one point five kilograms
体高 16 cm： 16 cm tall → sixteen centimeters tall
強い： strong ⇔ 弱い： weak
軽い： light ⇔ 重い： heavy
うるさい： noisy ⇔ 静かな： quiet
安い： cheap ⇔ 高い： expensive
人なつこい： friendly ⇔ なつかない： unfriendly
オス： male ⇔ メス： female

Sheet A 　　　『**わん！**ダフルライフ』 　　　　　　　TA

> あなたは、ペットショップ「ワンワン」で働いています。お客さんが入ってきました。お客さんの欲しがりそうな犬を勧めましょう。あなたは今月の売り上げノルマが達成できていないのでどうしてもこの客に1匹売りたいところです。
> 　（□印が番号についている人から会話を始めます。）

1. お客さんに笑顔で話しかけ、どんな犬を探しているか聞きましょう。

2. 最近はプードルが一番人気です。あなたの店にいる、次の2種類のプードルを紹介しましょう。

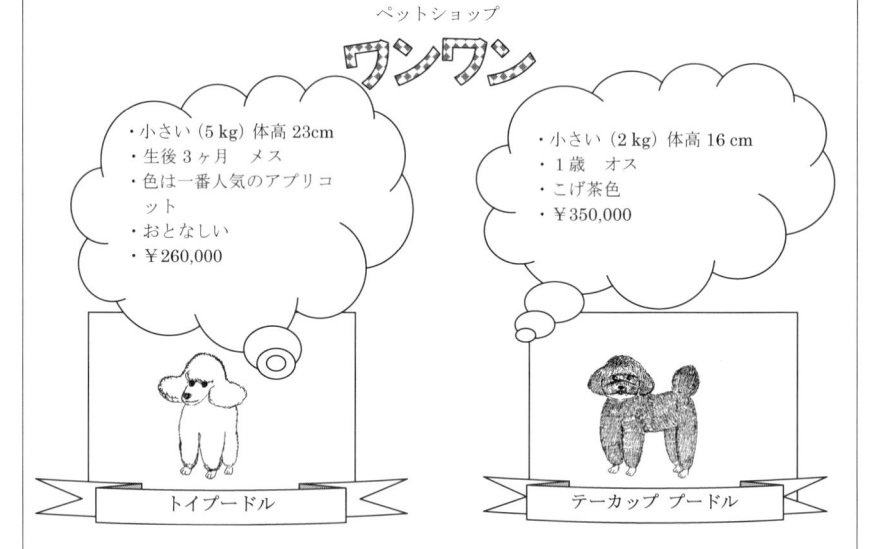

ペットショップ　ワンワン

- 小さい（5 kg）体高 23cm
- 生後 3 ヶ月　メス
- 色は一番人気のアプリコット
- おとなしい
- ¥260,000

トイプードル

- 小さい（2 kg）体高 16 cm
- 1 歳　オス
- こげ茶色
- ¥350,000

テーカップ プードル

3. お客の話をきいて、値段交渉に応じましょう。250,000 円以上で売れば収益が上がります。

★ お客さんはどの犬を選びましたか？ ○を付けましょう。

　　チワワ　　　ミニチュア ダックスフンド　　　トイプードル　　　テーカップ プードル

★ 値段はいくらですか。¥_____

Sheet B   『わん！ダフルライフ』   TA

あなたの家では，犬を飼うことになりました。家の中で飼えるおとなしく小さな犬が家族の希望です。予算は 250,000 円です。今日は 1 人でペットショップに下見に来ています。どんな犬がいるかチェックして，どの犬がいいか決めましょう。
　（□印が番号についている人から会話を始めます。）

1. ペットショップの店員に犬を探していることを告げましょう。

2. 先ほどの店「キャンキャン」で見た 2 種類の犬（下の絵）を例に出して，「小さくて，かわいい」犬を探していることを伝えましょう。

ペットショップ
キャンキャン

- 小さい（1.5 kg）体高 15 cm
- 2 歳　オス
- 真っ白
- ￥280,000

- 小さい（7 kg）体高 21cm
- 3 歳　メス
- 薄茶色、人なつこい
- ￥100,000

チワワ

ミニチュア ダックスフンド

3. 欲しい犬を決め，必要ならば値段の交渉をしましょう。

★　あなたはどの犬を選びましたか？ ○を付けましょう

　　チワワ　　ミニチュア ダックスフンド　　トイプードル　　テーカップ プードル

★　値段はいくらですか。￥_____

(2) タスク（活動所要時間 10 分）

◆ねらい

- ルームメイトになる友人同士の会話設定とし，それぞれがアパートの候補についての情報を説明しあい，お互いの希望を伝える中で借りるアパートを決定することができる。
- アパートに関する情報（部屋数，広さ，交通機関，立地条件，家賃など）を交換する際に，形容詞の原級や比較級を使うことができる。

◆タスクのイメージ

- ペアワーク
- 状況 ＆ 特徴

  - 2人で住むアパートを探している友人同士の会話である。
  - それぞれの条件（好み，予算）が違う。
  - それぞれが異なるアパートの情報を持っている。
  - お互いに情報を交換し合い，どのアパートを借りるか決める。

◆評価規準

正確さ	・形容詞の原級や比較級を用いて，アパートの情報をたずねたり，伝えたりすることができる。 ・形容詞の原級や比較級を用いて，住みたい（住みたくない）理由を伝えることができる。
適切さ	・相手の意見を聞き，どのアパートにするのか賛成・反対・決断することができる。 ・どのアパートが良いと思うか，自分の意見を主張することができる。

◆「振りかえりシート」のチェック事項

項目	チェック事項
Completion	☆ 借りるアパートを決めることができた。
Message	✿ アパートについての情報を伝えることができた。 ✿ 相手の勧めるアパートについて質問することができた。 ✿ 自分が住みたいアパートについて相手を説得できた。
Structures	♪ 形容詞の原級や比較級を用いて、アパートの情報をたずねたり、伝えたりすることができた。 ♪ 形容詞の原級や比較級を用いて、住みたい（住みたくない）理由を伝えることができた。

タスクの会話例（マイ・スィート・ホーム）

A: I know two good apartments. Diamond Heights and La Maison Luminarie.
B: Nice names.
A: Yes. Diamond Heights is very convenient. It's only a 5-minute walk from the station. But it has only one big bedroom.
B: I need my own room.
A: Me, too. O.K. Then how about La Maison Luminarie? It has two bedrooms. One 6-mat room and one 4.5-mat room. It also has a large living room.
B: How large?
A: 8 mats.
B: Sounds good. How much is it?
A: 88,000 yen.
B: Not bad.
A: But it's on the fifth floor, and the building doesn't have an elevator.
B: Oh, no.
A: And it's 20 minutes from the station.
B: I know Polallis and Ohedoso. I think Ohedoso is better because it has two 6-tatami-mat rooms and a living room. And it's only 55,000 yen a month.

A : Which floor is it?
B : The first floor.
A : Good. Is it near the station?
B : No. It's 20 minutes by bus.
A : What about the other apartment?
B : Polallis? It's more convenient than La Maison Luminarie. It's a 10-minute walk. How old is La Maison Luminarie?
A : It's 10 years old.
B : Pollalis is newer. It has two bedrooms, too. One 5.5-mat bedroom and one 4.5-mat bedroom and a living room.
A : How big is the living room?
B : 3 mats.
A : Luminarie is larger. The living room is 8-mats. How much is Pollalis?
B : 95,000 yen.
A : Luminarie is cheaper. It's 88,000 yen.
B : That's right. I think Luminarie is better.
A : I think so, too.

Vocabulary

床面積： the floor area

面積が100平方メートルある： ～ have(has) an area of 100 square meters

家賃： rent

Sheet A　　　　『マイ・スィート・ホーム』　　　　　　　　👤 Task

> あなたは高校3年生のAさんです。このたび東京のX大学に合格し、4月から住むアパートを探しています。東京は家賃が高いので、やはり東京のY大学に行くことになった友人のBさんと一緒に住むことにしました。家賃としてあなたが使える額は1ヶ月70,000円の予定です。お互いに調べたアパートについて情報を交換し、住みたいアパートを決めましょう。

ダイヤモンドハイツ

- 駅から徒歩5分
- 新築12階建ての建物の地下の部屋
- 洋15畳・ダイニングキッチン（4畳）（床面積28 ㎡）
- シャワー・トイレ付き
- 家賃：¥120,000 / 月
- 一階はカラオケパブとコンビニ、夜遅くまでにぎやか

```
洋
15畳    ST
DK 4
```

ラ・メゾンルミナリエ

- 駅から徒歩20分
- 築10年の5階建ての建物の5階の部屋
- エレベーターなし
- 洋4.5畳・洋6畳・リビングダイニングキッチン（8畳）（床面積40 ㎡）
- バス・トイレ付
- 家賃：¥88,000 / 月
- 周りには田んぼしかない

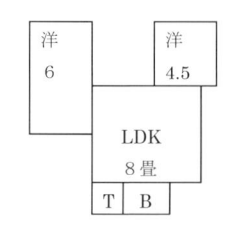

```
洋       洋
6       4.5
    LDK
    8畳
    T  B
```

Sheet B 　　　『マイ・スィート・ホーム』　　　　Task

あなたは高校3年生のBさんです。このたび東京のY大学に合格し，4月から住むアパートを探しています。東京は家賃が高いので，やはり東京のX大学に行くことになった友人のAさんと一緒に住むことにしました。家賃としてあなたが使える額は1ヶ月50,000円の予定です。お互いに調べたアパートについて情報を交換し，住みたいアパートを決めましょう。

ポラリス

- 駅から徒歩10分
- 築8年・15階建ての建物の6階の部屋
- エレベーターあり
- 和4.5畳・洋5.5畳・ダイニングキッチン（3畳）（床面積33㎡）
- シャワー・トイレ付き
- 家賃：¥95,000／月
- すぐ横を高速道路が走っていてうるさい

	洋 5.5畳
DK 3 ST	和 4.5

大江戸荘

- 駅からバスで20分
- 築100年の木造2階の建物の1階の部屋
- 和6畳・和6畳・茶の間（5畳）（床面積45㎡）
- バスなし（近くに天然温泉あり）トイレあり
- 家賃：¥55,000／月
- 大家さんはとっても世話好き

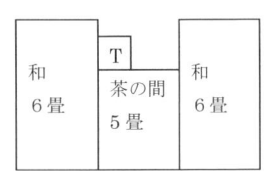

和 6畳	T 茶の間 5畳	和 6畳

3.6.12 　不定詞

(1) タスク活動（活動所要時間 10 分）

★ねらい
- てんぷらを作るのに必要な食材と調理道具を説明することができる。
- 不定詞の3用法のうち，特に，I want ＋ 名詞（もの）＋ to 〜（副詞的用法，形容詞的用法）と I want to ＋ 動詞（名詞的用法）を使い分けながら話すことができる。

★タスクのイメージ
- ペアワーク
- 状況 ＆ 特徴
  - ホームステイをしている日本人生徒とホストマザーの会話である。
  - 日本人生徒はてんぷらを作るのに必要な食材と調理道具を説明しなくてはならない。
  - ホストマザーは手元にある調味料や調理器具から適切なものを提供しなくてはならない。
  - 足りないものについてショッピングリストを作成する。

★評価規準

正確さ	・不定詞の3用法を使用して，必要な食材・調味料・調理道具の説明をすることができる。 ・不定詞の3用法を使用して，必要なものがあるかどうか尋ねることができる。 ・不定詞の3用法を使用して，代わりとなりそうな物について説明することができる。
適切さ	・ホストファミリーに依頼する際に適切な話し方ができる。 ・調理に必要なものが無い場合には，別の物で代用することを提案できる。

★「振りかえりシート」のチェック事項

項目	チェック事項
Completion	☆ 買い物リストを作成できた。
Message	✿ 必要な食材や道具を伝えることができた。 ✿ 必要に応じて道具の説明ができた。
Structures	♪ 必要な食材・調味料・調理道具について話すときに,「〜ために」の意味で不定詞を使った。 ♪ 必要な食材・調味料・調理道具について話すときに,「〜ための」の意味で不定詞を使った。

★活動の工夫
- 活動シートに記載されている必要な食材を減らすことで,難易度を下げることも可能である。

タスク活動の会話例（てんぷら USA）

1. (Sheet A・Sheet B の 1. に対応)

    B： I want to make tempura this weekend.

    A： Great! What do you need to make it?

    B： I need some shrimp, squid, fish, asparagus, carrots, renkon, sweet potatoes, and shiitake.

    A： What is "shiitake"?

    B： It's a kind of mushroom.

    A： We have different kinds of mushrooms, but I'm not sure we have shiitake mushrooms. You need to go to the supermarket to check.

    B： O.K.

    A： We have carrots and sweet potatoes in the kitchen, so we don't have to buy them. We need to buy shrimp, fish, and asparagus.

    B： Do you have "renkon"? I don't know how to explain it.

    A： You need to check at the supermarket.

    B： I see.

2. （Sheet A・Sheet B の 2 .に対応）
    B： I need a lot of oil to fry in.
    A： No problem. We have a lot. We also have flour, eggs, and soy sauce.
    B： Wonderful! I also need some sugar and sake.
    A： Why do you need sake?
    B： To make the sauce. We also need some daikon.
    A： We can buy some.

3. （Sheet A・Sheet B の 3 .に対応）
    A： What kind of tools do we need?
    B： A deep pan, something to make the sauce with, a knife, big bowls, and long chopsticks.
    A： We have them. Do you need a peeler?
    B： What is that?
    A： It's something to peel vegetables with.
    B： Yes. And do you have something to cut the daikon into very small pieces?
    A： We have a grater. It's something you use to cut cheese into small pieces.
    B： Sounds good.
    A： Why do you need long chopsticks?
    B： To mix the flour, eggs, and water and to pick up the tempura.
    A： I see. To mix the things, you use a whisk. And to pick up the tempura, you use tongs. Now, let's check the shopping list.
    B： All right!

Vocabulary

イカ： squid	皮をむく： peel	おろす： grind
おろし器： grater	なべ： pan	
泡立て器： whisk (eggbeater)	お玉： ladle	

Sheet A　　　　　　『てんぷらＵＳＡ』　　　　　　　　　　　　　　　TA

> あなたはアメリカ人です。家には日本からの留学生 B さんがステイしています。今週末には，「てんぷら」を作ってくれると言っています。その料理には何が必要なのかを聞き，あなたの家にない，買う必要のあるもののリストを作りましょう。
> （□印が番号についている人から会話を始めましょう。）

1．食材として何が必要なのか聞き，次の情報を伝えましょう。

★食材（○は家にあるもの，△は家にはないが調達可能なもの，×は手に入らないもの）

えび	イカ	白身の魚	アスパラガス	にんじん	レンコン	サツマイモ	しいたけ
△	×	△	△	○	×	○	×マッシュルームなら△

2．調味料について次の情報を伝えましょう。

★調味料（○は家にあるもの，△は家にはないが調達可能なもの，×は手に入らないもの）

サラダ油	小麦粉	卵	しょうゆ	みりん	酒	砂糖	かつお節	大根
○	○	○	△	×	×ワインなら△	○	×	△

3．どんな調理道具が必要かたずねましょう。よくわからなければ，何に使うものかたずね，代わりになりそうなものをあなたの家にある次の道具から提案しましょう。

★調理道具

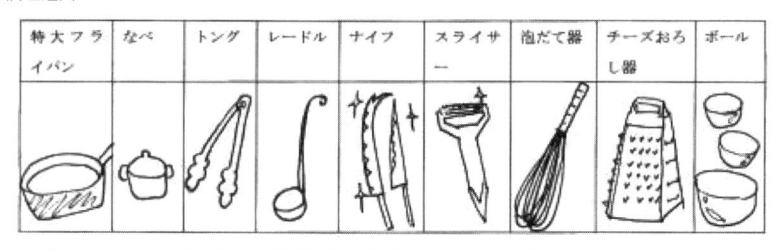

特大フライパン	なべ	トング	レードル	ナイフ	スライサー	泡だて器	チーズおろし器	ボール
揚げるためのもの	料理するもの	はさむもの	汁をすくうもの	切るもの	皮をむくもの	泡立てるもの	おろすもの	入れるもの

★ショッピングリスト★

Sheet B　　　　　　　『てんぷらＵＳＡ』　　　　　　　　　　　　　TA

> あなたはアメリカでホームステイしています。今週末に「てんぷら」を作ることになっています。調達可能な材料と調理道具をホストファミリーのAさんに聞いて，ショッピングリストを作成しましょう。
> （□印が番号についている人から会話を始めましょう。）

1. 次の食材についてAさんに尋ねましょう。

★そろえたい食材（あれば○，買う必要があれば△，調達不可能ならば×をつけよう）

えび	イカ	白身の魚	アスパラガス	にんじん	レンコン	サツマイモ	しいたけ

2. てんぷらを揚げ，天つゆを作るためには次の調味料も必要です。Aさんに尋ねましょう。

★必要な調味料（あれば○，買う必要があれば△，調達不可能ならば×をつけよう）

サラダ油	小麦粉	卵	しょうゆ	みりん	酒	砂糖	かつお節	大根

3. アメリカには次のような道具はあるのでしょうか。Aさんに尋ね，何のために使う道具であるのかを説明して道具を調達しましょう。

★必要な調理道具

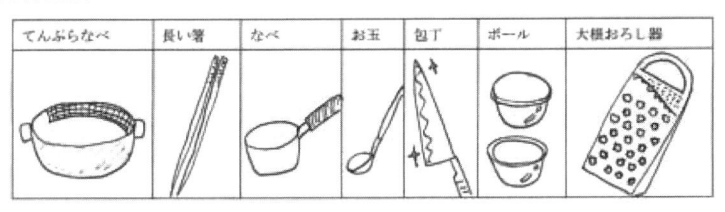

てんぷらなべ	長い箸	なべ	お玉	包丁	ボール	大根おろし器
揚げるための大なべ	混ぜたりつまんだりするもの	料理するもの	すくうもの	切るもの	入れるもの	おろすもの

★ お買い物リスト ★

(2) タスク（活動所要時間 10 分）

◆ねらい
- ハロウィーンの仮装について話し合い，必要なものをそろえることができる。
- 不定詞の名詞的用法，形容的用法，副詞的用法を用いて，希望やその理由などを尋ねたり，伝えたりすることができる。

◆タスク活動のイメージ
- ペアワーク
- 状況 ＆ 特徴

> - ホームステイをしている日本人生徒とホストファミリーのハロウィーンに関する会話である。
> - ハロウィーンの仮装の理由を説明したり，仮装のために必要な材料を説明するなかで，不定詞を使わなくてはならない。

◆評価規準

正確さ	・不定詞の名詞的用法や形容詞的用法を用いて，必要なものを伝えることができる。 ・不定詞の副詞的用法を用いて，なぜ必要であるのか理由を説明することができる。 ・不定詞の形容詞的用法を用いて，代用可能なものを提案することができる。
適切さ	・必要なものを貸してもらえるよう依頼する際に，適切な話し方ができる。 ・相手の意向に添うように，必要なものを提供することを申し出ることができる。

◆「振りかえりシート」のチェック事項

項目	チェック事項
Completion	☆ 用意するもののメモを完成した。
Message	❀ どのような仮装がしたいか伝えることができた。 ❀ 仮装のために必要なものを伝えることができた。 ❀ 必要に応じて，何のために必要なものか説明できた。
Structures	♪ 不定詞を用いて，必要なものを伝えることができた。 ♪ 不定詞を用いて，なぜ必要であるのか理由を説明することができた。 ♪ 不定詞を用いて，代用可能なものを提案することができた。

タスクの会話例（ハロウィーン！）

A： Halloween is coming. Are you going to the party?
B： Yes. I have to wear a costume. I want to be a witch.
A： That's a good idea. Let's make a list of the things to make your costume.
B： I need a long skirt to hide my legs.
A： I have a long black dress.
B： Great! Do you have a manto?
A： A manto? What is that?
B： It's something to cover your body. Something like a coat.
A： Oh, a mantle! Let's see. I don't have a mantle, but I have a blue half coat. Or you can use a black curtain.
B： Perfect! I also need a cap to look like a witch.
A： Right. I have a cap, but it's not pointed.
B： O.K. I also need to put on make-up, and I need a broomstick.
A： Sure. No problem. I have a long cane. You can make a broomstick with it.
B： Thank you.

Sheet A 『ハロウィーン！』

≗ Task

あなたはアメリカ人です。家には日本からの留学生Ｂさんがステイしています。もうすぐハロウィーンなので、どんな仮装がしたいのか聞いて、必要な材料のリストを作りましょう。

★ あなたの家にある、仮装に使えそうなもの

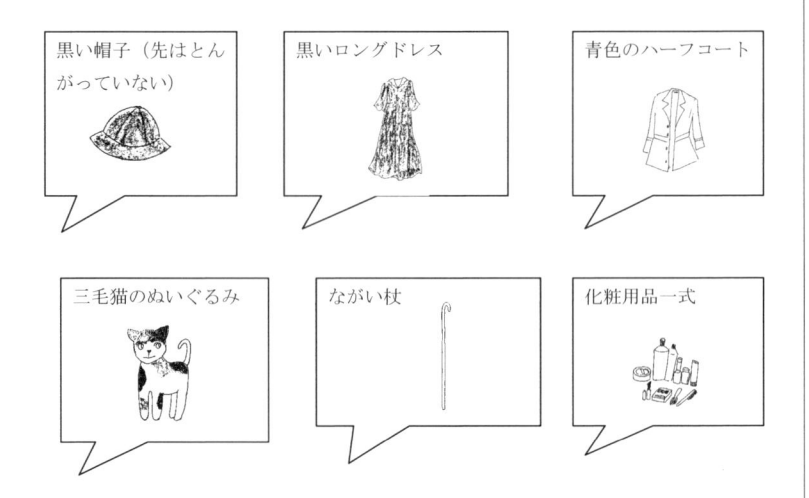

- 黒い帽子（先はとがっていない）
- 黒いロングドレス
- 青色のハーフコート
- 三毛猫のぬいぐるみ
- ながい杖
- 化粧用品一式

★ 用意しなければならないもの

第3章　タスク活動・タスクの具体例と評価　167

Sheet B　　　　　　　『ハロウィーン！』　　　　　　　👤 Task

> あなたは今，アメリカでホームステイをしています。今月末に友人の家のハロウィーンパーティーに招待されていますが，仮装をしていかなくてはなりません。ホストファミリーのAさんに仮装に必要なものを話しましょう。

★ あなたは「魔女」の仮装をしたいと思っています。イメージ図は次のとおりです。

- 魔女に見える先のとんがった帽
- いつも一緒の友達の黒猫
- 空を飛ぶのに使うほうき
- 人を怖がらせる化粧
- 足を隠す長いスカート
- 体を覆う黒いマント

★ Aさんに貸してもらえるものと，自分で用意しなくてはならないもののリストを作りましょう。

Aさんに貸してもらえるもの	自分で用意しなくてはならないもの

3.6.13 現在形 ＆ 過去形 ＆ 未来表現

(1) タスク活動（活動所要時間 15 分）

★ねらい
- これまでの経緯，現在のクラブの現状，将来のクラブの展望を考慮して，入部するかしないか，または試合のときだけ参加するかどうかを決めることができる。
- 場面に応じて，現在形・過去形・未来表現を用いて，出来事や経験を相手に伝えることができる。

★タスク活動のイメージ
- ペアワーク
- 状況 ＆ 特徴

> - 中学 3 年生の友達同士の会話である。
> - 1 人は，中学 1 年の時から誘っている友達（パートナー）を同じクラブに入部させて，一緒に全国大会を目指したい。
> - もう一人は，クラブに入っていないが，一度頼まれてバレーボールの試合に参加し，プレーも上手である。
> - これまでの経緯，現在のクラブの現状，将来のクラブの展望を考慮して，入部するかしないか，または試合のときだけ参加するかどうかを決める。

★評価規準

正確さ	・所属しているクラブ活動について，現在形を用いて相手に伝えることができる。 ・中学 1・2 年生のことを，過去形を用いて相手に伝えることができる。 ・クラブ活動の予定などについて，未来表現を用いて相手に伝えることができる。
適切さ	・相手の状況を尋ねたり，自分の意見を伝えるなどして，入部に関して結論を出すことができる。

★「振りかえりシート」のチェック事項

項目	チェック事項
Completion	☆ 入部するかしないか決めることができた。
Message	✿ クラブ活動に関して，これまでの経緯を確認することができた。 ✿ なぜ，入部しないのか，なぜ入部して欲しいのかを説明することができた。
Structures	♪ 所属しているクラブ活動について，また，これまでの経緯について適切に現在形や過去形を使うことができた。 ♪ これからの予定を説明する時に，適切に未来表現を使うことができた。

★活動の工夫

・ここでは友達同士によるペア・ワークであるが，人数を増やし（クラブの先輩など），より場面を複雑にすることが可能である。

タスク活動の会話例（*Can You*（勧誘）?）

1．(Sheet A・Sheet B の 1．に対応)
 B : Hello! We need your help.
 A : Yes.
 B : You didn't join our volleyball team two years ago. But you joined us in the game last year. Do you remember?
 A : Yes, I do. Two years ago I had to study, so I couldn't join you. But last year's game was very exciting!
 B : Then will you join us again this year?
 A : I would like to, but …
 B : But what?
 A : Well, …

2．(Sheet A・Sheet B の 2．に対応)
 A : Well, … I must prepare for the entrance examination for ○○ high school.
 B : Now we are in the ninth grade. This is the last chance! We need one more member. There won't be another chance.

A : Well, I understand, but I have to study. I don't have enough time to practice. I have to go to a cram school from June. Sorry, I can't join you.

B : Wait, wait! We have a big game in June. If you join us, we will be the best volleyball team of all the Japanese junior high schools. We will be the champions!!

A : Um ... OK, let's do it.

Vocabulary

申し出： offer

塾： a cram school

入学試験： the entrance examination

『*Can You*（勧誘）？』　　　　　　　　　　 TA
(Sheet A)

> 中学3年生に進級したばかりのあなたは，現在クラブに入っていません。あなたのパートナーはすでに中学1年の時からバレーボール部で一生懸命練習していますが，どうもメンバーが足らない様です。
> （ □ のついている番号はあなたから始めます。）

1．過去を思い出しながら話そう。

- 中学1年の時は，誘われたけど，勉強したいので断ったっけ…
- 中学2年の時は，試合に出たなぁ…　優勝だったよなぁ…

2．今のあなたの気持ちを伝え，入部するかしないか決めましょう

- 優勝したときはうれしかったし，感動したな…
- でも，高校は名門の○○高校に行きたいしな…
- 来月から進学塾に通いだすし
- 入部したら忙しいかな？
- 6月には全国大会に出れるかもしれない？

あなたは … 入部する ／ 入部しない

『 *Can You* (勧誘) ? 』　　　　　　　TA

(Sheet B)

> あなたは熱心な中学 3 年生に進級したばかりのバレーボール部員です。現在，メンバーが足りません。そこで，入部した時から誘っているパートナーに，是非入部してほしいと思っているので，パートナーを誘ってみましょう。
> （ □ のついている番号はあなたから始めます。）

1. 過去のことを思い出しながら話そう。

- 中学 1 年の時誘ったけど，入部しなかった理由はなんだろ？
- 中学 2 年の時は試合に出てくれたよね。たしか優勝したハズ…
- あの時は，バレーボールうまかったなあ。

2. 今のクラブの現状とあなたの気持ちを伝えよう。

- 今のチームはメンバーが足らない。
- 全国大会に向けた大事な最後の試合が 6 月にある。
- 今日までに試合の申し込みをしないと!!
- あなたが，加われば絶対全国大会に出られる。

あなたのパートナーは …　入部する / 入部しない

(2) タスク（活動所要時間 15 分）

◆ねらい
- 4つの学校を比較し，どの学校を見学するか決定する。
- 生徒達はどの学校を見学するのかを決めるため，それぞれの学校案内のチラシを見比べ，情報交換し，互いの考えを述べる中で，動詞の時制を区別したり，未来表現を使用することができる。

◆タスクのイメージ
- ペアワーク
- 状況 ＆ 特徴

    - 友達同士の会話である。
    - お互い2つの高校に関する情報を持っている。
    - それぞれの学校の歴史，授業内容，クラブ活動などの実績，来年度からの学校の特色について情報交換し，どの学校を一緒に見学するか決定する。

◆評価規準

正確さ	・それぞれの学校の特徴を現在形・過去形・未来表現を使って表現することができる。
適切さ	・相手に聞かれたことに対して，適切な表現で反応することができる。 ・相手に自分の意見を納得させるような理由付けが適切にできる。

◆「振りかえりシート」のチェック事項

項目	チェック事項
Completion	☆ 一緒に見学に行く高校を決定することができた。
Message	✿ 自分が持っている高校の情報を伝えることができた。 ✿ お互い知らなかった高校の情報を共有できた。
Structures	♪ 高校の募集案内のチラシを見て各学校の説明をする時，現在形，過去形，未来表現を使うことができた。

タスクの会話例 (Open Campus)

A: I have some information on *Naramachi* and *Naniwadai* Fuzoku High School.
Do you have any information on other schools?

B: Yes, I have information on *Nijyo* and *James Gakuin* High School. Which school are you interested in?

A: Well, I'm interested in *Naniwadai Fuzoku* because students don't need to wear a school uniform. And it has a good history. It's 30 years old. They use computers in all lessons. They will have classes on Saturday from next year. Also, the volleyball club was in the Inter-high school championship.

B: Sounds nice! But I'm thinking about visiting *Nijyo*. They are going to have a P.E. course next month. Will you come with me?

A: Do they have a volleyball club?

B: Maybe.

A: Let's go check it out.

Vocabulary

情報 : information
　　　～に興味がある : be interested in ～
　　　～で有名です : be famous for ～
男子校 : boys' school　　　女子校 : girls' school
共学校 : coeducational school
茶道 : tea ceremony
日本舞踊 : Japanese dancing

『Open Campus』
(Sheet A)

> 今年度は中学生として最後の年です。どの高校を受験するか決めましたか？
> 先月は，ジェームズ学院高等学校のオープンキャンパスに参加してきました。ここに別の高校の募集案内のチラシがあります。友達と相談して，一緒に見学に行く高校を決めましょう。

県立奈良町高等学校（男女共学）

> 1880 年創立（一番古い!!）
> 生徒数 500 人

【授業について】
　英語は全て外国人の先生が教えます!!
　各教室に 3 台のコンピューターがあります。
　来年から土曜日も授業をします。

【クラブ活動】
　野球部甲子園出場（1995 年）

私立なにわ大学附属高等学校
（男子校，来年度より男女共学!!）

> 1975 年創立
> 制服なし!!
> 生徒数 500 人

【授業について】
　全ての授業でコンピューターを使った授業をしています!!
　来年度から土曜日も授業をします。

【クラブ活動】
　バレーボール部： インターハイ出場（1998 年～2001 年）

見学に行く学校は？　　　　　　　　　　　　　　　　　高等学校

『Open Campus』   🖐 Task
(Sheet B)

> 今年度は中学生として最後の年です。どの高校を受験するか決めましたか？
> 先月は、奈良町高等学校のオープンキャンパスに参加してきました。ここに別の高校の募集案内のチラシがあります。友達と相談して、一緒に見学に行く高校を決めましょう。

県立二条高等学校（男女共学）

2001年創立（新しい!!)
生徒数 400 人

【授業について】
    音楽コースがあります!!
    来年度から体育コースができます。
    来年度から土曜日の授業はありません。

【クラブ活動】
    ブラスバンド部： 昨年全国大会優勝!!

私立ジェームズ学院高等学校
（女子校，来年度より男女共学!!）

1965年創立
一流デザイナーの制服!!
きれいなチャペル!!
生徒数 600 人

【授業について】
    留学プログラムが魅力的!!
（アメリカ・オーストラリア・ニュージーランド・カナダ・ヨーロッパ各国）
    茶道，日本舞踊の授業が魅力!!
    土曜日の授業はありません。

【クラブ活動】
    来年度から体育系クラブもできます。

見学に行く学校は？   _____ 高等学校

3.6.14 　過去形 ＆ 現在完了形

(1) タスク活動（活動所要時間 15分）

★ねらい
- 相手の意見と自分の意見を調整し，旅行の行き先を決定することができる。
- 場面に応じて，過去形や現在完了形を使用し，自分の経験を述べることができる。

★タスク活動のイメージ
- ペアワーク
- 状況 ＆ 特徴

> - ヒトシとマコトという友達同士の会話である。
> - 2人が旅行の計画を立てている場面である。
> - ヒトシとマコトは，旅行に行きたい場所がそれぞれ異なるため，2人の意見，希望を調整して行き先を決める。

★評価規準

正確さ	・ある特定の過去の事実を述べるときに，過去形を使用することができる。 ・自分の経験を述べるときに，現在完了形を使用することができる。 ・過去形や現在完了形を使って，どの国に行きたいのかという理由を伝えることができる。
適切さ	・どの国になぜ行きたいのか等，自分の意見を主張したり，相手の意向を尋ねたりすることができる。 ・2人の意見に基づいて，旅行の行き先を決めることができる。

★「振りかえりシート」のチェック事項

項目	チェック事項
Completion	☆ 旅行の行き先を決定できた。
Message	✿ 行きたい場所を伝えることができた。 ✿ なぜその場所に行きたいのか，理由を伝えることができた。
Structures	♪ ある特定の過去の事実を述べるときに，過去形を使用することができた。 ♪ 自分の経験を述べるときに，現在完了形を使用することができた。 ♪ 過去形や現在完了形を使って，どの国に行きたいのかという理由を伝えることができた。

★活動の工夫

・ここでは，AとBの旅行経験と興味を，行き先を決定する際の条件としているが，各行き先の気温や食べ物，物価などの特徴を比較して行き先を決める活動にすることも考えられる。その際には，形容詞の原級，比較級，最上級を使い分けるタスク活動にすることも可能である。

タスク活動の会話例（世界遺産旅行！）

1. (Sheet A・Sheet B の 1. に対応)
   B : I'm very sorry. I'm late.
   A : I've waited for you for 20 minutes.
   B : I'm really sorry. I overslept today because I stayed up late to get information for our trip.
   A : Did you find any good information?
   B : Yes. I will tell you about it. But, have you had lunch yet?

2. (Sheet A・Sheet B の 2. に対応)
   A : Where would you like to travel, Makoto?
   B : I want to go to England. I saw Stonehenge on TV last night, and I really want to see the real thing. Also, I've studied English for three years, so I want to speak English.
   A : I see. Do you want to go anywhere else?

B：I want to go to Egypt. Now I'm reading a book about Egypt. I want to see the Pyramids.

3．(Sheet A・Sheet B の 3．に対応)
　　B：Where would you like to travel, Hitoshi?
　　A：Well, I'd like to visit Peru. I've seen Nazca pictures on TV. It's amazing. So, I want to see it with my own eyes.
　　B：Peru sounds nice.
　　A：Yes, but I also want to go to Australia. I've never seen Ayers Rock.

4．(Sheet A・Sheet B の 4．に対応)
　　A：I've been to England and India already, so how about going to Italy?
　　B：Well, I've been to Italy twice. How about Egypt or Peru? I think neither of us has been there.
　　A：OK. Let's go to either Egypt or Peru. Which shall we visit?
　　B：To go to Egypt, it costs 400,000 yen. That's really expensive for me. We've never been there.

5．(Sheet A・Sheet B の 5．に対応)
　　B：I'd like to go to Peru. What do you think?
　　A：I agree with you. The flight time is so long, but we should save money.
　　B：OK, then, let's go to Peru together.

> **Vocabulary**
> ペルー：Peru　　ナスカの：Nazca　　インド：India　　イタリア：Italy
> オーストラリア：Australia　　イギリス：England　　エジプト：Egypt

【Sheet A】　　　　　　　★ 世界遺産旅行！★　　　　　　　　　　TA

あなたは、ヒトシです。あなたとマコトさんは、今度の夏休み、世界遺産をめぐる旅をするつもりです。
今日は、学校の食堂でマコトさんと旅行の打ち合わせをすることになっています。よく相談して、旅行の計画を
立てましょう。（□印のついている番号は、あなたから始めます。）

1. マコトさんが、約束の時間に20分遅れて食堂へやってきました。あなたは、まだ昼ご飯を食べていません。
   マコトさんの質問に答えましょう。

2. 旅行の話を始めましょう。マコトさんは旅行でどこに行きたいのか聞きましょう。

◆ *マコトさんが行きたい場所とその理由*

3. マコトさんの質問に答えましょう。あなたが行きたい場所を3つ、できるだけ詳しく伝えましょう。

◆ *あなたが行きたい場所とその理由*

ペルー	オーストラリア	イタリア
ナスカの絵をテレビで見たことがある。写真を撮りたい。（デジカメを先月買った。）	エアーズロックを見たことがない。	イタリア語を勉強して1年。

4. あなたは、これまでに行ったことがない所へ行きたいと思っています。
   あなたが行ったことのある場所を伝えましょう。マコトさんは、どこに行ったことがあるのか聞きましょう。

◆ *あなたが行ったことのある場所*

イギリス (3回)	インド (2年前，友達と)

※参考

行き先	費用	所要時間
エジプト	40万円	18時間
オーストラリア	20万円	8時間
イギリス	25万円	12時間
インド	18万円	10時間
ペルー	30万円	25時間
イタリア	20万円	11時間

5. 旅行の行き先を1つ決めましょう。
　　　　　　　　　　行き先　　　　　　　　　理由

第 3 章　タスク活動・タスクの具体例と評価　181

【Sheet B】　　　　　★ 世界遺産旅行！★　　　　　　　　　TA

> あなたは，マコトさんです。あなたとヒトシさんは，今度の夏休み，世界遺産をめぐる旅をするつもりです。今日は，学校の食堂でヒトシさんと旅行の打ち合わせをすることになっています。よく相談して，旅行の計画を立てましょう。（□印のついている番号は，あなたから始めます。）

☐1. あなたは，約束の時間に20分遅れて食堂にやって来ました。

　　謝って，ヒトシさんはもうお昼ご飯を食べたのか聞きましょう。

2. ヒトシさんの質問に答えましょう。あなたが行きたい場所を3つ，できるだけ詳しく伝えましょう。

◆ あなたが行きたい場所とその理由

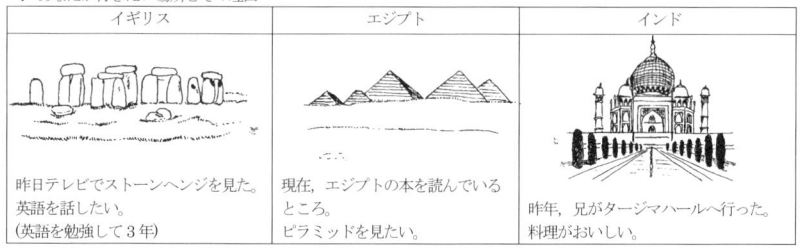

イギリス	エジプト	インド
昨日テレビでストーンヘンジを見た。英語を話したい。（英語を勉強して3年）	現在，エジプトの本を読んでいるところ。ピラミッドを見たい。	昨年，兄がタージマハールへ行った。料理がおいしい。

☐3. ヒトシさんは，旅行でどこに行きたいのか，聞きましょう。

◆ ヒトシさんが行きたい場所とその理由

4. あなたは，これまでに行ったことがない所へ行きたいと思っています。ヒトシさんの質問に答えましょう。

◆ あなたが行ったことのある場所

イタリア (2回)	オーストラリア（去年, 友達と）

※参考

行き先	費用	所要時間
エジプト	40万円	18時間
オーストラリア	20万円	8時間
イギリス	25万円	12時間
インド	18万円	10時間
ペルー	30万円	25時間
イタリア	20万円	11時間

☐5. 旅行の行き先を1つ決めましょう。

　　　　　　　行き先　　　　　　　理由

(2) タスク（活動所要時間 15 分）

◆ねらい
- 旅行パンフレットに記載されている情報を交換し，自分の経験などに基づいて，旅行の計画を立てることができる。
- 旅行先を決定する際に，それぞれの旅行経験を伝える中で，過去形と現在完了形の使い分けができる。

◆タスクのイメージ
- ペアワーク
- 状況 ＆ 特徴
  - 友達同士が，異なった行き先のパンフレットを持ち寄り，旅行の相談をしている場面である。
  - これまでの旅行の経験や予算，興味などを考慮しながら，旅行の行き先，ホテル，食事，お小遣いを決める。

◆評価規準

正確さ	・過去形を使って，ある特定の過去の事実を述べることができる。 ・現在完了形を使って，経験を述べることができる。
適切さ	・自分の持つパンフレットの情報を説明をしたり，相手の持つ情報を尋ねたりしながら，話を進めることができる。 ・話の流れの適切な場面で，どの場所になぜ行きたいのか等，相手の意見を尋ねたり，自分の意見を述べたりすることができる。 ・2人の意見に基づいて，旅行の行き先を決めることができる。

◆「振りかえりシート」のチェック事項

項目	チェック事項
Completion	☆ 行き先，ホテル，食事，お小遣いを決めることができた。
Message	✿ 自分の経験や考えを伝えることができた。 ✿ 旅行パンフレットに書かれている情報を伝えることができた。 ✿ どこに行きたいのかなど，自分の意見を述べ，相手を説得することができた。
Structures	♪ 過去形を使って，ある特定の過去の事実を述べることができた。 ♪ 現在完了形を使って，経験を述べることができた。

タスクの会話例（アンビシャス・ジャパン）

A: Hello, I've got some brochures for the overnight trip.
B: Have you? I've also got some information from the travel agency.
A: Have you found a good place to visit?
B: Yes. I have brochures about "Doki Doki Kyushu" and "Yuttari Tohoku".
A: Oh, I went to Kyushu with my family three years ago. So I don't feel like going to Kyushu.
B: I see. Then where do you want to go?
A: I want to go to Tokyo or Okinawa.
B: Well, I went to "Tokyo Mouse Land" two years ago.
A: Then how about Okinawa?
B: Hmm ... How about Tohoku? There are a lot of hot springs in Tohoku.
A: That sounds nice. I have never been to Tohoku, so let's go there.
B: All right. It's 29,000 yen to go. What do you want to eat in Tohoku?
A: We have 80,000 yen.
B: OK. Let's eat seafood because it's 10,000 yen. I have never tried it, but it is a famous food, so it must be delicious.
A: All right. How about the hotel?
B: Hanamaki Inn is the cheapest. It's 7,000 yen.
A: Let's stay there.

★ アンビシャス・ジャパン！ ★

【Sheet A】

あなたとパートナーは、休日に1泊2日の旅行に行こうと考えています。予算は、1人8万円です。今日はパートナーと電話で旅行の打ち合わせをする日です。あなたとパートナーは、旅行のパンフレットを持ちよりました。よく相談して、旅行の計画を立てましょう。

あなた

・九州には、3年前家族旅行で行ったよ。
・趣味は、水泳。
・スキューバダイビングは、経験がないけどやってみたいな。
・高級な料理が食べたいな。

☆あなたが持ってきたパンフレット

東京マウスランド

キラキラパレードが見れるよ

★ 交通費（往復）　　25,000 円

★ お食事
　江戸前すし　　　　20,000 円
　イタリア料理　　　 8,000 円
　中華料理　　　　　 5,000 円

★ 宿泊先
　東京ヘルトンホテル　18,000 円
　渋谷タワーホテル　　13,000 円
　浅草旅館　　　　　　 4,000 円

アクティブ沖縄

マリンスポーツを楽しもう！

★ 交通費（往復）　　28,000 円

★ お食事
　琉球料理　　　　　10,000 円
　バーベキュー　　　 7,000 円
　沖縄そば　　　　　 1,000 円

★ 宿泊先
　沖縄ビーチホテル　15,000 円
　那覇リゾートホテル　9,000 円
　ホテルシーパーク　 6,000 円

旅行計画

行き先		交通費	
ホテル名		ホテル代	
食　事		食事代	

残りはお小遣い！

★ アンビシャス・ジャパン！ ★
【Sheet B】

あなたとパートナーは、休日に1泊2日の旅行に行こうと考えています。予算は、1人8万円です。今日はパートナーと電話で旅行の打ち合わせをする日です。あなたとパートナーは、旅行のパンフレットを持ちよりました。よく相談して、旅行の計画を立てましょう。

- 東京マウスランドには、2年前に行ったよ。
- 自然が大好き。
- ハウスボンテスに行きたいなぁ。
- おいしいもの大好き。食べたことのないものを食べてみたいなぁ。

あなた

☆あなたが持ってきたパンフレット

ドキドキ 九州

テーマパーク
ハウスボステンで遊ぼう

★ 交通費（往復）　　26,000 円

★ お食事
　ふぐ料理　　　　　16,000 円
　黒豚しゃぶしゃぶ　 8,000 円
　長崎ちゃんぽん　　 1,000 円

★ 宿泊先
　ホテルフェニックス　13,000 円
　ゆふいん国際ホテル　 9,000 円
　観光ホテル天草　　　 5,000 円

ゆったり 東北

温泉がいっぱい

★ 交通費（往復）　　29,000 円

★ お食事
　シーフード　　　　10,000 円
　牛たん　　　　　　 7,000 円
　わんこそば　　　　 2,000 円

★ 宿泊先
　仙台グランドホテル　16,000 円
　松島ビューホテル　　12,000 円
　花巻イン　　　　　　 7,000 円

旅行計画

行き先		交通費	
ホテル名		ホテル代	
食　事		食事代	

残りはお小遣い！

3.6.15 能動態 & 受動態

(1) タスク活動（活動所要時間 10 分）

★ねらい
- カタログの選択肢について情報をやりとりし，どれを買うかを決定することができる。
- 客はどの花瓶を買うのかを検討し，店員は3つの花瓶に関する情報を提供するなかで，それぞれの特徴を比べ，能動態と受動態を使い分けることができる。

★タスク活動のイメージ
- ペアワーク
- 状況 & 特徴

> - カタログショッピングの電話注文受付係と注文客の会話である。
> - 交換手は，カタログに載っている商品の説明（作られた年代，作者など）をしなければならない。
> - 客のカタログには情報のない箇所があるので質問しなくてはならない。
> - 情報を交換して，どの花瓶を買うか決める。

★評価規準

正確さ	・花瓶の特徴を述べる際に，花瓶が話題となっている時は受動態を使用することができる。 ・動作主がはっきりしている場合は，能動態を使用することができる。 ・能動態を使用して，自分が欲しい花瓶はどれかを伝えることができる。
適切さ	・客は，予算内で購入できるように交渉することができる。 ・店員は，ていねいにすばやく答えることができる。

★「振りかえりシート」のチェック事項

項目	チェック事項
Completion	☆ どの花瓶を購入するのか決まった。
Message	❀ それぞれの花瓶の特徴を伝えることができた。 ❀ どのような花瓶が欲しいのか伝えることができた。（客） ❀ 客が欲しがっているものを聞き出し，適切に対応できた。（店員）
Structures	♪ 花瓶の特徴を述べる際に，花瓶が話題となっている時は受動態を使用することができた。 ♪ 動作主がはっきりしている場合は，能動態を使用することができた。

★活動の工夫

・ここではカタログショッピングで花瓶を注文する設定であるが，アンティークディーラーと大金持ちで値切ることが趣味の骨董収集家の会話設定としたり，「お宝」所有者と古美術鑑定人の会話設定として，受動態の使用を促すことも可能である。

タスク活動の会話例（オールマイティー！）

1. (Sheet A・Sheet B の 1. に対応)
   A: Hello, welcome to "Almighty"! May I help you?
   B: Yes. I'm interested in the flower vases.
   A: All right. Do you have our catalogue?
   B: Yes. I'm looking at it now.

2. (Sheet A・Sheet B の 2. に対応)
   A: We have three kinds of vases.
   B: Is アントワネット made in England?
   A: No. It was made in France in the 18th century. But アントワネット is sold out.
   B: How about アラベスク? Where was it made?
   A: It was made in Turkey. It's beautiful. It's on sale, too.
   B: It's for my mother.

A : Wonderful!

B : My mother broke her flower vase yesterday. It was a pretty vase, and it was hand painted.

A : Oh, then, ウインザー is perfect. It was made in England, and it was painted by a famous artist.

3. (Sheet A・Sheet B の 3 .に対応)

B : Sounds nice. How much is it?

A : It's 11,000 yen.

B : It's expensive!

A : Well, it is a good buy.

B : I really want this for my mother. Could you sell it to me cheaper?

A : All right. I can sell it to you for 10,000 yen.

B : I'll take it.

A : Thank you.

Sheet A   『 オールマイティー！』 ☎   TA

> あなたは，カタログショッピング『オールマイティ』の電話注文受付をしています。お客からの電話に出て，商品についての質問に答え，注文票を作成しましょう。社訓「丁寧に」「すばやく」「共感をもって」を心に留めて会話しましょう。
> （□の印のついている番号は，あなたから始めます。）

□1. 電話に出て，どの商品に興味があるのかたずねましょう。

2. お客が商品について聞いてきます。特徴を説明しましょう。

🌹・アントワネット・🌹　　　C・アラベスク・C　　　👑ウインザー👑

（アントワネット：SOLD OUT）　　（アラベスク：Sale）　　（ウインザー）

・フランス製　　　　　　・トルコ製　　　　　　・イギリス製
・18世紀に製作　　　　　・お買い得品　　　　　・有名なアーチストが絵付け
・¥9,800　　　　　　　　・¥5,400　　　　　　　・¥11,000

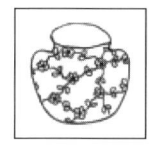

3. あなたは販売部門のマネージャーで，セール品でなければ20%までの割引をお客にする権限があります。必要に応じて値引きをしてあげましょう。

★ カタログショッピング『オールマイティー』注文票 ★

1. 注文商品名：＿＿＿＿＿＿＿＿＿＿＿＿＿＿　金額：¥＿＿＿＿＿＿

2. ギフト包装：　YES　　NO

3. 注文客氏名：＿＿＿＿＿＿＿＿＿＿　電話番号：＿＿＿＿＿＿＿

Sheet B 　　　『 オールマイティー！ 』　☎　　　　　　　TA

> あなたのお母さんは，昨日，大切にしている花瓶を割ってしまいました。あなたが生まれる前，イギリスで買った思い出の品なのだそうです。2週間後はお母さんの誕生日です。カタログショッピングで新しい花瓶を注文しましょう。
> 　　（□印のついている番号は，あなたから始めます。）

1. 事情を説明して，花瓶を探していることを伝えましょう。

   ＜お母さんが割ってしまった花瓶＞
   ・イギリス製のアンティーク
   ・バラの模様・手描き
   ・高さ30センチ

2. 『オールマイティー』のカタログには次の3つの花瓶が載っていますが，写真しか情報がありません。

   アントワネット　　　C・アラベスク C・　　　ウインザー

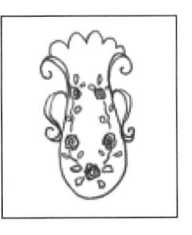

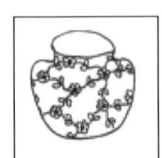

3. どれを注文するか決めましょう。あなたの予算は¥10,000 です。
   必要ならば安くしてもらえるように頼んでみましょう。

   ★ 注文することにした花瓶はどれ？　○を付けよう。
   　　アントワネット　　　　C・アラベスク C・　　　　ウインザー

   ★ いくらで買いますか？　¥_____

(2) タスク（活動所要時間 15 分）

◆ねらい
- 英語を使って，旧所名跡とそこにある有名なものについて情報を交換し，旅行先での訪問場所を決めることができる。
- 自分が行きたい寺院の特徴を述べる中で，受動態と能動態を使い分けることができる。

◆タスクのイメージ
- ペアワーク
- 状況 & 特徴
  - 旅行の計画を立てている友人同士の会話である。
  - それぞれの行きたいところや見たいものが違うので，見所について説明しなければならない。
  - 情報を交換し合い，旅行の行程表を作成する。

◆評価規準

正確さ	・能動態を使って，自分が行きたい寺を伝えることができる。 ・受動態を使って，寺の特徴を伝えることができる。
適切さ	・相手の意見を尋ねたり，自分の意見を主張したりしながら，旅行の行程表を作ることができる。

◆「振りかえりシート」のチェック事項

項目	チェック事項
Completion	☆ 旅行の日程表を作ることができた。
Message	✿ 自分が訪れたい場所を伝えることができた。 ✿ 相手が行きたいと思っている場所について尋ねることができた。 ✿ 自分が訪れたい場所の特徴を伝えることができた。
Structures	♪ 能動態を使って，自分が行きたい寺を伝えることができた。 ♪ 受動態を使って，寺の特徴を伝えることができた。

タスクの会話例（ぶらっと京都）

A: I want to go to Kinkakuji, Chionin, and Kiyomizudera.

B: Kinkakuji sounds nice.

A: Yes, it was fixed up three years ago. It should be beautiful.

B: I see. I want to go to Heiannjinnguu, Kegonji, and Toji.

A: I know Heiannjinnguu and Toji, but I don't know about Kegonji. What's special about Kegonji?

B: Kegonji is surrounded by bamboo woods. It is called Suzumushi-dera.

A: Interesting! Where is Kegonji?

B: It's near Matsuo.

A: We can go to Kinkakuji first, then Kegonji. We don't have much time. Maybe one more place.

B: How about Toji? The tower is painted with many colors, and it is pretty.

A: I want to go to Kiyomizudera. There are three falls there. It is said that we can be wise, healthy, and beautiful if we drink water from the falls.

B: I want to go there, too. Maybe we can go to both Toji and Kiyomizudera. We should go to Toji after Kiyomizudera. If we don't have time, we won't go to Toji. OK?

A: Sure.

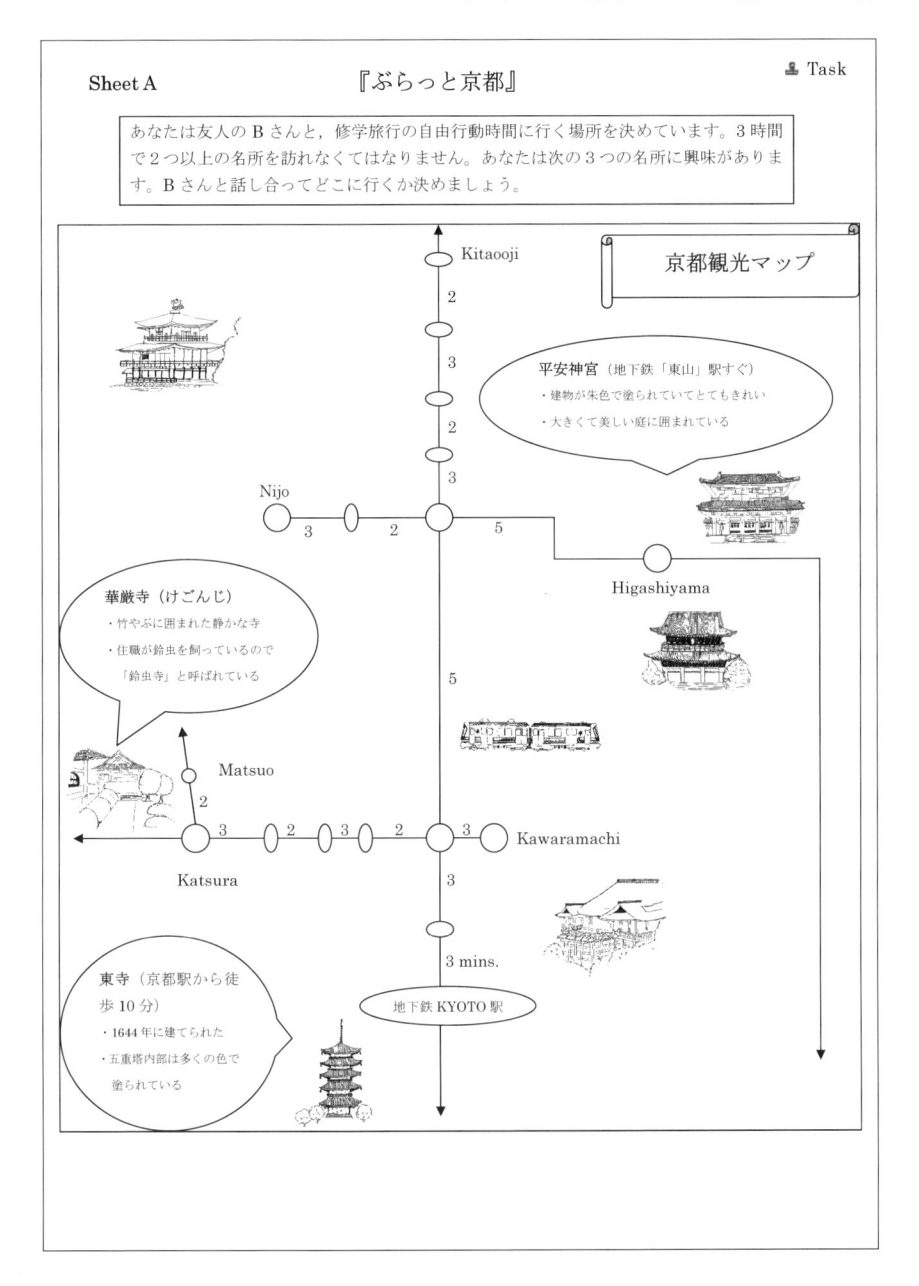

第3章　タスク活動・タスクの具体例と評価　193

Sheet A　　　　　　　『ぶらっと京都』　　　　　　　　　　　　　Task

あなたは友人のBさんと，修学旅行の自由行動時間に行く場所を決めています。3時間で2つ以上の名所を訪れなくてはなりません。あなたは次の3つの名所に興味があります。Bさんと話し合ってどこに行くか決めましょう。

京都観光マップ

Kitaooji

平安神宮（地下鉄「東山」駅すぐ）
・建物が朱色で塗られていてとてもきれい
・大きくて美しい庭に囲まれている

Nijo　3　2　　5　　Higashiyama

華厳寺（けごんじ）
・竹やぶに囲まれた静かな寺
・住職が鈴虫を飼っているので「鈴虫寺」と呼ばれている

Matsuo
2
　3　　2　　3　　2　　3　Kawaramachi
Katsura
3

3 mins.

地下鉄 KYOTO 駅

東寺（京都駅から徒歩10分）
・1644年に建てられた
・五重塔内部は多くの色で塗られている

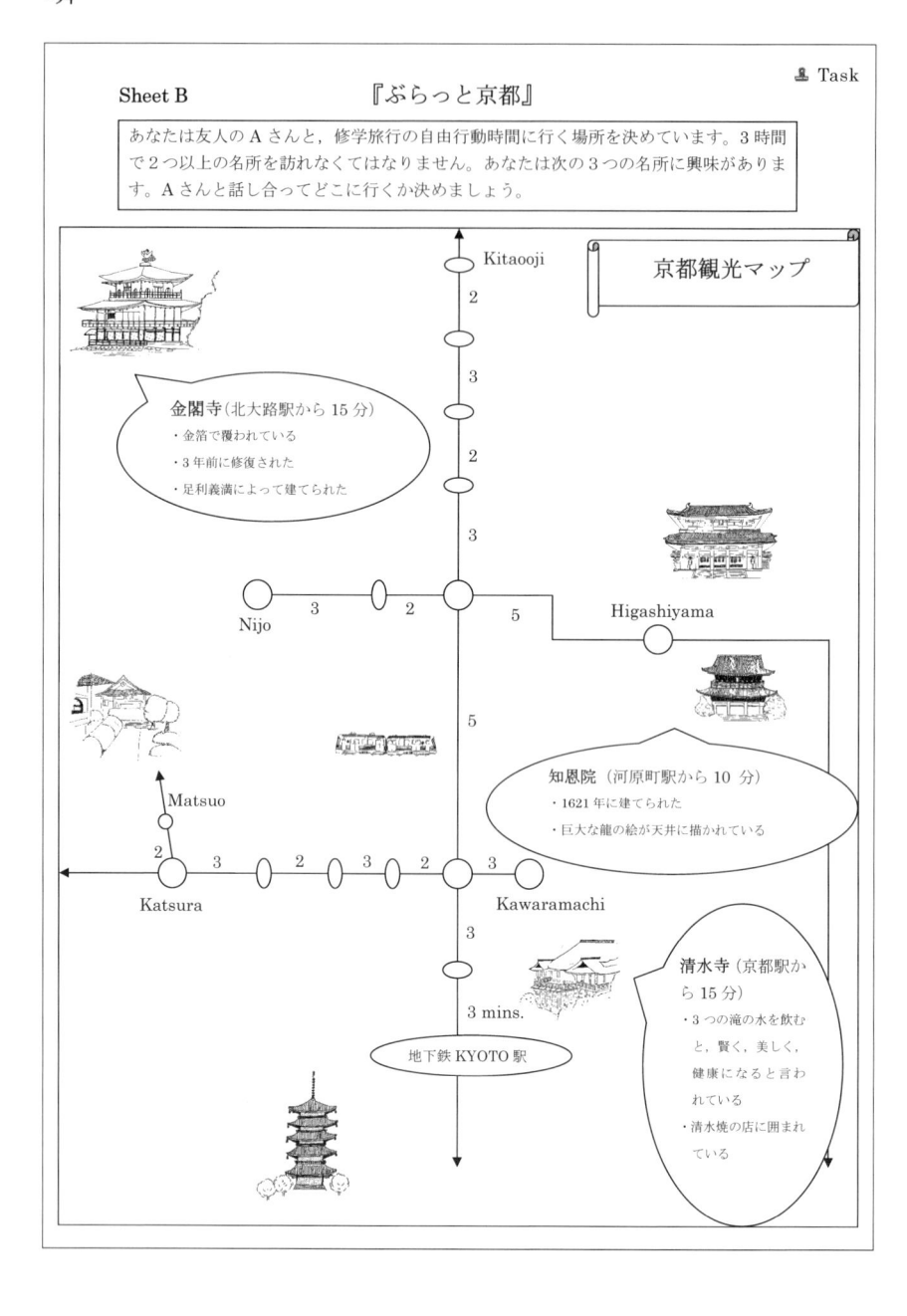

Sheet B 『ぶらっと京都』

あなたは友人のAさんと，修学旅行の自由行動時間に行く場所を決めています。3時間で2つ以上の名所を訪れなくてはなりません。あなたは次の3つの名所に興味があります。Aさんと話し合ってどこに行くか決めましょう。

京都観光マップ

金閣寺（北大路駅から15分）
・金箔で覆われている
・3年前に修復された
・足利義満によって建てられた

知恩院（河原町駅から10分）
・1621年に建てられた
・巨大な龍の絵が天井に描かれている

清水寺（京都駅から15分）
・3つの滝の水を飲むと，賢く，美しく，健康になると言われている
・清水焼の店に囲まれている

Kitaooji, Nijo, Higashiyama, Matsuo, Katsura, Kawaramachi, 地下鉄KYOTO駅

3 mins.

Sheet A B（共通）　　　　『ぶらっと京都』

　　　　　　　　　ぶらっと 京都　❖自由行動計画❖

★訪れる場所（2ヶ所以上）を決めて　　　　に書こう。そこでは何が見られるのかも横にメモしておこう。

★出発は京都駅，自由時間は3時間です。

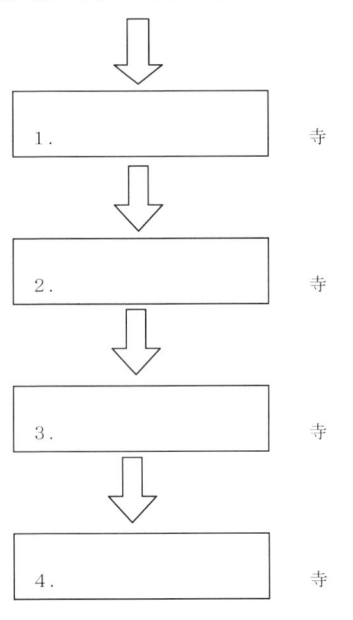

⬇

| 1. | 寺 |

⬇

| 2. | 寺 |

⬇

| 3. | 寺 |

⬇

| 4. | 寺 |

🔒 Task

3.6.16　過去分詞 & 現在分詞の後置修飾

(1) タスク活動（活動所要時間 10 分）

★ねらい
- 話すことの言語活動を通して，どのように描写すれば聞き手に理解してもらえるかを考えて伝えることができる。
- 場面に応じて，現在分詞や過去分詞を用いて，人や物の描写をすることができる。

★タスク活動のイメージ
- ペアワーク
- 状況 & 特徴

  - 中学生とカナダからの留学生の会話である。
  - 中学生が留学生にメル友探しの協力を頼まれる。
  - 中学生は友人を数名留学生に教える。
  - 留学生はメル友をお願いするときに持って行くプレゼントを相談する。

★評価規準

正確さ	・過去分詞の後置修飾を用いてプレゼントの品物の説明をすることができる。 ・現在分詞の後置修飾を用いて人物の描写ができる。
適切さ	・相手に分かるように，人物の説明ができる。 ・友達の紹介やプレゼントの品物を選ぶ時，相手の意見を尋ねたり，自分の意見を述べたりして選ぶことができる。

★「振りかえりシート」のチェック事項

項目	チェック事項
Completion	☆ 何をプレゼントするのか決定した。
Message	✿ ボブサット君の親友について聞けた（話せた）。 ✿ 校庭にいる4人について説明したり質問できた。
Structures	♪ 友達の紹介やプレゼントの品物を選ぶ時，場面に応じて，過去分詞や現在分詞の後置修飾を使い分けることができた。

タスク活動の会話例（メル友は誰だ）

1. (Sheet A・Sheet B の 1. と 2. に対応)

    B : Hi, Ringo.
    A : Hi, Bob.
    B : I have a friend in Canada. He is looking for an e-mail friend in Japan. Could you help me?
    A : Sure. What is his name?
    B : His name is John. He likes sports, and he has played basketball for three years.
    A : How old is he?
    B : He is fifteen years old.
    A : What is he interested in?
    B : He is interested in Japanese history and Japanese animation.

2. (Sheet A・ Sheet B の 3. に対応)

    A : Let's go out and look for an e-mail friend in the schoolyard.
    B : OK. Do you know the girl sitting on the bench?
    A : Yes. She is Yuzu. She likes shopping.
    B : Who is the boy playing soccer?
    A : Ah, that is Lime. He likes watching foreign movies.
    B : Do you know the girl running over there?
    A : Yes. That is Minto. She likes reading.
    B : Do you know the boy playing the trumpet?
    A : Yes. He is Sumino. He likes comics.

3. (SheetA・Sheet B の 4 . と 5 . に対応)

　　B : I want _____ as an e-mail friend.　What do you think?
　　A : I think he (or she) is good as an e-mail friend.
　　B : I want to bring a small present for him (or her).　I have two things in mind.　One is a T-shirt made in Canada.　The other is a picture painted by Piccasu.
　　A : I have two things in mind, too.　One is a soccer ball used by Beccham.　The other is a small bag made in Canada.
　　B : How about _____?
　　A : I agree.　I think he (or she) will like it very much.
　　B : That's good.

[メル友は誰だ]　　　　　　　　　　■ TA
[Sheet A]

> あなたは，N中学校の3年生の浜崎りんごさんです。あなたのクラスにカナダからの留学生ボブサットくんがいます。ボブサット君のカナダに住む親友が，日本の中学生とメールの交換をしたいと思っています。ボブサット君に協力して，ぴったりのメル友を探してあげましょう。（ □ のついている箇所は，あなたから始めます。）

1．ボブサット君に挨拶をして，ボブサット君の話を聞きましょう。

2．ボブサット君の親友について，尋ねましょう。

名前	年齢	好きなこと	興味があること

3．校庭に生徒が何人かいます。ボブサット君の質問に答えましょう。

　　　　ユズ
　　　好きなこと：買い物

　　ミント
　　好きなこと：読書

　ライム
　好きなこと：外国映画

　　すみお
　好きなこと：漫画

4．ボブサット君と相談して，誰をメール友達にすればよいか，1人決めましょう。
　　　　誰になりましたか → [　　　　　　　　　　　　]

5．メル友になってくれる人に頼みに行く時に，ボブサット君は何かプレゼントを持って行きたいと考えています。ボブサット君の相談に乗って，プレゼントを決めましょう。
　　☆　あなたの案
　　　　・ベッカムの使ったサッカーボール　　　・カナダ製の小さなカバン

　　　　プレゼントは何になりましたか。[　　　　　　　　　　　　]

[　メル友は誰だ　]　　　　　　　　　TA
[Sheet B]

> あなたは，カナダ出身のボブサット君です。現在Ｎ中学校に留学しています。
> カナダに住む親友のジョン君のためにメル友を探してあげることになりました。彼は日本に興味があり，日本の中学生とメール交換をしたいと思っています。ジョン君にぴったりのメル友を，クラスメートの浜崎りんごさんと一緒に探してあげましょう。
> 　（ ☐ のついている箇所は，あなたから始めます。）

1. 挨拶をして，ジョン君が日本の中学生とメールの交換をしたいことを伝えよう。

2. りんごさんの質問に答えてあげましょう。

年齢	15歳
好きなこと	バスケットボール・ドラム演奏・サッカーを見ること
興味があること	日本の歴史・日本のアニメ

3. 校庭に行って探すことを提案しましょう。
　　　校庭に何人か生徒がいます。その中の４人の名前を確認し，どんな人かりんごさんに尋ねましょう。

4. りんごさんと相談して，ジョン君に紹介するメル友を決めましょう。

　　　　誰になりましたか　→　[　　　　　　　　　　　　　　]

5. メル友になってくれる人に頼みに行く時に，何かプレゼントを持って行きたいと考えています。何を持っていったらいいのか相談して決めましょう。
　　☆　あなたの案
　　　　　・カナダ製のＴシャツ　　　　　　　　　・ピカスの書いた絵

　　　　プレゼントは何になりましたか。[　　　　　　　　　　　　　　]

(2) タスク（活動所要時間 10 分）

◆ねらい
- 雑誌の表紙のイメージに関する情報やお互いの意見を伝え合い，表紙にする写真を決定することができる。
- 話すことの言語活動の中で，現在分詞や過去分詞の後置修飾を使用し，必要な情報を交換することができる。

◆タスクのイメージ
- ペアワーク
- 特徴 ＆ 状況

> - 雑誌の編集者と写真家の会話である。
> - 雑誌の編集者は，雑誌の表紙に掲載する写真を探している。
> - 写真家は，自分が撮った写真を雑誌の表紙に掲載してほしい。
> - 2人で情報交換をし，どの写真を表紙に掲載するかを決定する。

◆評価規準

正確さ	・現在分詞の後置修飾を用いて，写真の中での行われている動作を伝えることができる。 ・過去分詞の後置修飾を用いて，写真が撮影された日や場所を伝えることができる。 ・写真のイメージや内容に関する情報を正確に伝えることができる。
適切さ	・相手の意向を聞きながら，自分の写真を使ってもらえるよう説得することができる。 ・相手の話を聞きながら，自分の希望する写真のイメージを伝えることができる。

◆「振りかえりシート」のチェック事項

項目	チェック事項
Completion	☆ 表紙に使う写真を決定することができた。
Message	✿ 写真のイメージについて伝えることができた。 ✿ 自分の撮った写真について伝えることができた。 ✿ 自分の写真を使ってもらえるよう相手を説得することができた。
Structures	♪ 写真のイメージや内容を伝える際に，現在分詞の後置修飾を使った。 ♪ 写真の撮影場所や撮影日時を伝える際に，過去分詞の後置修飾を使った。

タスクの会話例（冬のアナタ）

B : Hi, this is Ryu. I want to ask you something.
A : What is it?
B : You are looking for a picture of Pe Sanjun for your magazine, right? Have you found a good picture yet?
A : No, not yet.
B : I have a lot of pictures of Pe Sanjun.
A : Really? What kind of pictures do you have?
B : Well, I have a picture of Pe Sanjun painting by the lake.
A : Sounds nice. I want to use a winter picture for the magazine. When was it taken?
B : Hmm, it was taken in March. Ah, I have a picture taken in February in Paris. In the picture Pe Sanjun is making a snowman with Che Kyuu.
A : The season and the place are OK, but do you have anything else?
B : How about a picture taken in Finland in January?
A : What kind of picture is it?
B : It's a picture of Pe Sanjun skating on the lake.
A : I like the image. I want to use that picture for my magazine.
B : Thank you so much. I will bring the picture to your office today.

第 3 章　タスク活動・タスクの具体例と評価　203

★ 冬のアナタ ★

【Sheet A】　　　　　　　　　　　　　　　　　　　　　　　　　　　　　　　 Task

> あなたは，雑誌編集者のヒデさんです。今度，韓国ドラマの特集雑誌の表紙に，俳優のペ・サンジュンさんの写真を使いたいと思っています。写真家のリュウさんから，自分が撮った写真を表紙に使ってほしいと電話がかかってきました。表紙にぴったりの写真をリュウさんが持っているかを聞き，リュウさんが撮った写真を使うか，決めましょう。

◆ あなたが使いたい写真のイメージ

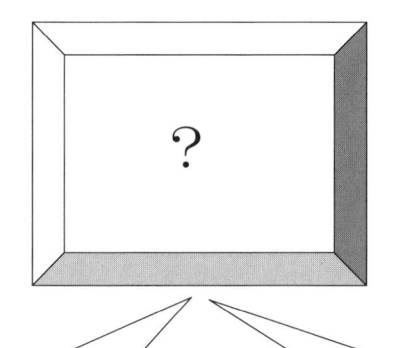

```
        ┌─────────────┐
        │      ?      │
        └─────────────┘
         ╱           ╲
```

ペ・サンジュンのイメージ
・優しい
・格好いい
・スポーツマン・・・

写真の背景のイメージ
・冬
・静か
・美しい
・山・海・湖などの自然・・・

◆ リュウさんが撮った写真を使うことになりましたか？
　使うことになった場合，どの写真になりましたか？

★ 冬のアナタ ★

【Sheet B】

        Task

あなたは，写真家のリュウさんです。雑誌編集者のヒデさんが，韓国ドラマの特集雑誌の表紙に，俳優のペ・サンジュンさんの写真を使いたいと思っています。あなたは，ペ・サンジュンさんの写真をたくさん撮っています。ヒデさんに電話をして，あなたが撮った写真の中から表紙の写真を選んでもらえるように売り込みましょう。
（採用されれば，100万円のボーナスがもらえます!!）

◆ あなたが撮った写真

韓国人女優チェ・キュウと雪だるまを作るペ・サンジュン
（撮影日：2月3日，撮影場所：パリ）

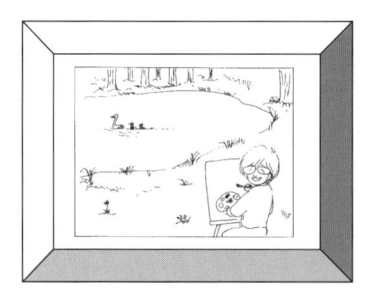

湖でひとり絵を描くペ・サンジュン
（撮影日：3月15日，撮影場所：ソウル）

子どもたちとスケートをするペ・サンジュン
（撮影日：1月10日，撮影場所：フィンランド）

◆ 表紙の写真は，使ってもらえることになりましたか？
   使ってもらえる場合，どの写真になりましたか？

3.6.17 現在形 & 過去形 & 未来表現 & 現在完了形

(1) タスク活動（活動所要時間 15 分）

★ねらい
- 話すことの言語活動を通して，自分と相手の経験や希望を考慮に入れ，候補の中から行き先を決定することができる。
- 場面に応じて，動詞の現在形，過去形，未来表現および現在完了形を用いて，行動を表現することができる。

★タスク活動のイメージ
- ペアワーク
- 状況 & 特徴
  - ・2人の生徒間の会話である。
  - ・お互い自分の希望する場所に行きたい。
  - ・4つの候補地に関する情報を比較して，2人は日帰り旅行でどこに行くのかを決める。

★評価規準

正確さ	・それぞれの候補地に関し，単に過去に行った事実を述べるときには過去形を用いることができる。 ・現在とのつながりで行ったことを述べるときは現在完了形を用いることができる。 ・現在の行動などを述べるときは，現在形を用いることができる。 ・目的地の決定など，未来のことに関しては未来表現を用いることができる。
適切さ	・相手の意見を尋ねたり，自分の意見を主張したりしながら，行き先を決定することができる。

★「振りかえりシート」のチェック事項

項目	チェック事項
Completion	☆ 日帰り旅行の行き先を決定した。
Message	❀ お互いの選んだ候補地について説明できた。 ❀ 相手の経験等を尋ねることができた。 ❀ 交換した情報をもとに，どこに行きたいのか伝えることができた。
Structures	♪ それぞれの候補地に関し，単に過去に行った事実を述べるときには過去形を用いることができる。 ♪ 現在とのつながりで行ったことを述べるときは現在完了形を用いることができた。 ♪ 現在の行動などを述べるときは，現在形を用いることができた。 ♪ 目的地の決定など未来のことに関しては未来表現を用いることができた。

★活動の工夫

・ここでは4つの時制を取り上げているが，扱う時制の数を減らし，焦点を絞った文法構造の比較を行わせる活動も考えられる。

タスク活動の会話例（日帰り旅行に行こう！）

1. (Sheet A・Sheet B の 1. に対応)
   A: Hello, this is Ann speaking. Can I talk to Ichiro?
   B: Hi, Ann. This is Ichiro speaking. How are you?
   A: Fine, thank you. And you?
   B: I'm fine.
   A: Ichiro, we are going on a day trip next week, aren't we? So I called you this afternoon, but nobody answered. Where were you?
   B: Sorry, Ann. I went to Osaka for shopping, and I've just come home.
   A: Oh, I see. I hope you enjoyed shopping there.

2. (Sheet A・Sheet B の 2. に対応)
   B: Where do you want to go, Ann?

A : Well, I'd like to go to Kinkakuji. Have you been there?
B : Yes, I've been there three times. How about you?
A : I've never been there. I've studied Japanese history for three years, so I want to visit there. Then, how about Rokko san? Have you been there before?
B : Yes. But only once. I've just started snowboarding, and it's a good place for it. Do you like skiing?
A : Yes, I like it very much, and I'm very good at it. So I want to go to Rokko san. I've never been there.

3. (Sheet A・Sheet B の 3 .に対応)
B : I want to go to USO. Have you ever been there?
A : Yes. I went there last fall. How about you?
B : I've never been there. I'm interested in the attractions, so I really want to visit there. And I'd like to go to Amanohashidate. Do you know that place?
A : Yes. I've seen it on TV. I've never been there, but I'm going there next month. Have you been there?
B : Yes, of course. I've been there twice, but I haven't visited there recently.

4. (Sheet A・Sheet B の 4 .に対応)
A : Well, where shall we go? How about Rokko san? You've just started snowboarding, and I like skiing. We can have a very good time there!
B : Oh, I prefer USO. I'm really interested in the attractions, and you like movies, right? And the entrance fee is free for us now.
A : OK, Ichiro. Let's go to USO this time, but we should go to Rokko san next winter. All right?
B : Sure.
　注) 会話では，I have を I've と短縮形で用いることが多いことも補足する。

【Sheet A】 日帰り旅行に行こう！　　　　　　　　　TA

あなたはロサンジェルスからの留学生（高校生）Ann です。
クラスメートのイチローと来週日帰りで出かけます。
電話で、お互いの行きたい場所の情報を交換し、行き先を1つ決めましょう。
（□印のついている番号は、あなたから始めます。）

1. 場所を決めるためにイチローに電話をかけます。
   今日の午後にも電話をしましたが誰もでませんでした。まず、理由を聞いてみましょう。

2. 続いて、あなたの行きたい下の2つの場所について情報を交換します。
   先に、イチローに、行ったかどうかなどを尋ねてみましょう。

あなたの行きたい場所		金閣寺	六甲山
あなた	行ったこと	なし	なし
	その他	日本の歴史の学習歴3年	スキーが大変上手
イチロー	行ったこと		
	その他		

3. 次に、下の2つの場所について情報交換をしましょう。

イチローの行きたい場所		USO	天橋立
あなた	行ったこと	1回（去年の秋）	なし
	その他	映画が大好き。	一度テレビで見た。来月行く。
イチロー	行ったこと		
	その他		

4. 二人で、下の情報を参考にして相談し、行き先を1つ決めましょう。

★	金閣寺	六甲山	USO	天橋立
目的地までの時間	3時間	1時間	2時間	2時間
当日の特典等	拝観無料　抹茶（菓子付）サービス	ボード・スキースクール2時間無料	中・高生入園無料	温泉（昼食付）無料券サービス

★★ どこに行くことになりましたか。　行き先 _____　理由 _____

【Sheet B】 日帰り旅行に行こう！　　　　TA

あなたは高校生イチローです。
クラスメートの留学生 Ann と来週日帰りで出かけます。
電話で、お互いの行きたい場所の情報を交換し、行き先を1つ決めましょう。
（□印のついている番号は、あなたから始めます。）

1. Ann から電話がかかってきます。
   あなたは家族と大阪に買い物に行き、たった今帰ってきたばかりです。

2. 続いて、下の2つの場所について情報を交換しましょう。

Ann の行きたい場所		金閣寺	六甲山
あなた	行ったこと	3回（中学の頃）	1回
	その他	京都が好き。次の春休みにも行く。	ボードを始めたばかり。
Ann	行ったこと		
	その他		

3. 次に、あなたの行きたい下の2つの場所について情報を交換します。
   先に、Ann に、行ったかどうかなどを尋ねてみましょう。

あなたの行きたい場所		USO	天橋立
あなた	行ったこと	なし	2回
	その他	アトラクションに興味あり	最近行っていない
Ann	行ったこと		
	その他		

4. 二人で、下の情報を参考にして相談し、行き先を1つ決めましょう。

★	金閣寺	六甲山	USO	天橋立
目的地までの時間	3時間	1時間	2時間	2時間
当日の特典等	拝観無料　抹茶（菓子付）サービス	ボード・スキースクール2時間無料	中・高生入園無料	温泉（昼食付）無料券サービス

★★ どこに行くことになりましたか。　行き先＿＿＿＿＿　理由＿＿＿＿＿＿＿＿

(2) タスク（活動所要時間 15 分）

◆ねらい
- 話すことの言語活動を通して，ものを比較検討し，自分の経験・希望から，どちらがよいかを決定することができる。
- お互いに自分の希望のものを食べにいけるよう，予定と希望を言いながら相談する中で，動詞の現在形，過去形，未来表現，現在完了形の使い分けができる。

◆タスクのイメージ
- ペアワーク
- 状況 ＆ 特徴

> - 家族で食事に行く場所を決める兄と弟との会話である。
> - 2人とも自分の希望する店に連れて行ってもらいたい。
> - 2人とも，できるだけ自分が希望する日に希望する店に行きたい。
> - 4つの店を比較して，どの店に行くのか決める。

◆評価規準

正確さ	・時制を使い分けて，自分の予定や知っている店に関する情報を相手に伝えることができる。 ・現在形を用いて，レストランの特徴などを伝えることができる。 ・過去形を用いて，過去にしたことを伝えることができる。 ・未来表現を用いて，連休中の予定などを伝えることができる。 ・現在完了形を用いて，経験したことを述べることができる。
適切さ	・相手の希望を尋ねたり，自分の希望を伝えるなどして，何を食べるのかを決定することができる。

◆「振りかえりシート」のチェック事項

項目	チェック事項
Completion	☆ 何を食べるのかを決めることができた。
Message	❀ いつ，何を食べたいのかを尋ねることができた。 ❀ いつ，何を食べたいのかを伝えることができた。 ❀ 自分の予定を伝えることができた。 ❀ 自分の希望する日に行きたい店に行けるよう説得できた。
Structures	♪ 現在形を用いて，レストランの特徴などを伝えることができた。 ♪ 過去形を用いて，過去にしたことを伝えることができた。 ♪ 未来表現を用いて，連休中の予定などを伝えることができた。 ♪ 現在完了形を用いて，経験したことを述べることができた。

タスクの会話例（何食べよう？）

A: Hi, Tsutomu. Are we going to have a good meal during the holidays in May?

B: Sure. I know Mom is going to take us to a good restaurant.

A: That's great. So, we should decide when and where to go. Are you busy during the holidays?

B: Uh ..., I have some plans. How about you?

A: I am busy, too. On May second, I have to practice baseball in the afternoon, because we have a game on the third. And I'm going to go to the movies with Takeshi on the fourth. On the fifth, I have to do my homework.

B: Oh, you are very busy. Well then, I have to change my schedule.

A: Uh ..., I was going to see a movie on the fourth, but I can see it around noon. Then I can join you in the evening.

B: Great. I will finish watching videos by the evening that day. Let's have dinner on the fourth.

A: OK. Then what will we have? I like Yakiniku.

B: Me, too. But, I am going to a barbeque party at Goro's on the third. So, I probably won't want to eat meat so much.

A: That's too bad. Well then, what do you want to eat?

B: How about sushi? I think our mother knows a very popular sushi restaurant.

A : Sorry, Tsutomu. We are going to have sushi after the baseball game on the third. So, how about Chinese food? I know a great restaurant.

B : Um, I had subuta (酢豚) yesterday, so I don't want to eat Chinese for a while.

A : I know that, but they have delicious Peking duck. I've never eaten that. And you always say you want to try something new. Let's try it!

B : You are right, Makoto. Then, on the fourth, we'll go to the Chinese restaurant.

A : Yes. Let's go tell Mom right now.

B : OK.

第3章 タスク活動・タスクの具体例と評価 213

【Sheet A】 何食べよう?　&Task

あなたは中学生のマコトです。
今度の<u>連休中</u>に、一度、家族で食事に出かけます。
いつ、何を食べに連れて行ってもらうか、弟のツトムと相談して決めましょう。

- 魚よりも肉の方が好き。
- おいしいものを、お腹いっぱい食べたい。

あなたのスケジュール

↓今日　　　　　　☆☆ 連休 ☆☆

	28(火)	29(祝)	30(木)	1(金)	2(土)	3(日)	4(祝)	5(祝)	6(水)
予定	友達の家で焼肉パーティー	おじさんとパスタを食べに行く	家族でドライブ	放課後野球の練習	午後野球の練習	野球の試合。その後、回転寿司へ	タケシと映画を見る	図書館で一日宿題をする	宿題提出

お母さんが決めたお店の候補

中華	イタリアン	寿司	焼肉
高級料理店。北京ダックが食べられる。	最近オープン。おいしいパスタで有名。雰囲気もオシャレ。	今、大人気。	牛タンで有名。安くておいしい。若者に人気。

★★　いつ、何を食べに行くことになりましたか。

いつ	何を	理由

【Sheet B】 何食べよう？ ≛ Task

あなたは中学生のツトムです。
今度の<u>連休中</u>に，一度，家族で食事に出かけます。
いつ，何を食べに連れて行ってもらうか，兄のマコトと相談して決めましょう。

- ふだん食べられないものが食べたい。
- 有名な店や，人気の店に興味がある。

あなたのスケジュール

↓今日 　　　☆☆連休☆☆

	28(火)	29(祝)	30(木)	1(金)	2(土)	3(日)	4(祝)	5(祝)	6(水)
予定	ビデオを借りに行く	家で夕食に酢豚を作る	家族でドライブ		友達と買い物	ゴロウの家でバーベキュー	見ていないビデオを見る	家で宿題をする	英単語テスト

お母さんが決めたお店の候補

中華	イタリアン	寿司	焼肉
高級料理店。	最近オープン。おいしいパスタで有名。雰囲気もオシャレ。	今、大人気。いろんなお寿司が食べられる。	牛タンで有名。安くておいしい。若者に人気。

★★　いつ，何を食べに行くことになりましたか。

いつ	何を	理由

第 4 章
小・中・高等学校における英語教育の連携

　実践的コミュニケーション能力の育成のためには，小学校から中学校，高等学校までを視野に入れ，各段階の英語教育を有機的に連携させることが必要不可欠である。すなわち，より効果的に児童・生徒の能力を伸長するためには，各段階における英語教育のみを考えるのではなく，他の段階の英語教育の現状にも目を向け，小学校から高等学校へと一貫性を有する英語教育の「縦」の連携を構想する視点が必要なのである（村上 他 2003 参照）。
　第4章では，タスクを志向した活動（TOA），タスク活動（TA），タスク（Task）といった言語活動の実践例を紹介する。このような言語活動を実施する際に重要なことは，単に英語を使用させる機会を与えるだけでなく，実施する言語活動がどのような能力の育成に寄与しているのかということを，教師が明確に認識していることである。各段階において，児童・生徒につけさせたい能力やレベルを目標として設定し，それらの目標を達成するために各言語活動を実施しなければ，児童・生徒の能力の効果的な育成は難しい。また，各段階の年間カリキュラムの中で言語活動を計画し，より効果的に実施するためには，学習者が前段階で学習してきたことを把握すると同時に，その後に学習される内容も見通して指導を行わなければならない。
　小学校に関して言えば，リズムやイントネーション等の音声言語を中心とした「実践的コミュニケーション能力の基盤」（東野・髙島 2003）の育成が目標となる。この段階で求められる言語活動とは，単に英語に触れさせるだけではなく，実施された言語活動で培われた力が中学校の英語教育の中でさらに伸長されるような活動である。この段階は，文法という形式での学習ではなく，音声言語を中心とした学習に適した時期であることから，タスクを志向した活動（TOA）の中でも音声言語の能力の育成を目的とした活動を取り入れることが重要である。

中学校の学習指導要領においては,「実践的コミュニケーション能力の基礎」の育成が目標とされている。したがって,ここでは高等学校で目標とされる「実践的コミュニケーション能力」の育成を念頭に置きながら,実施する言語活動を決定することが必要である。この段階は,文法を学習する初めての段階であるため,言語形式にも焦点を当て,正確かつ適切な言語の使用に生徒の注意を向けさせる TA のような活動の実施が必要となる。また,小学校での「英語活動」の取り組みで培われた能力を活かし,伸長させることと,高等学校で実施される Task を遂行できる能力の基礎を育てるということにも留意し,言語活動を実施しなければならない。

　高等学校においては,実際のコミュニケーションの場面で英語を運用することのできる「実践的コミュニケーション能力」の育成が目標として掲げられている。したがって,その目標達成のためには,言語活動の中でもより現実のコミュニケーションに近い Task を実施する機会を,中学校段階よりも数多く与えることが必要である。Task 実施の際には,中学校で指導されてきた語彙や文法項目を考慮すると同時に,それまでに生徒が行なってきたと思われる言語活動との連携を考えなければならない。

　小,中,高等学校の連携という「縦」の連携を確実なものとするためには,各段階の中で指導内容や方法を研究開発し,そこで得られた成果を共有していくという「横」の連携を強める必要があることは言うまでもない。そこで,次項からは,小,中,高等学校における具体的な実践例を紹介する。それらの実践例は,「横」の連携と同時に,各段階とその他の段階との連携という「縦」の視点からも検討され,実践されたものであり,今後の日本の英語教育における小,中,高の連携の新しい方向性を示している。さらに4.4では,限られた授業時間数の中で,どの言語活動にどれだけの時間を割り当てるのかという点について論じ,今後のカリキュラムのあり方への示唆を与える。

4.1 小学校における実践と評価

4.1.1 小学校英語のめざすもの
4.1.1.1 小学校英語の実態と目標

　2002年度に「総合的な学習の時間」が新設され，小学校においては，その中で「国際理解に関する学習の一環として外国語会話等」を行うことができるようになった。ここでいう「外国語会話」では，児童が外国語に触れたり，外国語の背景となるような生活や文化に慣れ親しんだりするような活動をしていくことが期待されている。外国語の中でも，「世界の多くの場面で話されている言語であることや子どもが学習する際の負担などを考慮して」英語を取り上げることが適当であると考えられる。

　2003年度は，全国の88.3パーセントの小学校で何らかの形で小学校英語が実施されおり，年間4時間から11時間実施されている割合が最も高い。指導者については，英語専任や中高の教師が指導している授業は全体5パーセント前後にすぎず，担任が関わっている授業は全学年で85パーセントを超えている（日本教育新聞 2004年6月25日）。

　内容的には，英語に慣れ親しむことに主眼をおき，英語を使った歌・ゲームが全学年94パーセントを超える割合で，また，あいさつなど簡単な英会話の練習が中・高学年では80パーセントを超える割合で実施されている。ネイティブ・スピーカーの起用による音声中心の活動，また社会科などの他教科との連携を意識した活動，その他，数・色・動物・食べ物などが活動のテーマとして取り入れられている。ここでは，「小学校英語」の目標が明確に示されていなかったり，また，目標に沿った年間カリキュラムも作成されていなかったりする場合もあり，多くの学校では，時間的にも内容的にも手探りの状態で英語活動を行っている[1]。

　このような実態の中では，まず，「小学校英語」の目標を設定する必要がある。東野・髙島（2003）は，児童の言語発達や学習環境を踏まえて，「小学校英語」教育の目標を，「外国語を通じて，異文化に対する関心を高め，積極的にコミュニケーションを図ろうとする態度の育成を図り，聞くことや話すこと

---

[1] 2002年度に実施された全国56％の小学校のうち，年間1〜11時間実施している割合が最も高く，63％に上り，2003年度では，年間4時間〜11時間実施している割合が最も高い（日本教育新聞 2004年6月25日）。

の実践的コミュニケーション能力の基盤を養う。」（資料1 p. 235 参照）と設定している。また，小学校英語では，音声言語中心の言語活動がなされ，特に，実践的コミュニケーション能力の基礎の基礎であるリズム，強勢，イントネーションを身につけた上で，最終的には第二言語習得理論研究で有効とされるタスク（Task）に繋がるタスクを志向した活動（Task-Oriented Activity 以下，TOA）を行う必要性がある（1.1.2参照）。

小学校における TOA とはどのような活動を指すのであろうか。これまで多くの学校で，英語に慣れ親しむことを目的として，ゲーム，歌，チャンツなどの活動が実施されている（図4-1のAの部分）。これらのほとんどは，入門期の英語として様々に工夫を凝らした活動のため，小学校英語の導入としては成功している。しかし，これらの活動の後には，第6学年終了時の明確な到達目標がない状態である。児童は，ゲームや歌などを楽しみ英語に親しんでいるが，これらの活動は，小学校の国語科の目標でもあると同時にコミュニケーションの基本である，言葉を使って「相手に伝える」という条件を十分に満たしていないことになる[2]。また，活動内容においても，児童は，母語を自由に操り，十分にコミュニケーションがとれるまでに言語発達しており，英語で発音する言葉と生活言語に著しく差があり，高学年では活動の意欲が低下するといった実態も見られる。

このような状況を打開するためには，ゲーム，歌，チャンツや定型練習など従来からなされている活動を通して，リズム・強勢・イントネーションなどの基礎を培いながら，図4-1のBが示すような目標達成のための課題解決を図る活動が展開されることが求められる。Bの活動には，Aの活動のようにモデル・ダイアローグなどを定型練習することから始まるが，それを変化させたり，付け加えたりしながら発展させていく活動が含まれる。つまり，図4-1のAとBの両方の活動を通して課題が達成され活動が完結することとなる。これが，TOAであり，小学校段階で期待される活動の全体像となる。

4.1.1.2　小学校における「タスクを志向した活動（TOA）」の特徴

ここで「タスクを志向した活動（TOA）」について再度，整理しておくこと

---

[2] 筆者らの5・6学年の児童103名のアンケートの結果，100％の児童が英語によるゲームや歌を楽しいと感じている。

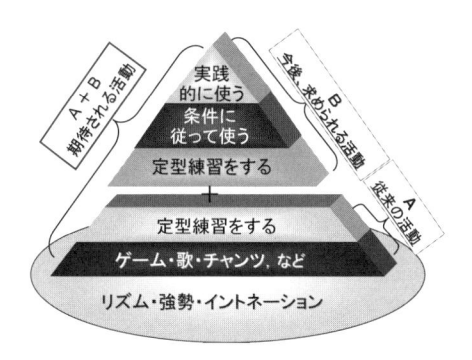

図 4-1　タスクを志向した活動

とする。TOA とは，
　(i) 言語を用いて課題解決をする目標がある。
　(ii) 2 人以上による情報の授受・交換を行う。
　(iii) 話し手と聞き手に情報（量）の差がある。
　(iv) 指定されたモデル・ダイアローグなどに従って活動する。
という 4 つの特徴を持つ（1.1.2 参照）。小学校段階ではこの 4 つの条件に加え，表現内容や方法を児童が選んだり決定したりできる自由度を持つことになり，児童が主体的に活動できる。

　小学校段階では，活動において具体的な場面や内容が設定されており，その場面で言語を使えることが目的となり，より意味内容（メッセージ）の伝達に重きをおいた活動となる（図 4-2）。そこでは，「絵本を作る」や「買い物をする」といった課題を達成する過程で英語を使うという意味で「タスクを志向し

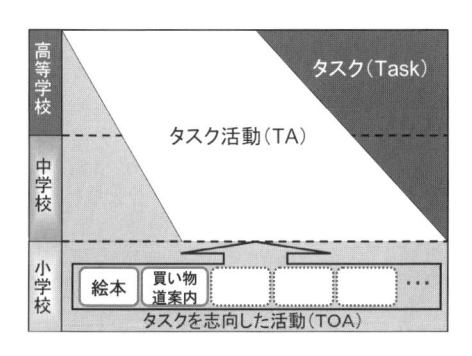

図 4-2　学校種による TOA

表 4-1　小学校段階と中学校以降の TOA の比較

タスクを志向した活動（TOA）			
	小学校段階		中学校以降
	絵本を題材	身近な生活を題材	
活動例	・オリジナルの『ブラウンベア』を作ろう ・自分たちの絵本 The Lost Teddy を作ろう	・誕生日のプレゼントを買いに行こう（向かいのトトロ） ・フリーマーケットを開こう	・冬休みはどこに行く？（4.2.2.2 参照）
活動目標	・独自のお話を作る，発表する。	・条件にあった買い物ができる。	・目標文法項目が使える。
モデル・ダイアローグ	・絵本の文や会話などをモデル・ダイアローグとして用いる。	・既習のモデル・ダイアローグを場面や条件などに合わせて用いる。	・モデル・ダイアローグが与えられている。
目標文法項目			・文法項目がある。
活動の特徴	・自由度が高く，児童の独創性を生かした活動をする。活動過程を重視する。	・既習の会話例を使ってやりとりする。	・目標文法項目を使って条件にあった活動をする。

た活動（TOA）」なのである。これとは異なり，文法指導などがなされる中学校以降では，より言語形式に重きをおいた活動となる。小学校段階の TOA は，中学校以降のタスク活動（TA）やタスク（Task）へと繋がっていく要素を含む活動となる（4.2.2.3，4.3.3 参照）。

　表 4-1 は，小学校段階と中学校以降の TOA を実践例を比較し，主な特徴をまとめたものであるが，両者の違いについて少し詳しく見ていくことにする。

　TOA は，原則として，前述の 4 つの条件を満たす活動を指すが，小学校段階と中学校以降では，図 4-2 や表 4-1 が示す通り，活動が異なり，特に，条件(i)(iv)に関して違いが見られる。まず，条件(i)は，例えば，小学校段階では，「2 年生に聞かせてあげる」「オリジナルの話を作る」などの活動そのものの課題を解決することとなり，活動を自由に作ったり，発表方法を考えたりする言語使用以外の部分も含まれる。これに対して，中学校以降では，「冬休みのスケジュールを決める」という課題解決のために特定の言語構造の使用が求められる活動なのである（4.2.2.2 参照）。

　次に，条件(iv)は，構造シラバスに則って学習していく中学校以降では，活動ごとに指定された文法構造があり，それを使って活動を進めていくこととな

る。小学校段階では，文法構造の指導を主たる目的としないため，本稿の絵本を使った実践のように特定のモデル・ダイアローグを示し，それらを使うことが期待される活動もあるが，使わない活動もある。また，小学校では文字指導が導入されていない場合が多く，練習のためのモデル・ダイアローグは，音として捉えることが多くなる。一方，中学校以降では，文法項目やモデル・ダイアローグのみならず，使用されるべき単語なども文字を介して提示されるので，文法項目に関する制約が小学校と比べると強くなる。これは，小学校での英語は，主に「総合的な学習の時間」の枠組みの中で活動方法や内容が多様な形で実施されていることと，中学校以降が教科として英語教育が実施され，学習指導要領によって目標や内容が明確に示され，構造シラバスに則った教科書があることの違いによるものでもある。

　さらに，授業の目標に関して，小学校という発達段階では，「活動を通して学ぶ」「体験自体が学びとなる」という体験そのものに価値をおく向上目標が多くなるが，中学校以降では，教科として実施されているために達成目標が多くなる[3]。つまり，小学校段階での TOA では，多様な方法で活動し，より多くの体験を積み重ね，それが，中学校以降の TOA での系統的な指導によって整理されていくものと考えられる。

　小学校では，場面や状況を考えながら児童の生活体験に合ったカリキュラムを作成し活動する中で，文法指導は意図しない。しかし，必然的に，定型表現などを使っていくことを通して児童は文法項目に触れていることになる。例えば，表 4-2 のカリキュラム例の示すように，3 学年の教材 *Where Are You Going?* を使った活動では，疑問詞 *Where* と現在進行形の近未来を表す表現や不定詞の用法に触れていることになる。このような小学校での英語が音声から入ってくるような経験が，中学校以降での文法構造を意識して学習していくことに繋がると考えられる。

---

[3] 達成目標は「特定の具体的な知識や能力を完全に身につけることが要求されるといった目標を指す。(気づく，わかる，できる)」
　　向上目標は「ある方向へ向かっての向上や深まりが要求されるといった目標を指す。(…しようとする)」と定義されている。(神戸大学発達科学部附属住吉小学校 2002)

表 4-2 [タスクを志向した活動] のカリキュラム例（1 モジュール《M》は 15 分）

学年	絵本を題材とした活動	モデル・ダイアローグなど	身近な生活を題材とした活動 買い物	モデル・ダイアローグなど
1年	*A New Dog* 「おはなしをきこう」(3時間・9M)	I want ～.		
2年	*What a Bad Dog!* 「お話をきいてまねしよう」(3時間・9M)	What a bad dog!	買い物しよう (1) 買い物に行こう (買い手) (2時間・6M)	A: Excuse me. B: Yes? A: How much? B: ___ yen. A: OK. B: Here you are. A: Thank you
3年	*Where's Spot?* 「スポットの新しい友をさがそう」(4時間・12M) *Where Are You Going?* 「えいごの手をしよう」(4時間・12M)	Is he behind the door? No. Where are you going? To see my friend!	買い物しよう (2) お店屋さんになろう (売り手) (2時間・6M)	A: Excuse me. B: Yes? A: How much? B: ___ yen. A: I'll take it. B: Here you are. A: Thank you.
4年	*Have You Seen My Cat?* 「1学年生にネコさがしの話を聞かせてあげよう」(6時間・18M) *Does a Kangaroo Have a Mother, too?* 「オリジナルテープを作ろう」(6時間・18M)	Have you seen my cat? This is not my cat. Does a kangaroo have a mother, too? Yes. A kangaroo has a mother. Just like me and you.		
5年	*Brown Bear, Brown Bear, What Do You See?* 「オリジナルの『ブラウンベア』を作ろう」 (7時間・21M) *From Head to Toe* 「同じ学年の違うクラスの友だちに話を聞かせてあげよう」(7時間・21M) *The Lost Teddy* 「自分たちの絵本 *The Lost Teddy* を作ろう」(3時間・9M)	Brown Bear, Brown Bear, what do you see? I see a ～ looking at me. I am a penguin and I turn my head. Can you do it? I can do it.	誕生日のプレゼントを買いに行こう (街かくのトコロ) (1時間・3M) フリーマーケットを開こう (6時間・18M)	A: Excuse me. Can you help me? B: Sure. A: This is good! (Beautiful! / Great!) How much? B: ___ yen. A: It's expensive. Discount, please. B: ___ yen? I'll take it. B: Here you are. A: Thank you.
6年	*Polar Bear, Polar Bear, What Do You Hear?* 「オリジナルの『ポーラーベア』を5年生に聞かせてあげよう」(10時間・30M)	Polar Bear, Polar Bear, what do you hear? I hear a lion roaring in my ear.		

4.1.1.3　タスクを志向した活動のカリキュラム例

　以上説明したような小学校段階における TOA を実際に行うとどのような活動になるのであろうか。表 4-2 では，「絵本を題材とした活動」「買い物を題材とした活動」の 2 つの TOA の例を示しているが，ここでは，「絵本を題材とした活動」を取り上げて説明していくこととする。

4.1.1.3.1　絵本の有用性と絵本を教材とした「タスクを志向した活動」

　英語学習に絵本を取り上げることは，次の 2 点から有効であると考えられる。

　1 点目は，絵本の絵の効果である。絵本の絵に大きな力があると考えられる。絵は読者に多くの言葉を語りかけ，この言葉によって読者はイメージを膨らませていくのである。

　2 点目は，「読み聞かせ」による効果である。絵本の読み聞かせは，子どもにとって，耳で言葉を聞いて，目で絵を読む活動である。つまり，「子どもは，絵本を「目」と「耳」で読む」（三森 2002）ことになる。そこでは，文章と絵とが同時に読者の心に届き，「耳から聞いた言葉の世界と目で見た言葉が子どもの中で一つになり」（松居 2001），物語を感じ，理解するのである。学級のような集団で読み聞かせをする場合は，読者が耳と目を使うことで集中して話を聞き，全員で同じ時間経過の中で作品を共有することができる。

　英語学習においても，絵本を教材として使用することは，日本語で絵本を読むときと同じように効果が期待できる[4]。英語絵本を読み聞かせする時，子ども達は，目からの言葉を多く受け取りながら同時に耳から英語の言葉を聞いている。最初，英語がわからなくても，絵から発する言葉や英語の表現（声の大きさや言い方，喜怒哀楽の表現，間の取り方）を手がかりにイメージを膨らませ，物語を理解していく。目からの言葉と耳からの言葉を子どもが自分の中で一つにし，物語と英語を理解することができるのである。また，学級集団で聴くということで意見交流をすることが可能となり，さらに，理解を深めることがで

---

[4] 本項では，基本的には小学校英語で文字指導をせず，音声を中心にした活動をすることが望ましいとしているが，絵本を教材に使うことは自然と文字による英語表現を提示していくこととなる。児童は，書かれた英語の言葉（文）をひとかたまりとしてとらえ，耳で覚えた言葉（文）とともに理解していくことができると考えられる。絵本を題材とした活動では，音と文字の関連や書かれた文と耳からの言葉の関連を朧気ながら感じとるなど児童の気づきが見られると考えられる。

きる。

　表4-2のカリキュラム例に取り上げた「絵本を題材とした活動」は，構造シラバスではなく絵本のモデル・ダイアローグの難易や場面のわかりやすさなどから配列している。例えば，3学年の *Where's Spot?* は，疑問詞や場面ごとに異なった前置詞が多く使われているが，言葉の意味が視覚的に理解できるよう工夫された，しかけ絵本（箱の蓋やクローゼットのドアが開く）である。また，子どもが親しみやすい動物が主人公で，親犬が子犬を探しているという場面設定がわかりやすいなどの特徴があり，3学年という発達段階でも取り上げることは可能である。また，4学年の *Have You Seen My Cat?* では，現在完了形が使われているが，質問に対する応答が動作で示され，主人公の言葉である"Have you seen my cat?"と"This is not my cat."の定型表現のみであり英語を発音することの負担は大きくないと考えられる[5]。

　また，英語学習に使う絵本は，絵は子どもが興味を持つものや同世代の登場人物が出てくるもの，また，何を表しているかはっきりわかり，色彩豊かなものが適していると考えられる。文は1つか2つの定型のモデル・ダイアローグで繰り返しがあるもの，聴いていて楽しく，発音してみたくなるようなリズミカルなものが適していると考えられる。

4.1.1.3.2　「ごっこ遊び」から「タスクを志向した活動」へ

　「タスクを志向した活動（TOA）」は，絵本を教材としたものの他に，「買い物」や「紹介・道案内」など身近な生活を題材にして実施することが可能である。ここで買い物を例にとってTOAを考えていく。

　買い物をテーマにした活動としては，物の売り買いについての定型表現，例えば，物の値段を尋ねる（*How much?*），値段を答える（〜 *yen.*），品物を買う（*I'll take it.*）というような流れで，ごっこ遊びとして商品を並べ買い物をするという活動に留まっている場合が多い。その中には，「友だちの誕生日にお小遣いの中からプレゼントをなるべく安く買う。」というような活動目標の設定がなく，また，値札などがあり，お互いに値段を知っているのに，"How much?"と値段を尋ねるなど，話す必然性や情報の差がない場合もあり，活発

---

[5] 通常，定型表現は，"How are you?" "How do you do?" などの決まった表現（routines）を指すが，本項では，活動や絵本の中で使用されている表現（patterns）で，容易に記憶できること，その一部を置き換えて使える表現を含めて定型表現と定義する（Crystal 1992）。

表4-3 身近な生活を題材としたプロジェクト例

題材名	フリーマーケットを開こう
対象	5学年
ねらい	・物を売り買いする中で積極的にコミュニケーションを図ろうとする。 ・フリーマーケットを開く活動を通して，物の売り買いに関する英語での簡単なやりとりをすることができる。 ・フリーマーケットに興味を持ち，調べることができる。
単元構想 （全6時間・ 《18 M》）	① フリーマーケットってなあに？ 　　フリーマーケットについて歴史や意味を調べる。 ② 開くお店を考え，買い物に使う言葉を日本語で考えよう 　　買い物に使う表現を日本語で考え，ALTに英語に訳してもらい練習する。 ③ フリーマーケットを開く準備をしよう 　　自分の家から品物を持ってきて，グループで一つお店を作り，それらの値段を決め，品物の名前を書くなどお店を作り売る準備をする。 ④ フリーマーケットを開こう 　　実際に品物を売る交渉をする。品物の状況を聞いたり，値段を交渉したりして買い物を成立させる。

に見える活動でも暗記された定型表現の display に過ぎないこともある。

そこで，「タスクを志向した活動」では，表4-2の年間カリキュラム例にあるように，低学年では，定型練習として買い物に使う表現を十分に会話練習して身に付ける活動をする。高学年では，その会話を使いながらそれぞれが違った情報（売り手，買い手になる，自分の予算に合うように値段の交渉をする，自分の売りたいものを進めるなど）を TOA シート（資料2 pp. 239-240参照）から得て，買い物を成立させる活動や，「フリーマーケットを開こう」や「ピザの注文をしよう」など活動の目的がはっきりしており，さらに自分たちで値段を設定したり，交渉したりできる活動を計画する。

例えば，「フリーマーケットを開こう」という単元のねらい，単元構想，活動については，表4-3が示す通りである。

この活動は，フリーマーケットを開き，自分の持ってきた物を売るという活動に目標があり，既習のモデル・ダイアローグを使う，発展させる，品物の状況を知る（尋ねる），あるいは値段を知る（尋ねる）などして値段を交渉（意見を交換）しながら，活動を進めていくこととなる。

この活動では，子ども達が品物や値段を自由に設定でき，創意を生かして店を作るなど工夫できる余地がある。さらに，フリーマーケットという設定で，

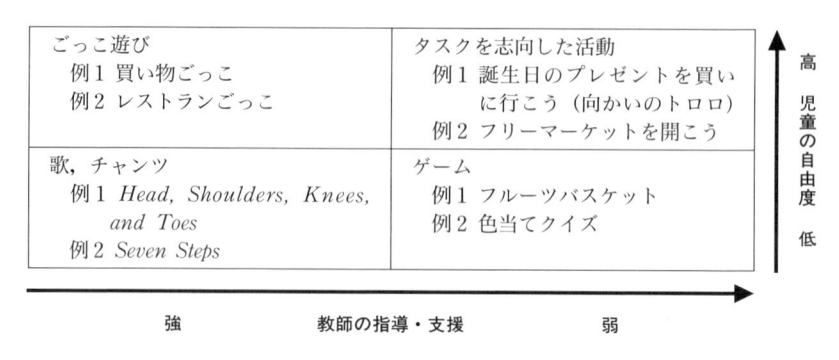

ごっこ遊び	タスクを志向した活動
例1 買い物ごっこ 例2 レストランごっこ	例1 誕生日のプレゼントを買いに行こう（向かいのトトロ） 例2 フリーマーケットを開こう
歌，チャンツ	ゲーム
例1 *Head, Shoulders, Knees, and Toes* 例2 *Seven Steps*	例1 フルーツバスケット 例2 色当てクイズ

縦軸：児童の自由度（高↑低）
横軸：教師の指導・支援（強→弱）

図 4-3　小学校段階におけるタスクを志向した活動と児童の自由度

社会で実際に行われていることを子どもの手で作り，仮想現実を教室内に取り入れることが可能であることから，活動が現実化し，ごっこ遊びに終わらず，子ども達が興味を持ってモデル・ダイアローグを使いながら活動できると考えられる。これらの活動を進めて行く上では，児童の活動の自由度と教師の指導・支援の度合いが鍵となり，これをまとめると図4-3のようになる。

図4-3が示すように，児童が「品物を決める」，「店を作る」，「値段を決める」など児童の自由度の高く教師の指導・支援が弱い活動となる。

4.1.2　絵本を教材とした小学校のTOAの実践

TOAの絵本を教材とした活動の例から，まず5・6年の連携を意図した実践（《オリジナルの『ブラウンベア』を作ろう》と《オリジナルの『ポーラベア』を5年生に聞かせてあげよう》）を，次に，5年の実践（《自分たちの絵本 *The Lost Teddy* を作ろう》）について述べていくこととする。

4.1.2.1　5・6学年の連携を意図した実践

《オリジナルの『ブラウンベア』を作ろう》（5学年）

この活動は，英語絵本 *Brown Bear, Brown Bear, What Do You See?* (Eric Carle絵，Bill Martin, Jr. 作) をもとに，自分たちで登場人物に変化を加える，発表方法を考えるなど，主体的な活動を取り入れて実施する。内容は，熊，鳥，馬などいろいろな動物が，"Brown Bear, Brown Bear, what do you see?"などと次々と登場してくる動物に問いかけていき，それに対して問いかけられた動物が自分の見ている動物を，例えば，"I see a red bird looking at

表 4-4　小学校 5 学年と 6 学年の連携を意図した実践例（5 学年）

題材名	オリジナルの『ブラウンベア』を作ろう
対象	5 学年
ねらい	・オリジナルの『ブラウンベア』をグループで協力して作ろうとする。 ・『ブラウンベア』に使われている簡単な英語表現を知る。 ・話のおもしろさやリズムの楽しさを味わい，正しく発音できる。
単元構想 （全 7 時間， 21 モジュール《M》）	① 『ブラウンベア』のお話を聞こう（3 M） ② オリジナルの『ブラウンベア』を作る準備をしよう（8 M） ③ 中間発表会をしよう（6 M） ④ 『ブラウンベア』の発表会をしよう（4 M）

me."というように答えていくものである。動物は色彩豊かで，児童の興味をそそり，色と動物の名前を同時に学習できる教材である。この絵本を使った活動のねらいと単元構想を表 4-4 に示している。

　この実践は，「オリジナルの『ブラウンベア』を作る」ということを目標とし，モデル・ダイアローグを使って活動することとなる。単元構想に沿って活動の詳細について少し説明していく。

① 『ブラウンベア』のお話を聞こう

　児童の聴覚と視覚に訴えるために，パワーポイントを使って挿絵を提示し，ALT の録音テープを使い読み聞かせをする。その後，クラス全体で挿絵を一場面ずつ紙芝居のようにシートにしたものを見ながら英語表現の練習をする。次に，繰り返し録音されたテープと挿絵のシートを各グループに配布し，絵で表されている場面と英語の言葉が児童の頭の中で結びついていくよう発音練習をする。

　この時，児童が言いたいところを何度でも自主的に練習できるように配慮する。

② オリジナルの『ブラウンベア』を作る準備をしよう

　各グループで発表方法や発表内容を考えていく。活動の最初に表現を考えていく手がかりとして，①で使用した ALT の録音テープに加えて，2 種類のテープ（動物の声らしく表現し，抑揚をつけ楽しく録音されたテープ，

動物の鳴き声が挿入されているテープ）を聴く。発表方法としては，劇，紙芝居など考える。内容は，登場する動物を変える，呼びかけ役の人を登場させる，動物の色を変えるなどしてオリジナルの『ブラウンベア』を作っていく。小道具などの準備をし，発表の練習をしていく。

　ここでは，①の活動と同様に各グループに録音テープとカセットデッキを準備し，児童が自由に発音練習ができるようにし，発表方法，話の内容など，児童が自分たちで変化を加えたり，決定したりできるようにする。

③　中間発表会をしよう

　各グループの発表を聞き，発音やリズム，話の内容，表現等の相互評価をし，よかったところやアドバイスなど意見を交流する。それをもとに，グループで再度話し合って修正し練習する。他のグループのよいところや表現の工夫などにも気づき，自分たちのグループに取り入れるなどしてよりよいものに仕上げていく。
　アドバイスを受けた後，教師は，グループでいかに意見を摺り合わせ，協力して作り上げていくか助言する。

④　『ブラウンベア』の発表会をしよう

　中間発表会後，各グループが修正した点を明らかにし，発表会をする。各グループの発表を聞いてお互いによかったところを交流し合って活動のまとめとする。この時，中間発表と比較して良くなった点について相互評価する。

《オリジナルの『ポーラベア』を5年生に聞かせてあげよう》（6学年）
　5学年での活動と連携を考え，共通性・連続性を持たせながら，発展的な学習をさせることを意図して，同じ作者の作品を取り上げる。また，活動も5学年での経験を生かしながら，より高度なねらいとなるように設定する。
　取り上げた *Polar Bear, Polar Bear, What Do You Hear?*（本論では，以下，『ポーラベア』と記す）は『ブラウンベア』と同様に，英語圏では，広く親しま

表 4-5　小学校 5 学年と 6 学年の連携を意図した実践例（6 学年）

題材名	オリジナルの『ポーラベア』を 5 年生に聞かせてあげよう
対象	6 学年
ねらい	・『ポーラベア』をグループで協力して，内容が 5 年生にわかるように作ろうとする。 ・『ポーラベア』に使われている単語や表現を知り，継続して英語に興味を持つ。 ・話や言葉のおもしろさやリズムの楽しさを味わい，正しく発音できる。
単元構想 (全 10 時間， 30 モジュール《M》)	① この音何の音？（3 M） ② 『ポーラベア』のお話を聞こう（3 M） ③ 5 年生に聞かせるオリジナルの『ポーラベア』の準備をしよう（12 M） ④ 事前発表会をしよう（8 M） ⑤ 5 年生にオリジナルの『ポーラベア』を聞かせてあげよう（4 M）

れている絵本である。シロクマ，ライオン，シマウマなどの動物が次々と登場し，"Polar Bear, Polar Bear, what do you hear?" という呼びかけを聞いて，"I hear a lion roaring in my ear." というように答えていく展開である。この絵本には 10 個の動物特有の擬態語が出ている。

『ブラウンベア』と同様に本活動のねらいと単元構想を表 4-5 に示している。

この実践は，「5 年生にわかるオリジナルの『ポーラベア』を作る」ということを目標とし，モデル・ダイアローグに従って活動することとなる。単元構想に沿って活動の詳細について説明していく。

① この音何の音？

　　最初に動物の鳴き声クイズをする。鳴き声からその動物を予想した後，ビデオで動物の生態を見ながら答えを聞き，同時に日本語の擬態語や擬音語で，どう表すかについても考えていく。

　　児童にとって難しい擬態語の学習に興味が持てるようにクイズ形式で導入し，ビデオを使って，視覚と聴覚で擬態語を認識できるようにする。次に，英語の擬態語を知らせ，動物の名前とその動物の鳴き声を表す擬態語

---

[6] この実践では，5 学年という発達段階やローマ字が既習であることから，文字に強い関心を示す児童がおり，絵本の中の単語や文を何とか読みたい，書いてみたいという要求が見られた。『ポーラベア』では，擬態語（例えば，*fluting*）の英語の横に動物の英語（例えば，*flamingo*）を同時に提示して，英語表現を練習するときの記憶を助けるようにした。練習後，単語の最初の文字と発音の関係（フォニックス）に気付く児童がいて，さらに関心が高まった。

を結びつけて発音練習をさせる。
　動物の絵と鳴き声や動作を表す擬態語を書いたカードをセットで同じ色で示し，ALTの録音テープを聴きながら練習することによって，動物と擬態語を結びつけさせる[6]。

② 『ポーラベア』のお話を聞こう

　「『ブラウンベア』のお話を聞こう」と同様に，パワーポイントと録音テープを使って話を提示する。擬態語をよく聞き取るために，2回繰り返して聞く。クラス全体で絵本を見ながら，ALT録音のテープを使って発音練習をする。各グループに分かれて，絵本と録音テープ使って練習するが，それぞれの動物によって擬態語が違うために，絵本に登場する動物の順序に即して発音練習をする。
　児童が自主的に練習できるように，各グループにテープとデッキを準備する。

③ 5年生に聞かせるオリジナルの『ポーラベア』の準備をしよう

　5年生にわかるオリジナルの『ポーラベア』の発表方法をクラス全体で話し合う。その後，各グループで，劇，ビッグ紙芝居，ペープサート，絵本など発表方法を決め，登場人物をどの動物にするか，鳴き声・動作の工夫など考えていく。
　5年生に聞かせるという相手意識を持って，どうすればわかりやすく伝えることができるか工夫させる。

④ 事前発表会をしよう

　クラス内で発表会をし，それぞれのグループのよかったところや工夫したところ，もう少し直した方がよいところを相互評価し合う。
　アドバイスをもとに，グループで協力してよりよいものへ修正していこうという意欲が持てるように具体的にカードに書かせ，各グループで交換できるようにする。発表準備だけでなく，5年生へのミニレッスンや質問

タイムなどの計画を立てさせてもよい。

⑤　5年生にオリジナルの『ポーラベア』を聞かせてあげよう

　　5年生を招待して発表会を行う。発表後，5年生から感想を聞く。5・6年を交えたグループに分かれ，『ポーラベア』のミニレッスンなどを行う。
　　ここでは，事前発表会でのアドバイスを生かし，5年生にわかるようにという目的意識を持って取り組ませる。ミニレッスンや質問タイムをとることで，これまで学習してきたことのまとめとする。

4.1.2.2　5学年の実践
《自分たちの絵本 The Lost Teddy を作ろう》
　英語に対する学習意欲は，「これを英語で言いたい。」「この英語の意味が知りたい。」という気持ちにより高められる。絵本を効果的に使って好奇心を導きながら，児童の母語の言語感覚を生かし，「自分たちの英語絵本を作る」という活動を実施する。
　活動で取り上げたのは英語絵本 Oxford Reading Tree シリーズの一冊である。このシリーズはイギリスの子どもたちが母国語を学ぶ際にも使用されており，対象年齢に応じて9つのステージに分けられている。1冊は10ページ程度で，キッパーという男の子とその家族を中心とした日常を話題にしており，シンプルで親しみを感じるストーリーである。このシリーズの一番初歩のステージから，絵だけの絵本 The Lost Teddy を選択した。
　The Lost Teddy は，
① キッパーがお気に入りのテディベアをバスに置き忘れて降りてしまう場面
② 忘れたことに気づく場面
③ 兄弟がキッパーを慰める場面
④ 翌日忘れ物預かり所を訪ねる場面
⑤ 幸運にもテディベアに再会できた場面

の5場面で構成されている。絵から十分に状況が把握でき，キッパーや他の登

表4-6 5学年の実践例

題材名	自分たちの絵本 *The Lost Teddy* を作ろう
対象	5学年
ねらい	・母語の表現力を生かして場面に合った言語表現を考え，それを英語で表して，自分たちの絵本を作る。 ・発音や表現方法に気をつけ，英語を聞いたり表現したりする。 ・英語絵本に興味をもち，楽しんで読む。
単元構想 (全3時間)	① 絵本 *The Lost Teddy* の登場人物の会話を日本語で考えよう（1時間） ② 日本語で考えた会話文を英語で言うとどうなるかを知ろう（1時間） ③ 絵本を完成し，自分たちの作った絵本を紹介しよう（1時間）

場人物の話し言葉が聞こえてきそうな分かりやすい展開になっていることから，一人一人が会話に対するイメージをもって活動するために適した教材である。この絵本を使った活動のねらいと単元構想を表4-6に示している。

この実践は，グループ独自の絵本を作ることを目標として活動することとなる。単元構想に沿って活動の詳細を説明していく。

① 絵本 *The Lost Teddy* の登場人物の会話を日本語で考えよう

> OHPなどを使って提示された絵本の絵を楽しみ，状況や登場人物の表情などについて話し合いながら，物語の展開を読み取っていくようにする。この活動の間に一人一人がイメージを膨らませ自分たちのもっている表現力を生かして，場面に合った登場人物の話し言葉を創作するようにする。ここでは，グループでの活動が，一人一人がアイデアを出し合って自分たちの絵本を作る協力の場になるようにする。

② 日本語で考えた会話文を英語で言うとどうなるかを知ろう

> 児童は，ALTとのコミュニケーションの中で，自分たちが日本語で考えた会話を英語でどういうのかを教えてもらう。また同時進行でALTが話す英語表現をテープに録音し，繰り返し聞いて自主的な練習に使えるようにする。
> この活動の前に児童の考えた会話文をどのような英文にするかについて

> ALTと担任の打ち合わせの時間が必要である。

③ 絵本を完成し，自分たちの作った絵本を紹介しよう

> 　身振りをつけたり，場面に合った声の調子を工夫したりしながら，覚えた英語表現を発表し，絵本作りの成果を交流する。発表を通して他のグループの様々な英語表現を知り，状況にあった表現の工夫に気づくようにする。
> 　また，グループの発表に合わせて英語を書いたカードを提示したり，絵本作りの過程で吹き出しに英語を書いたりするなどの文字による英語表現にふれる機会を，自然な形で活動に組み込んでいくようにする[7]。

4.1.3　実践例における評価

　今回の実践では，「関心・意欲・態度」「コミュニケーションの力」「異文化理解」の3つを評価の観点とし，評価した。この評価の観点は，「総合的な学習の時間」と国語科の評価を参考にし，前述した小学校英語科の目標「外国語を通じて，異文化に対する関心を高め，積極的にコミュニケーションを図ろうとする態度の育成を図り，聞くことや話すことの実践的コミュニケーション能力の基盤を養う」と照らし合わせ作成した。

　「総合的な学習の時間」と国語科の評価を参考にした理由としては，現在，小学校英語は，一部の研究開発学校や指定校を除いて，「総合的な学習の時間」の英語活動に位置付けて実施されているということと英語を日本語と同じように言葉として感じるという視点からである。「総合的な学習の時間」では，例えば，西宮市では，小学校学習指導要領を基に評価の視点として，① 関心・意欲・態度，② 課題を見つけ出す力，③ 学習を企画・構成する力，④ 情報を活用する力，⑤ 教科で培ったものを生かす力，⑥ 総合的に考え，判断する力，⑦ 課題に向かって追求し続ける力，⑧ 自分の思いを表現する力，⑨ 他

---

[7] 今回の実践では，児童は，英語を読んだり書いたりした経験がほとんどなく，*The Lost Teddy* の活動のようにALTに提示された英語を見ながら書き写すことも簡単ではないように思われたが，実際には児童の抵抗感は少なかった。むしろ，吹き出しに英語を書きそれを絵本に貼り付けていくことにより，英語を入れて自分の絵本を完成させていくという過程を楽しんでいた。

者と交流する力，⑩ 自分の学習や生き方を見つめる力の 10 項目をあげている。この中でも，小学校英語においては，特に，① 関心・意欲・態度，⑧ 自分の思いを表現する力，⑨ 他者と交流する力の 3 つの視点が関わっている。また，国語科の「話すこと・聞くこと」では，低学年では，「相手に応じ … 話すこと …」，中学年では，「相手や目的に応じ … 話すこと …」，高学年では「… 目的や意図に応じて … 話すこと，相手の意図を … 聞くこと」とあるように，コミュニケーションの基本として常に相手意識を持つことを目標としている。以上のことから 2 つの領域・教科の評価を参考にすることは妥当であると考えられる。次項では，前項（4.1.2.1）で紹介した実践を，「関心・意欲・態度」「コミュニケーションの力」「異文化理解」の 3 観点で評価した際の記述例を示す。「オリジナルの『ブラウンベア』を作ろう」を以下「『ブラウンベア』を作ろう」，「オリジナルの『ポーラベア』を 5 年生に聞かせてあげよう」を「『ポーラベア』を聞かせてあげよう」とする。

4.1.3.1 　関心・意欲・態度
《『ブラウンベア』を作ろう》と《『ポーラベア』を聞かせてあげよう》
- 登場人物が動物であったり，あざやかな色が使われていたりしたことにより絵本に興味を持つことができた。
- 「自分たちでオリジナルの『ブラウンベア』を作る」，「聞かせてあげる」という目的が明確になっており表現や登場人物などグループで工夫しながら，意欲的に取り組んだ。
- 『ポーラベア』では，話を知らない 5 年生に英語で理解してもらいたいとの思いから，字幕・動作化・衣装・声の変化など工夫を考え意欲的に取り組んでいた。
- 『ポーラベア』では，活動の始めにクイズ形式で 10 個の擬態語を学習したので，興味を持って取り組んだ。

《自分たちの絵本 *The Lost Teddy* を作ろう》
- 児童はこの取り組みまでに Oxford Reading Tree シリーズに触れ，興味を持っていたので，このような絵本を作るという目標に対して意欲的であった。
- 絵から状況や登場人物の表情を読み取り，5 年生らしい表現力を生かして

物語の展開に合った話し言葉を創作し，吹き出しに書き込むことができた。
- グループの中で一人一人がアイデアを出し合い，人物の心情をとらえた言葉を選んだり，会話の連続性を調整したりして自分たちで協力して取り組んだ。

4.1.3.2 コミュニケーションの力
《『ブラウンベア』を作ろう》と《『ポーラベア』を聞かせてあげよう》
- 『ブラウンベア』，『ポーラベア』共に話を聞いた後，ALTの録音テープを聴いて，発音や英語のリズムを繰り返し練習することができた。
- 動物になりきる，鳴き声を入れるなどの工夫に加え，英語を日本語と同じように言葉として捉え，間の取り方や応答の仕方など工夫できた。
- どうすればクラスの友だちや5年生に伝えることができるかを考え，常に相手意識を持ちながら活動できた。
- 『ポーラベア』では，動物によって異なる擬態語に合わせた言い方を意識して，練習できた。
- 5年生の質問タイムで，相手を意識しながら英語の表現や単語などを説明できた。

《自分たちの絵本 *The Lost Teddy* を作ろう》
- ②の活動で"How do you say 〜 in English?"と児童がALTに尋ね，それに対してALTが答える形で会話の英語表現を提示していったので，英語表現を，使用場面やその語感とともに捉えることができた。
- ALTとのコミュニケーションの中で，自分たちが日本語で考えた会話を英語でどういうのかを知るという活動は大変興味深く，繰り返し聞いたり，発音や抑揚に気をつけて話したりすることに主体的に取り組むことができた。
- 会話文の状況に合った表情を加えて表現しようとすることにも楽しんで取り組んだ。

4.1.3.3　異文化理解

《『ブラウンベア』を作ろう》と《『ポーラベア』を聞かせてあげよう》
- 2つの活動の中で ALT の録音テープを聞くことを通して英語のリズムのおもしろさを感じ取ると同時に，英語を言葉として感じることができた。
- 『ブラウンベア』では，違う色や動物を英語で何と言うのかもっと調べてみたい，英語で話を作ってみたいという思いへと発展した。
- 『ポーラベア』の擬態語の表現で，日本語との類似点や，相違点がわかった。

《自分たちの絵本 *The Lost Teddy* を作ろう》
- ALT とのやりとりや発表を通して，日本語と英語の言葉が気持ちをどう伝えるのか，身振り・表情などの表現方法の共通性や相違を感じ取ることができた。
- 絵本の絵にはイギリスの生活に関する様々な描写があり，それらに関心を持つことができた。

4.1.4　まとめ

　TOA を進めていく上で，教師は，活動の目標を決め，ねらいを持って活動を計画していくが，児童にも希望する活動，めあてがあり，両者の調整が必要となる。教師の目標・活動計画と児童のめあて・希望する活動を摺り合わせ活動を組み立てていくことにより，児童が「やらされている活動」ではなく「やりたい活動」へと転換していくこととなる。このような児童の内発的動機付けを高める活動をしていくことが重要である。

　また，日本語であろうと外国語であろうと言葉を使う時には，常に相手を意識しながら，言葉を使う目的，必然性があることが必須条件である。このような条件を満たし，仮想現実を教室内に取り入れ，シミュレーションし，生きた言葉を使うことを可能にするのが TOA である。

　小学校英語の中で育む最も大切なものは，一定の文法構造が使えるようになるといった力ではなく，小学校段階での TOA の特徴である「活動の目標が明確」な活動や「自由度の高い」活動を経験することを通して育成される英語に対する興味や関心，主体的・意欲的な態度である。また，様々な歌やゲームなどを通して，リズム・強勢・イントネーションといった「実践的コミュニケー

ション能力の基盤」を養っていくことが重要である。

　小学校では，文法指導や文字指導はなされないことが多いが，絵本を使った活動例のように，文字そのものや文字と発音との関係に興味を持つ場合には，必要に応じてフォニックスやローマ字指導と関連させながら，児童が必要としている文字情報を与えることは十分考えられる。また，さまざまな活動の中で多くの文法構造に触れることを通して，無意識のうちにその使い方に慣れ，聴覚から経験的に文法構造を捉えていくことが可能となる。小学校での経験的な活動を通してなされた理解が，中学校以降の明示的な指導に繋がると考えられる。構造シラバスという観点から考えた時，中学校から高等学校を見据えた強い連携ではないが，小学校で，TOAなどを通して多くの経験を蓄積していることが英語を用いたコミュニケーションへの関心・意欲の向上と共に中学校の英語学習への「なめらかな連携」になると考えられる。

《資料1》　中学校との比較による小学校学習指導要領外国語（英語）科 試案

小　学　校	中　学　校（学習指導要領より）
外国語の目標 　外国語を通じて，異文化に対する関心を高め，積極的にコミュニケーションを図ろうとする態度の育成を図り，聞くことや話すことの実践的コミュニケーション能力の基盤を養う。	外国語の目標 　外国語を通じて，言語や文化に対する理解を深め，積極的にコミュニケーションを図ろうとする態度の育成を図り，聞くことや話すことなどの実践的コミュニケーション能力の基礎を養う。
英語の目標 ① 英語の音声の特徴に慣れ親しみ，基礎的な英語を聞いて話し手の伝えたいことが理解できるようにする。 ② 基礎的な英語を話すことに慣れ親しみ，場面や相手を考えて自分の言いたいことを伝えることができるようにする。	英語の目標 ① 英語を聞くことに慣れ親しみ，初歩的な英語を聞いて話し手の意向などを理解できるようにする。 ② 英語を話すことに慣れ親しみ，初歩的な英語を用いて自分の考えなどを話すことができるようにする。
各学年の内容 言語活動 　基礎的な英語を理解し，簡単な英語で表現する能力やコミュニケーションに対する積極的な態度を養うために，次の言語活動を段階的に行わせる。	内容 言語活動 　英語を理解し，英語で表現する能力を養うために，次の言語活動を3学年間を通して行わせる。
聞くこと 〔第1学年及び第2学年〕 ア　基礎的な英語の音声の特徴に関心を持つこと。 イ　簡単な語句を聞き取ること。 ウ　簡単な質問や依頼などがわかること。 〔第3学年及び第4学年〕 ア　基礎的な英語の音声の特徴に親しむこと。 イ　基礎的な文を聞き取ること。 ウ　基礎的な文で表される質問や依頼などがわかること。 〔第5学年及び第6学年〕 ア　基礎的な英語の音声の特徴がわかること。 イ　自然な口調で話されている基礎的な英語を聞き取ること。 ウ　基本的な質問や依頼などに応じること。	聞くこと ア　強勢，イントネーション，区切りなど基本的な英語の音声の特徴をとらえ，正しく聞き取ること。 イ　自然な口調で話されたり読まれたりする英語を聞いて，具体的な内容や大切な部分を聞き取ること。 ウ　質問や依頼などを聞いて適切に応じること。 エ　話し手に聞き返すなどして内容を正しく理解すること。
話すこと 〔第1学年及び第2学年〕 ア　基礎的な英語の音声の特徴を真似て発音すること。 イ　場面などに応じて，簡単な語句を使って表すること。 ウ　積極的に話そうとすること。 〔第3学年及び第4学年〕 ア　基礎的な英語の音声の特徴を意識して発音すること。 イ　場面などに応じて，自分の言いたいことを簡単な語句で表現すること。 ウ　積極的に続けて話そうとすること。 〔第5学年及び第6学年〕 ア　基礎的な英語の音声の特徴を正しく発音すること。 イ　場面などに応じて，自分の言いたいことや気持ちを簡単に表現すること。 ウ　沈黙をしないで，聞き手にわかるように話そうとすること。	話すこと ア　強勢，イントネーション，区切りなど基本的な英語の音声の特徴に慣れ，正しく発音すること。 イ　自分の考えや気持ちなどが聞き手に正しく伝わるように話すこと。 ウ　聞いたり読んだりしたことについて，問答したり意見を述べ合ったりすること。 エ　つなぎ言葉を用いるなどいろいろな工夫をして話が続くように話すこと。

　＊「目標」と「言語活動」における下線部は，中学校学習指導要領外国語（英語）科と異なる部分

《資料2》

TOA

誕生日のプレゼントを買いに行こう（向かいのトロロ）

Sheet A

あなたは、イギリスからの転校生のメイ（May）ちゃんです。
明日は、さつきちゃんのおたん生日なので、500円のおこづかいからプレゼントを買おうと思っています。トロロの絵のついた文ぼう具にしようかと思っていますが、まだ、迷っています。よくおまけをしてくれるプレゼントショップに出かけ、トロロの絵のついた文ぼう具がほしいことをお店の人に伝えましょう。

トロロの文ぼう具セット

下じき　　ノート　　定規セット

《資料2》

TOA

誕生日のプレゼントを買いに行こう（向かいのトロロ）

Sheet B

あなたは、プレゼントショップの店長さんです。お店にはトロログッズをたくさんそろえています。来月新しいトロロのぬいぐるみが発売になります。できれば、今月中に、お店にあるトロロのぬいぐるみを売ってしまいたいと考えています。お客さんの希望によっては、少しねだんを下げてもよいと思っています。えがおで、あなたから英語で話しかけましょう。

トロロの文ぼう具セットとぬいぐるみ

下じき 200円

ノート 120円

定規セット 250円

ぬいぐるみ 600円

4.2 中学校における実践と評価

4.2.1 中学校英語の実態とめざす方向

　学習指導要領では,「コミュニケーション能力」に「実践的」という語が付け加えられ,英語の学習を知識の学習のレベルにとどめるのではなく,コミュニケーションを目的として実際に英語を使用することが可能となるような指導が一層求められている。中学校では週3時間という限られた授業時数の中で,そして,基本的に構造シラバスに基づいて構成されている教科書を中心に授業を展開しなくてはならない状況にある。したがって,教科書で取り扱う文法項目の指導法を検討し,授業で学習した文法知識が活性化されるような言語活動を検討する必要がある。

　教科書という体系的な構造シラバスに基づき授業を行うことは,コミュニケーションを正確かつ適切に図るために必要な文法知識を学習することを可能にすると考える。その際,具体的な場面の中で,その場面に適した言語形式を生徒自身に考えさせるような指導法が求められる。また,文法説明をコミュニケーションの視点から捉え実践することが大切である。

　ESL（English as a Second Language）や,EASL（English as an Almost Second Language）（村上 他 2004 a; 2004 b）の国々（1.1.4 の注 12 参照）では,学校外でも実際に「英語に触れ,英語を使う機会」が多くあるため,正確さに焦点を当てた文法や語彙の学習中心の授業で対応できるのかもしれない。しかし,日本は日常的に英語のインプットもアウトプットの機会も十分でない EFL（English as a Foreign Language）の環境であるため,授業の中で「英語に触れ,英語を使う機会」を十分確保しなければならない。つまり,学習した言語知識を活性化させるような言語活動の機会を持つことが必要である。授業の中で,どの程度「英語を使う機会」を持つことができているだろうか。また,どのような活動を通して「英語を使う機会」を確保しているだろうか。文法説明や,文法項目の定着のために行われている Drill や Exercise,「タスクを志向した活動（Task-Oriented Activity：TOA）」（1.1.2 参照）の段階で終わってはいないだろうか。授業で通常行われている,モデル・ダイアローグや語彙が与えられている TOA では実践的な運用に至るには不十分であり,「タスク活動（Task Activity：TA）」や「タスク（Task）」（1.1.2 参照）のような実際的な場面の中で,英語を使用する機会が必要であると考える。基礎・基本の

定着を図ることが求められている中学校段階では，第二言語習得理論研究の分野で言語習得において有効とされているタスクの理論を参考にしながら，日本の教室環境に適応させた，正確さと流暢さを同時に高める言語活動であるタスク活動が有効である。このような言語活動の経験を通して，正確かつ適切な言語運用能力が養われるものと考える。

　中学校現場で課題とされている，生徒が授業で学習した文法規則や語彙などについての知識を，コミュニケーションの手段として実際に運用することができないという問題である inert knowledge problem（Larsen-Freeman 2003）の解決のためには，中学生自身に「どういう時に，なぜその文法項目を使用するのか」を考えさせるような文法説明と，授業で学習した文法知識を活性化させるタスク活動が必要である。

4.2.2　中学校の実践
4.2.2.1　文法説明の具体例（過去形と現在完了形）

　生徒にとって，理解するのに困難な文法項目の1つである現在完了形を実践例として取り上げる。現在完了形と単純過去形の区別は，談話レベルで使い分けされるため，ESL の学習者にとっても EFL の学習者にとっても難しい文法項目である（Celce-Murcia & Larsen-Freeman 1999：124）。従って，ここでは，Larsen-Freeman が提唱する，form（言語形式），meaning（意味），use（言語使用）という3つの側面から文法説明を考える視点（1.1.4参照）が重要である。特に，言語知識を活性化させるためには，「どういう時に，なぜ過去形ではなく現在完了形を用いるのか」という，use の視点を重視した説明が授業では必要となる。この use の側面を理解させるために，過去形との比較の中で，生徒に現在完了形と過去形の用法の違いを感じ取らせる指導実践例を紹介する。

　まず，黒板に場面の状況を説明する3枚の絵を提示し説明をする。次頁の場面1は，朝食が終わった時に，友達から遊びの誘いの電話があり，食事が終わっているかどうか尋ねられている状況である。この場面では，朝食が終わっていることを伝えたいのであるが，どのように応えればよいのかについて，まず生徒から意見を引き出す。次に，現在完了形（I have finished breakfast.）と，過去形（I finished breakfast.）とでは，どちらの表現がより適切であるのかを生徒に考えさせる。

[場面1の図]

　この場合，ちょうど朝食が終わった時であり，食事が終わったという事実と，それに対する話し手の気持ちにつながりがあるため，現在完了形を使用することが適切であることを説明する。

　一方，場面2は，朝食後にテレビを見ている時に電話がかかってきた状況であり，この場面では，どのように応えるのが適切であるのかを同様に考えさせる。

[場面2の図]

　場面2では，食事はすでに終わりテレビを見ている状況であるので，食事のことと話し手の今の気持ちにつながりがないため，過去形を使用することが適切であることを説明する。

　現在完了形の用法は，過去形と対比した説明を行うことで生徒の理解を深めることができる。文法説明のポイントは，話し手の現在の気持ちや状況が，過去に起こった出来事と何らかのつながりがある場合に用いられ，現在の気持ちと過去の出来事とのつながりがあることを指導することである。それに対して過去形は，話し手の今の気持ちや状態とは直接関係なく，過去のある事実を伝えるものであることを理解させることが重要である（図4-4参照）。

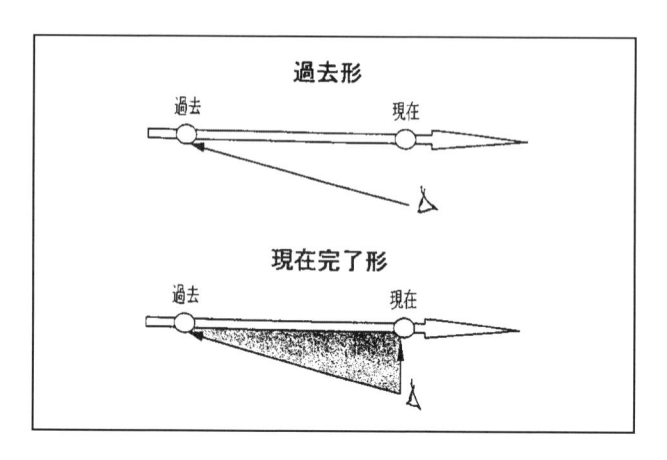

図 4-4　話者の視点から見た現在完了形と過去形の用い方（髙島 2000：136）

4.2.2.2　中学校におけるタスクを志向した活動（TOA）の具体例

　文法説明，Drill や Exercise 後，TOA を実施する。目標文法項目（ここでは現在完了形）を実際の使用場面で，正確かつ適切に運用できるようになるためにも，特定の文法項目の定着をねらいとする基礎練習は必須である。『冬休みはどこに行く？』の活動（次頁参照）を TOA の特徴（1.1.2 参照）に当てはめると，表 4-7 のようになる。

表 4-7　TOA の特徴の具体例

TOA の特徴	『冬休みはどこに行く？』の場合
(1) 言語を用いて課題解決をする目標がある。	(1) 言語を用いて，冬休みの旅行の行き先を 2 ヶ所相談して決定する。
(2) 2 人以上による情報の授受・交換を行う。	(2) 2 人は，お互いにこれまでに行ったことがある場所について，情報交換をする必要がある。
(3) 話し手と聞き手に情報（量）の差がある。	(3) 2 人の間には，今まで行った旅行先に関する情報量に差がある。
(4) 指定されたモデル・ダイアローグなどに従って活動する。	(4) 現在完了形を用いたモデル・ダイアローグに従って活動する。

TOA

『冬休みはどこに行く？』 (Sheet A)

あなたは、アメリカ旅行を冬休みに行くことを友達と計画しています。ところが2人とも、アメリカには何回か行ったことがあります。そこで、2人ともお互いに行ったことがない場所に行きたいと思っています。旅行会社から、取り寄せた観光パンフレットを見ながら、電話で相談して行く場所を2ヶ所決めましょう。行ったことがある場所については、いつ行ったのかも聞いてみましょう。

☺ 下のアメリカの地図中で、○がついている場所は行ったことがあります。
例にならって<u>ペアの友達と交互に</u>質問し合いましょう。

A: Have you ever been to Seattle? B: Yes, I have. A: When did you go there? B: I went there ….	A: Have you ever been to Seattle? B: No, I've never been there.

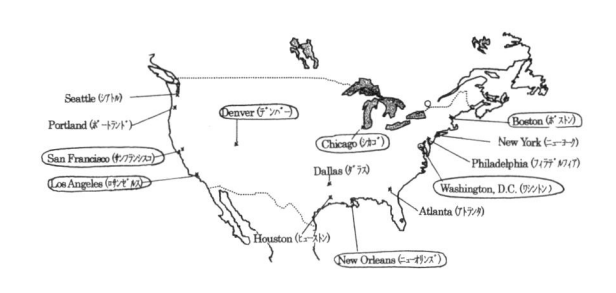

♡ 下記の表を完成させ、アメリカのどこに旅行にいくのか2ヶ所決めましょう。

場所	あなた (いつ)	ペアの相手 (いつ)	場所	あなた (いつ)	ペアの相手 (いつ)
Seattle	×		Houston	×	
Portland	×		New Orleans	3年前	
San Francisco	2年前		Boston	先月	
Los Angeles	昨年		New York	×	
Denver	3年前		Philadelphia	×	
Chicago	2年前		Washington, D.C.	昨年	
Dallas	×		Atlanta	×	

2人で決めた行き先 ⟶ (　　　　　) (　　　　　)

『冬休みはどこに行く？』 (Sheet B)

TOA

あなたは、アメリカ旅行を冬休みに行くことを友達と計画しています。ところが2人とも、アメリカには何回か行ったことがあります。そこで、2人ともお互いに行ったことがない場所に行きたいと思っています。旅行会社から、取り寄せた観光パンフレットを見ながら、電話で相談して行く場所を2ヶ所決めましょう。行ったことがある場所については、いつ行ったのかも聞いてみましょう。

☺ 下のアメリカの地図中で、○がついている場所は行ったことがあります。
例にならってペアの友達と交互に質問し合いましょう。

A: Have you ever been to Seattle? B: Yes, I have. A: When did you go there? B: I went there ….	A: Have you ever been to Seattle? B: No, I've never been there.

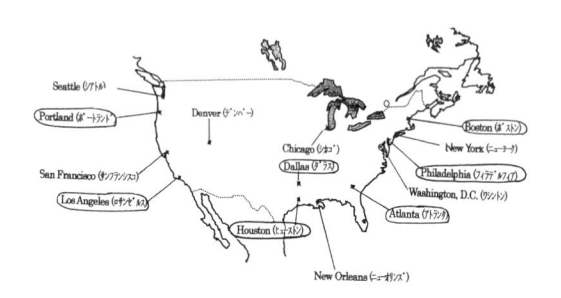

♡ 下記の表を完成させ、アメリカのどこに旅行にいくのか2ヶ所決めましょう。

場所	あなた (いつ)	ペアの相手 (いつ)	場所	あなた (いつ)	ペアの相手 (いつ)
Seattle	×		Houston	3年前	
Portland	昨年		New Orleans	×	
San Francisco	×		Boston	2年前	
Los Angeles	昨年		New York	×	
Denver	×		Philadelphia	先月	
Chicago	×		Washington, D.C.	×	
Dallas	3年前		Atlanta	2年前	

2人で決めた行き先 → (　　　　　　　) (　　　　　　　　　)

表4-7 の(4)の特徴に見られるように，言語形式はモデル・ダイアローグで示されているため，発話内容の自由度は低い活動であると言える。この活動のねらいは，学習した現在完了形の用法を設定された状況の中で「使ってみる」ことであり，次の段階として，インタビュー活動やスピーチなどの自己表現活動，タスク活動やタスクへと発展的に活動を組み入れるための準備活動として必須のものである。学習した言語材料を実際のコミュニケーションを目的として使ってみるような経験を積み重ね，基本的な言語知識を定着させる活動としてTOAを位置付ける。

4.2.2.3　タスク活動（TA）の具体例

教科書の文法項目配列に従って，TOA の後に TA を実施する場合もあれば，復習活動として学年や学期，文法項目配列時期に関係なく行うことも可能である。TA では，生徒は自分の言いたいことをペアの相手に伝える際，どのような言語形式でも自由に選ぶことができる。しかし，同時にこの活動は，状況や場面に応じてより適切な言語形式を選択しなくてはならないように文法項目を意識し作成されている。

次頁の『迷所を案内しよう！』に示す TA の例では，どの観光地に行くのかをお互い相談して決定することが活動の目標である。提案する観光地の説明や観光地でしたいことなどを伝える際，現在完了形と過去形という2つの文法項目（表4-8 中の下線）を使い分けることが期待される（p. 250 の会話例参照）。この活動を通して，学習した現在完了形と過去形に関する文法知識を活性化させ，「使い分ける」ことがねらいとなる。次頁のタスク活動には，各 TA シートのどの段階で，表4-8 の文法項目が使われるのかを⇦で示している。

表4-8　タスク活動（『迷所を案内しよう！』）中に期待される主な文法項目

TA の段階	Sheet A （五台さん）	Sheet B （エアーズ・ロックさん）
1	過去進行形	<u>現在完了形</u>
2	<u>現在完了形</u>・<u>過去形</u>・現在形	<u>現在完了形</u>・<u>過去形</u>・現在形
3	現在形・<u>現在完了形</u> （相手の発話を確認する時）	現在形・<u>現在完了形</u>
4	現在形・未来表現	現在形・未来表現

『迷所を案内しよう！』　　(Sheet A)　　　　　　　　　　TA

> あなたは、中学3年生の五台さんです。クラスメートでオーストラリア出身の留学生エアーズ・ロックさんを今度、地元の観光スポットに案内してあげることになりました。どこがいいのかをロックさんと電話で相談して決めましょう。（ □ のついている番号はあなたから始めます。）

1　ロックさんに電話をしましょう。
　　何をしていたのか聞いてみましょう。　　　　　　　　　　　　　　⇐ 過去進行形

2　今度、地元の観光スポットを案内してあげることを伝えましょう。
　　ここに来てから、どんな場所に行ったことがあるのか聞いてみましょう。（メモを取りましょう。）
　　行ったことがない場所については、どんな所か教えてあげましょう。　⇐ 現在完了形・過去形・現在形

　📷　候補の観光スポット

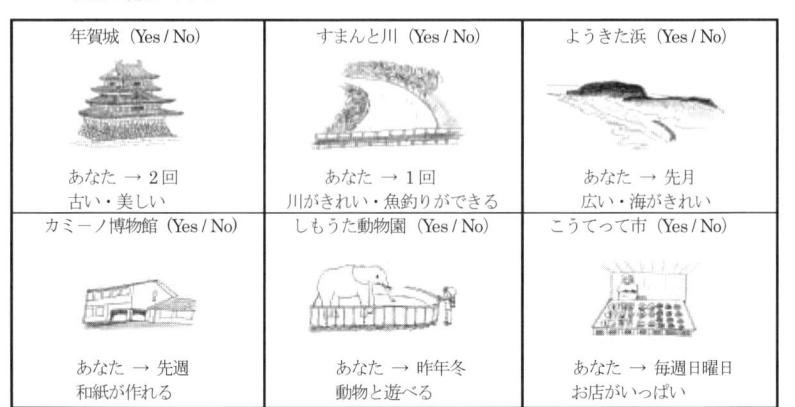

年賀城 (Yes / No)	すまんと川 (Yes / No)	ようきた浜 (Yes / No)
あなた → 2回　古い・美しい	あなた → 1回　川がきれい・魚釣りができる	あなた → 先月　広い・海がきれい
カミーノ博物館 (Yes / No)	しもうた動物園 (Yes / No)	こうてって市 (Yes / No)
あなた → 先週　和紙が作れる	あなた → 昨年冬　動物と遊べる	あなた → 毎週日曜日　お店がいっぱい

3　ロックさんのやってみたいことを、メモを取りながら聞いてみましょう。
　　＜メモ＞　　　　　　　　　　　　　　　　　　　　　　　　　　⇐ 現在形・現在完了形

4　どこに案内するのか、ロックさんと相談して決めましょう。
　　どこに行くことになりましたか？　→　（　　　　　　　　　）
　　　　　　　　　　　　　　　　　　　　　　　　　　　　　　　　⇐ 現在形・未来表現

第4章　小・中・高等学校における英語教育の連携　249

『迷所を案内しよう！』　　（Sheet　B）　　🔖 TA

> あなたは、オーストラリア出身の留学生エアーズ・ロックさんです。今度、クラスメートの五台さんが、地元の観光スポットを案内してくれることになりました。どんな所に行きたいのかを言って、五台さんと電話で相談して決めましょう。（□のついている番号はあなたから始めます。）

1　3時間かかって、あの今井先生の宿題が終わったところに、五台さんから電話がかかってきます。
　　五台さんの質問に答えましょう。

⬅ *現在完了形*

2　五台さんの質問に答えましょう。その時、できるだけくわしく伝えましょう。

⬅ *現在完了形・過去形・現在形*

📷　あなたが行ったことのある観光スポット

ようきた浜（2回）	年賀城（先週―ホームステイ先の家族と）	こうてって市（毎週日曜日）

3　五台さんの質問が終わったら、あなたから、観光地であなたのしてみたいことを、五台さんにできるだけくわしく伝えましょう。ただし、そんなにたくさんできないので、3つ選んで伝えましょう。

⬅ *現在形・現在完了形*

📖　してみたいこと

・カヌー（実はカヌー歴2年で、日本でもやってみたいと思っている。）
・日本の歴史に興味がある（日本の歴史を勉強して3年）。
・タヌキと遊びたい（タヌキを一度も見たことがないので）。
・刀を買いたい（忍者学校に通って1年）。
・和紙作り（以前1度やったことがあり、もう1回やってみたい。）
・ようきた浜で日の出を見たい（朝起きるのが苦手で、日の出を見たことがない）。

4　観光スポットのどこに行くのか五台さんと相談して決めましょう。
　　どこに行くことになりましたか？　→　（　　　　　　　　　　）

⬅ *現在形・未来表現*

『迷所を案内しよう！』の会話例

1. (Sheet A・Sheet B の 1. に対応)
   A: Hello! This is Godai speaking.
   B: Hello, this is Ayers Rock.
   A: What were you doing, Ayers-san?
   B: I've (just) finished Ms. Imai's homework.
      How about you? (Have you finished it yet?)
   A: I finished it yesterday. (I finished it last night./I've already finished it./I've just finished it, too.)

2. (Sheet A・Sheet B の 2. に対応)
   A: I'll show you Kochi's tourist attractions. So I have some questions about some of the tourist attractions. Have you ever been to...?
      (カミーノ博物館 → I went there last week. We can make Japanese paper there.)
      (しもうた動物園 → I went there last winter. We can play with animals there.)
      (こうてって市 → I go there every week. There are a lot of shops there.)
   B: (ようきた浜 → Yes. I've been there twice.)
      (年賀城 → Yes. I went there with my homestay family.)
      (こうてって市 → Yes. I go there every Sunday.)
      行ったことがない場所を聞かれた場合は，No, I haven't. / No, I've never been there.

3. (Sheet A・Sheet B の 3. に対応)
   B: I want to do three things.
      ・I want to canoe. I've canoed for two years.
      ・I'm interested in Japanese history. I've studied it for three years.
      ・I want to buy a katana (Japanese sword). I've been at Ninja school for one year.
      ・I want to see the sunrise at Youkita Beach. I've never seen it before.
   A: (I see./Oh, really?/Me, too./Are you?/Do you?/That's great! などを使ってあいづちを打つ。)

4. (Sheet A・Sheet B の 4. に対応)
   A: Where will we go? How about (the Sumanto River) (You want to canoe in Japan, and I like fishing. We can enjoy both canoeing and fishing).
   B: Well, I'd like to go to Youkita Beach again. Because I want to see the beautiful sunrise there. Can you get up early to see it?
   A: Yes. Let's go!

4.2.3　TA の評価

　言語についての知識（knowledge about language）を持っていても，そのことが必ずしも実際の場面での運用（knowledge of language）につながるわけではなく，より現実場面に近いシミュレーションの中で考え，言葉を使用する機会が必要である。学習した言語知識を活性化させる TA を計画的に実施していく際，それぞれの TA で，生徒にどのような力を育成したいのか，どのような具体的な評価規準に基づいて評価するのかを明確にしておくことは言うまでもない。目標と評価の関係は密接であり，評価の結果によって後の指導を改善し（全体あるいは個々の生徒に対するフィードバック，授業構成の再検討，同文法項目の TA の実施の必要性の検討など），さらに次の指導の成果を再度評価するという「指導と評価の一体化」が大切である（2.2.1 参照）。

4.2.3.1　TA で育成したい力

　学習指導要領では，外国語科の目標を受けて英語の目標が技能領域別に設定され，特に，中学校段階の学習では，「聞くこと」「話すこと」を重視することが明示されている。TA の実施が，「聞くこと」「話すこと」の長期的な目標の達成にどのような役割と意味を持つのかを考え指導計画を作成することが重要である。そのためには，TA を通して，どのような力を育成したいのかという目標を明確にする必要がある。

　TA では，特に「話すこと」の領域に関して，以下のように 3 年間の目標を設定することができる。

① 教科書で扱う文法事項を理解し，習った項目を適切に運用することができる。
② 質問・依頼・提案・意見・確認・勧誘などの表現を聞いて，正確かつ適切に応じることができる。
③ 伝えたい内容を相手に理解してもらえるように，別の語句や表現で言い換えたり，不自然な沈黙を避けるためにつなぎ言葉を用いるなどの工夫が自然にできる。
④ 伝えたい内容，場面，相手によって，語句や表現を選択し適切に話すことができる。
⑤ 自然な turn-taking を行うことができる。

4.2.3.2　TAの評価の具体例

　年間評価計画では,「実践的コミュニケーション能力の基礎の育成」を目標とし,具体的にどのような活動をいつ実施するのかという,1年間の鳥瞰的な視点を持つことが重要である。TA以外のスピーチなどの「話すこと」の言語活動との関係,また,他の領域の言語活動との関係を学年目標に従って計画する必要がある。生徒の「話すこと」の技能を適切に評価するためには,持っている知識が活かされているかどうか,すなわち,静的知識が動的になっているかどうかを評価することができる言語活動の機会をより多く設定し,評価情報を収集する必要がある。そのためにも,TAを含め,他の「話すこと」の言語活動を積極的に組み入れていくことが必要である。

学期	月	活動
1学期	4月	← TA（現在形 & 過去形 & 未来表現）
	5月	
	6月	← インタビューテスト
	7月	← TA（過去形 & 現在完了形）
2学期	9月	
	10月	← スピーチ（自由タイトル）
	11月	
	12月	← インタビューテスト
3学期	1月	
	2月	← TA (or Task)（現在形 & 過去形
	3月	& 未来表現 & 現在完了形）

「聞くこと」「書くこと」「読むこと」の活動 → 「話すこと」の活動

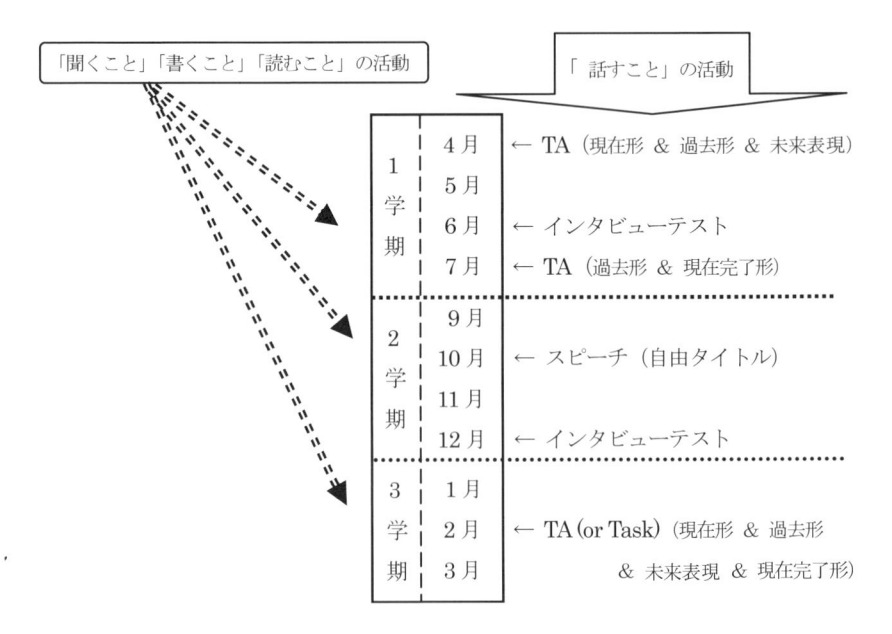

図4-5　中学3年生の「話すこと」の年間評価活動計画（例）

　図4-5は,特にTAと他の「話すこと」の言語活動との関連を示した中学3年生の評価活動計画の例である。また,「話すこと」の活動に加えて「聞くこと」「書くこと」「読むこと」のそれぞれの活動との有機的なつながりを考慮し,計画する必要がある。例えば,10月に実施するスピーチの原稿作成を「書くこと」と結び付け,そして,仲間の発表を聞くという活動を組み入れる

ことにより「聞くこと」と結びつけることが考えられる。また，7月に実施するTA「過去形 & 現在完了形」での会話内容を，活動後に思い出しながら文法項目を意識して書き起こすという「書くこと」と結び付けることも可能である。

ここで，具体例として，中学3年生対象のTA「過去形 & 現在完了形」を考えてみる。活動の実施時期は，Unit 2 と Unit 3（表4-9参照）終了後の7月である。同様に，2学期最初に復習として，あるいは，3学期にまとめの学習として活用することも可能である。

表 4-9　現在完了形学習時期（*New Horizon English Course 3* より）

月	単元名	学習する文法事項
5月	Unit 2 (The Shamisen Concert)	・現在完了形（継続用法）の平叙文・疑問文と応答
6月	Unit 3 (Our Sister in Nepal)	・現在完了形（経験用法・完了用法）

前出のTA，『迷所を案内しよう！』を例として，評価方法を探る。まず，TAを用いた評価について述べることとする。方法として，平成14年2月，国立教育政策研究所教育課程研究センターが公表した『評価規準の作成，評価方法の工夫改善のための参考資料（中学校）— 評価規準，評価方法等の研究開発（報告）』を参考に，評価規準の具体例を表4-10のように設定する。「話すこと」における評価の観点では，「言語や文化についての知識・理解」も含まれるが，ペーパーテストでの評価が可能であるので，ここでは，「コミュニケーションへの関心・意欲・態度」と「表現の能力」の2観点の評価に絞ることができる（第2章参照）。

表4-10では，「コミュニケーションへの関心・意欲・態度」（「言語活動への取組」「コミュニケーションの継続」）と「表現の能力」（「正確な発話」「適切な発話」）に関してそれぞれ評価規準の具体例を挙げている。クラスサイズや授業形態に応じて，これらの評価規準の中から評価可能な項目を選択することになる（4.2.3.3参照）。

それぞれの評価規準に対して，生徒がどの程度達成しているのかを示す評価基準を「A：十分満足できると判断されるもの」「B：おおむね満足できると判断されるもの」「C：努力を要すると判断されるもの」として設定し評価する方法も考えられる。しかし，今回提案しているのは，クラスサイズや授業形

表4-10 「話すこと」(現在完了形) の評価規準の具体例

観点	評価規準	本活動の評価規準の具体例
ア.　コミュニケーションへの関心・意欲・態度	(言語活動への取組) ・「話すこと」の言語活動に積極的に取り組んでいる。	・間違うことを恐れず,学んだ表現を積極的に使っている。 ・現在完了形を用いて,積極的に質問したり,伝えたい内容を表現しようとしている。
	(コミュニケーションの継続) ・さまざまな工夫をすることで,コミュニケーションを続けようとしている。	・つなぎ言葉を用いるなどして,不自然な沈黙をせず,会話を続けようとしている。 ・聞き取れなかった内容に関して,聞き返すなどして会話を続けようとしている。
イ.　表現の能力	(正確な発話) ・初歩的な英語を用いて自分の考えや気持ちなどを正しく話すことができる。	・過去形を文法に従い正確に使用することができる。 ・現在完了形を文法に従い正確に使用することができる。 ・自分が行ったことがある観光地の情報を,正確に相手に伝えることができる。 ・自分が観光地でしてみたいことを正確に相手に伝えることができる。 ・自分が行きたい観光地を正確に相手に伝えることができる。 ・正しい発音で話すことができる。 ・正しいイントネーションで話すことができる。
	(適切な発話) ・比較的平易な英語を用いて,場面,相手に応じて適切に話すことができる。	・相手の話に応じて,適切に応答することができる。 ・適切な声の大きさで話すことができる。 ・どの観光地に,なぜ行きたいのか等,自分の意見を適切に述べることができる。 ・2人の意見に基づいて,適切に観光地の行き先を決めることができる。

態に応じて，できるだけ多くの評価規準を設け，「できている」か，「できていない」かによって評価する二分法である。

4.2.3.3　評価の実施方法

　TA 実施時の授業形態により，評価の実施方法や観察する評価規準の数が異なってくる。主に，「JTL による solo-teaching（Pattern 1：P-1）」「JTL 同士の team-teaching（Pattern 2：P-2）」「JTL と ALT の team-teaching（Pattern 3：P-3）」「少人数制による授業（Pattern 4：P-4）」「選択授業（Pattern 5：P-5）」の 5 パターンが考えられ，それぞれの形態に応じた評価方法を述べていくこととする。

　① P-1 の場合

　　教師 1 人が，限られた活動時間内で評価をするため，項目を絞りクラス全体を満遍なく観察することが必要と考えられる。

　② P-2 と P-3 の場合 ―― クラスを半分に分割（最大 10 ペアずつ）

　　Group A を JTL（Japanese Teacher of Language），Group B を ALT あるいは別の JTL が観察する。それぞれ，数ペア（2 ペア〜3 ペア）ずつを順番に別室で評価する。その際，「コミュニケーションへの関心・意欲・態度」「表現の能力」の観点より，評価規準を 1 つずつ選択し，評価することが現実的である。（別のタスク活動で，観察する生徒を交換し，Group B を JTL，Group A を ALT あるいは JTL が観察する。）

　　　ALT は「表現の能力」における「適切さ」を，JTL は「正確さ」の評価規準を観察することが望ましい。

　③ P-4 と P-5 の場合 ―― JTL による solo-teaching，JTL 同士，あるいは ALT と team-teaching の場合が考えられる。

　　観察する生徒数が限られているため，1 人で評価する場合と比較して，より多くの評価規準を設定し評価することが可能である。

　また，P-2 〜 P-5 の場合，JTL（あるいは，ALT）との発話を録画または録音し，その録音したテープを後日聞き評価する方法もある。

　別室で評価をする場合，並行して「書くこと」の活動を実施することも可能である。日頃，授業の中で時間を十分に設定できていないのが現状である。そこで，教室で待機している生徒，または，活動が終了した生徒には，課題を与えることで「書くこと」の時間を確保できる。「書くこと」の課題では，「学習

した文法事項を確認するための英作文」と「自己表現としての英作文」が考えられる。この場合，TAで取り扱った文法や既習事項の語彙などを活用させるような「書くこと」の活動を与えることを心がけたい。

4.2.3.4　TA後に行うフィードバック

TAにおいて生徒は自分の意図することを的確に伝えるために，場面や状況に適した表現形態を選択し使用しなければならない。しかし，必ずしも正確で適切な表現を選択しているとは限らず，教師によるフィードバックが極めて重要となる。教室は正しい言語形式を，場面に応じ使い分けることを経験させる貴重な場であり，現在完了形や過去形の用法に関して，正確・適切な使い方をほめたり，自分のレベルと目標とすべきレベルとの違い（差）に気づかせる機会を与えることが重要であり，「気づきがないところには学習がない（Schmidt 1990）」と思われる。活動後，生徒の発話への正確さや適切さを高めるために，生徒全員にどのようなフィードバックを与えるのかという手順を図4-6に示す。

図の(1)では，友達の発表を聞きながら，文法的，語彙的なことに関して，生徒同士による表現の適切さ・不適切さに気付きがもたらされると考えられる。次に，(2)では振りかえりシートを用いて，各生徒一人一人に活動中「言いたくても言えなかったこと」を振り返る機会を与える。このことにより，生徒は自己の言語知識が不十分であったことに気付くことになる。また，(3)では，教師

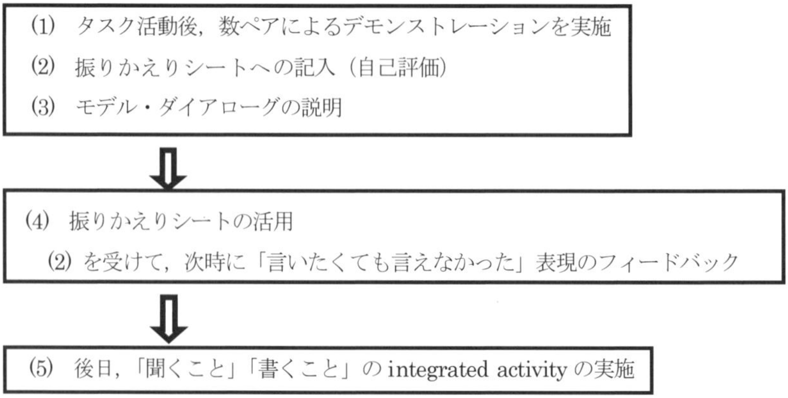

```
(1) タスク活動後，数ペアによるデモンストレーションを実施
(2) 振りかえりシートへの記入（自己評価）
(3) モデル・ダイアローグの説明
```
⇩
```
(4) 振りかえりシートの活用
    (2)を受けて，次時に「言いたくても言えなかった」表現のフィードバック
```
⇩
```
(5) 後日，「聞くこと」「書くこと」のintegrated activityの実施
```

図4-6　タスク活動後のフィードバックの手順

がモデル・ダイアローグを提示し，なぜこの場面では現在完了形，あるいは過去形が適切であるのかを説明し，使用方法を確認することが重要である。こうすることにより，生徒が「実際に表現できたこと」と「正確かつ適切な表現」との「差」に気付く機会となる。(4)では，(2)での各生徒の振りかえりシートに出されていた表現をまとめたものを，次回の授業で全体にフィードバックする。生徒自身が学習の軌跡を振り返る方法として振りかえりシートを学びの履歴として残すことで，各自の自己表現集が作成できる。これにより，生徒個人の学習のプロセスが顕在化するものと考えられる。(5)では，後日，文法的正確さを高めることができるdictogloss[8] (Wajnryb 1990) の手法を参考に実施する。このdictoglossとは，本書で最終目標とするfocused taskの一タイプであり，活動の中で，生徒は学習した文法項目に関するある程度まとまりのある内容のテキストを聞きながらメモを取り，それに基づいて内容を再構成していくものである。

　中学校では，音声（「聞くこと」「話すこと」）によるコミュニケーション能力を重視する指導が求められているが，加えて4領域の有機的な関連を図った指導の展開も要求されている。「書くこと」の活動を「話すこと」と関連付けながら組み込んでいくことも考慮されなくてはならない。今回，TA実施後，「聞くこと」と「書くこと」のdictoglossの活動を取り入れ，現在完了形と過去形の適切な使用法を文字で確認することで，目標文法項目の定着をねらいとするものである。

　具体的な活動手順は以下の通りである。

① 現在完了形や過去形，現在形が含まれた，まとまりのある短いテキストをノーマルスピード[9]で2回聞く。英文が読まれている時，大切と思われる単語や表現などをメモする。

② 個人で，聞きとった内容のメモを手がかりにまとめながら英文にしていく。ディクテーションではないので，あくまで，聞き取ったままの英文を

---

[8] この活動では，英文をまとめる段階で，ある特定の文法項目を意識して完成させなくてはならず，生徒のメタ認知能力が要求される。特定の文法形式に対する，気づき（noticing）や産出（production）を促進する効果があることが，フランス語の8年生のカナダのイマージョンクラスを対象にKowal and Swain (1997) の実証的研究（現在形の語尾に関するもの）により示されている（Ellis 2003参照）。

[9] 米語の一般的な発話速度は130語/分から330語/分ぐらいの幅があり，平均的には200語/分強と考えられている。中学校教科書付属の録音テープはだいたい80語/分程度である。教室にあっては120語/分程度の聞き取りには慣れるように訓練すべきである。（高橋 2001：25）

書く必要はなく，文法的正確さを意識しながら英文を再構成する。
③ ペア，もしくは，3人組で，お互い協力し合い意見交換し内容を検討する。
④ 全体で，確認し合う。（教師が，模範解答を示したり，あるいは，数組が黒板に書いた内容を基に，全体で確認し合うなどの方法がある。）

　英文を書いてまとめる場合，要求されることは，文法的な正確さと内容のつながりである。この種の活動を継続的に実施することで，生徒自身が，文法を意識しながら英文をまとめることができるようになると期待できる。TA 後に，dictogloss の活動を後日組み入れることで，目標文法項目の理解・定着において有効であることが実証的研究によって示されている（今井 2005）。学習した文法知識（たとえば，過去形と現在完了形）を，生徒が実際に「使い分けができる」かどうかを TA で顕在化させ，その活動後に目標文法項目の定着をねらったフィードバックを行うことは重要である。

4.2.4　まとめ

　学習指導要領では，実践的コミュニケーション能力の育成を重視することから，「言語の使用場面」や「言語の働き」に配慮した教材を取りあげることが明確に記述されている。つまり，「どういう時にどのような言語形式が使用されているのか」という use を意識した文法指導が一層求められているのである。学習した言語知識を活性化させるためには，実践的なコミュニケーションにつながる活動を検討しなければならない。そのため，現実の言語使用をできるだけ反映した TA や Task を取り入れた活動が必要である。今回，TA の具体例を紹介したが，実際のコミュニケーションの場面では，会話に段階が設定されているわけではない。そのため，言語活動の最終段階である Task を視野に入れ，TA とともに計画的に実施する必要がある。

　教室内での言語活動として，TA や Task 以外にも，スピーチやスキット，絵や写真，実物などを見せて紹介する Show ＆ Tell の活動など様々な活動が考えられる。しかしながら，それらの活動では，生徒は自分の発話内容や使用する表現，語彙などをあらかじめ記憶しており，相手の話す内容を聞いて反応するというコミュニケーションの本来の特徴である自然な on-line でのインターアクションや意味のやりとりは存在しない。TA も Task も，達成しなければならない明確な活動目標が存在し，実際的な言語使用をねらいとしている。

つまり，言語形式を自ら選択し相手に伝えることが要求され，活動を遂行するためには，様々な言語知識や技能を総動員して活動を行わなくてはならない。相手の発話内容に対して何らかの反応をし，意味のやり取りを行うという実際のコミュニケーションの場面に近い言語使用のシミュレーションを経験することなくして，「話すこと」の適切さは育成できないものと考える。本書では，これに加えて，TA や Task を通して正確な言語使用も同時にねらっているのである。スピーチやスキット，Show & Tell などの活動に加えて，英語を使用する中で課題解決し，目標文法項目を引き出すように工夫された活動である TA や Task は，基礎・基本の定着のみならず，現実のコミュニケーションを擬似体験させることができ，中学校段階では必須の活動であると考える。

言語活動の評価に関しては，第2章で述べているように，評価は誰のためになぜ行うのか，という評価を行う意義について再確認する必要がある。教師にとっては，個々の生徒のつまずきや克服すべき点を把握し，指導内容の改善に役立てることができる。つまり，生徒の実態を把握することで，問題点や課題を見いだし，指導に改善を図り，指導と評価の一体化につながることになる。一方，生徒にとっては，学習してきたことがどの程度習得できているかの学習進捗状況を知ることになり，その後の学習に対する指針となる。評価を通して，生徒の学習を支援するためには，たとえば，活動の「振りかえりシート」などを活用し，生徒自身に「何ができて何ができていないのか」を自己評価させ，活動を振りかえり，自ら学習への課題を見つける機会を与えることが重要である。また，生徒の学習への意欲を高め，次の学習段階への内発的動機付け，すなわち，フィードフォワードのためにも，評価・評定が意味することや学習の診断的情報を生徒に具体的に知らせる必要がある。

4.3 高等学校における実践と評価

　学習指導要領の改訂や「『英語が使える日本人』育成のための戦略構想」の提案などに伴い，教師の英語力・指導力同様，高等学校の英語教育においても，実践的コミュニケーション能力の育成が，いっそう求められるようになっている。この実践的コミュニケーション能力の育成を可能にする最終段階の言語活動として，タスク（Task）があることは第1章で述べた。

　高等学校段階では，Task-Oriented Activity（TOA）や Task Activity（TA）などにより中学校で培われた「実践的コミュニケーション能力の基礎」をさらに伸長するため，授業に Task を取り入れることが不可欠である。しかし，同時に，教科書などを用いた文法指導や入試対策を意識せざるを得ない現実を考慮すれば，構造シラバスに従いながら Task を効果的に取り入れていく Task-Supported Language Teaching（TSLT; Ellis 2003）の考え方を基本とすることが現実的である。

　ここでは，このような日本の高等学校現場の現実的要求を満たし，かつ，実践的コミュニケーション能力の育成に効果的と考えられる言語活動である Task を具体的に提案し，その評価のあり方についても言及する。また，高等学校で Task を実施する意義と，Task とその前段階である，TA や TOA との連携についても取り上げる。

4.3.1　高等学校における「タスク（Task）」の必要性

　中学校，高等学校で6年間英語を学んでも，英語が使えない，話せない，ということが英語教育の問題点として話題に上ることが多い。こういった問題が生じる要因として，日本は EFL 環境である上，中・高6年間の実質的学習時間がかなり短いことや，大学入試の準備に多くの時間が割かれる，といったことなどが考えられる。これらの問題を克服するためには，授業の内容を改善し，より学習効率を高める必要がある。学習指導要領が改訂され，週5日制による授業時間数減少や，中学校での学習内容の軽減などへの対応からも，効率化は以前にも増して求められているのである。

　「効率化」というと，「短時間に多くを」という知識詰め込み型の指導を連想するかもしれない。しかしながら，限られた時間内で英語をコミュニケーションの手段として使えるようにするためには，教室外での現実場面を設定して，

英語をコミュニケーションの手段として使用できるような機会，つまり，さまざまな言語活動を生徒に与えることが不可欠である。すなわち，学習した知識の活性化がなくてはならないのである。

中学校段階ではTAを実施し，授業で学習した文法知識を実際に運用する能力を育成することを提案したが (4.2参照)，高等学校においても，新出の文法項目についてはTAを実施し，その運用力の基礎を育成する必要がある。加えて，中学校で学習された文法項目については，特にTaskを実施しながら運用力をさらに伸張していくことが求められる。一般に，ESL環境の教育現場で日常的に実践されているTaskはunfocused taskであり，メッセージを重視した自由度の高いものである (1.1参照)。一方，本書で扱っているTaskは，メッセージを重視すると同時に特定の文法項目の使用をねらったfocused taskであり，その有効性は日本の大学生を対象としたFotos (1994) の研究 (語順に関するもの) などで示されている (Ellis 2003参照)[10]。EFL環境では，特にfocused taskが言語活動の現実的な最終目標となるが，TaskにはTAのように段階付けがなされていないため，活動を通して課題を達成するためには学習者自身が会話を展開していく必要がある。その意味で，Taskは現実世界における言語使用により近い状況を作り出すと言える (図4-7)。

まとめるならば，実践的コミュニケーション能力の育成には，少なくとも，① 現実の場面に近いオーセンティックなTaskを用いること，すなわち，生徒が必然的にコミュニケーションをしなくてはならない状況を作り出すこと，② 表現できることとできないことに気づかせ，そこで適切なフィードバックを与えること，の2点が必須であると考える。

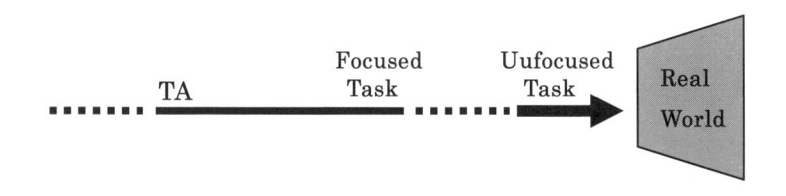

図4-7 TA，Taskと現実世界の言語使用の距離

---

[10] TAに関して，文法知識の定着に効果的であることがいくつかの実証的研究で示されている。たとえばYoshida (2002) では，私立高校生を対象とし，TAの方がTOAよりも文法知識の定着に効果が大きいことを，言語の使用場面を意識させる筆記テストにより明らかにしている。

4.3.2 文法指導のありかた

　言語活動を効果的なものとするためには，言語知識の提示法もまた，効果的なものでなくてはならない。「4.2　中学校における実践と評価」の項でも述べたが，文法説明は，言語形式（form）やそれが持つ意味（meaning）に関してだけでなく，「『いつ，なぜ』それを使うのか」（use）という側面が重視されたものでなくてはならない。

　たとえば，「未来進行形」は，「未来のある場面・状況が具体的に見える（思い浮かぶ）ときに用いられる」ということを「未来表現（*will*＋原形）」と対比し，その違いを理解させる必要がある。そのような違いを感じ取らせる文法説明の実践例を以下に紹介する。

　まず，黒板に場面1の絵を提示する。場面1は，友達から電話がかかり，「明日6時に，家に訪ねて行ってもいい？　宿題で聞きたいことがあるんだけど。」と尋ねられている場面である。男の子は，「図書室に行って勉強するつもりだったけれど，（あなたが来るなら）家で勉強するよ。」と伝えたいのだが，どのように応えればよいのかを，生徒に考えさせ意見を引き出す。次に，「未来表現（*will*＋原形）」の "I will study at home." と「未来進行形」の "I will be studying at home." とでは，この場面でどちらがより適切であるかを考えさせる。その後，この場面では，電話がかかってきた時に決定したことを告げているので，「未来表現」（I will study at home.）がより適切であることを説明する。

場面1

May I visit you at 6 tomorrow? I have some questions about our homework.

I was going to the library, but …

　次に，場面2の絵を提示する。場面2では，男の子は「ごめん。6時だったら，図書館で勉強しているよ。」と応えたいのだが，どのように応えればよいのかを場面1の時と同様に考えさせる。場面2では，次の日の6時ごろに図書館で勉強することは予定としてあり，自分が勉強している具体的なイメージ

が，男の子の頭の中に浮かんでいる。したがって，この場面では，その時に決定したことを告げる，「未来表現」の"I will study at home."ではなく，「未来進行形」で"I will be studying at the library."と応えるのがより適切であることを説明する。

場面2

May I visit you at 6 tomorrow? I have some questions about our homework.

I'm sorry, but …

このように，未来進行形を未来表現（*will*＋原形）と比較しながら説明することで，いつ，どのような場面で未来進行形を使用すればよいのかを感じさせ，理解させることができる。このような文法説明の後，TaskやTAといった言語活動を実施し，未来進行形と未来表現，両者の違いを実際に運用しながら気づかせることにより，「静的」な文法知識を「動的」なものにすることができる。これが知識の活性化なのである。

4.3.3　Taskの具体例

以下の活動は，未来進行形と未来表現（*will*＋原形）とを比較しながら，現実的場面で実際に使用させることをねらったTaskの例である。シートAとシートBの2者には，お互いに借りたままのCDを返しに行く日時を決める，という共通の活動目標が与えられている。しかし，A，B間には冬休みの予定に関して「情報の差」があり，この目標達成のためには，お互いの状況等を理解し，すべてを納得した上で「いつ，どちらが返しに行くか」を決定する必要がある。言語形式に関する指示は一切なく，意味のやり取り（negotiation of meaning）を行いながら自己の文法知識を用いて意味内容を伝達することが中心となっている。

Taskには，前段階の言語活動であるTAのように，目標達成までの段階的

な指示が与えられていない。また，中学校以降の TOA のようなモデル・ダイアローグや語彙も与えられてはいない。Task は，この意味で現実社会に近い，よりオーセンティックな場面設定で英語を使うシミュレーションとしての言語活動であると言える。

第4章 小・中・高等学校における英語教育の連携 265

When Can We Meet? 【シート A】

🔲 Task

あなたは高校生のアキラです。
同じクラスのタカシと CD を交換し，お互い借りたままです。
明日から冬休みですが，いつ，どちらが相手の家に返しに行くのか，相談して決めましょう。
今は，午後1時，2人とも教室にいます。

≪あなたの予定≫

	7 a.m.	9 a.m.	11 a.m.	1 p.m.	3 p.m.	5 p.m.	7 p.m.	9 p.m.	11 p.m.
12月24日(月)≪今日≫	起床			学校	★	兄と買い物	家族と家でクリスマスディナー		就寝
25日(火)			お祖母さんの家でお昼食				借りているビデオを見る		
26日(水)				公園でウォーキング		友達の家で勉強			
27日(木)		図書館で勉強			兄と映画を見る				
28日(金)				家族で買い物に行く		近くのプールで泳ぐ			
29日(土)			1日家でゆっくり過ごす						
30日(日)						家族で温泉へ1泊旅行			

★★ いつ，どちらが相手の家に返しに行くことになりましたか。

12月（　）日（　）時頃
（　　　　）が，相手の家に行く。

When Can We Meet? 【シート B】

    あなたは高校生のタカシです。
    同じクラスのアキラと CD を交換し、お互い借りたままです。
    明日から冬休みですが、いつ、どちらが相手の家に返しに行くのか、相談して決めましょう。
    今は、午後1時、2人とも教室にいます。

≪あなたの予定≫

	7 a.m.	9 a.m.	11 a.m.	1 p.m.	3 p.m.	5 p.m.	7 p.m.	9 p.m.	11 p.m.
12月24日(月)≪今日≫	起床	学校		★	バスケット部の練習		家族でイタリア料理を食べに行く		就寝
25日(火)		近くの図書館で勉強			友達3人と映画&夕食				
26日(水)		バスケット部の練習			父と買い物		プールで泳ぐ		
27日(木)		公園でジョギング			バスケット部の練習		プールで泳ぐ		
28日(金)			友達とビデオを見る				家族でカラオケに行く		
29日(土)		おじさんとスキーに行く							
30日(日)		年末の家の大掃除							

★★ いつ、どちらが相手の家に返しに行くことになりましたか。

12月（　　）日（　　）時頃
（　　　　　）が、相手の家に行く。

『When Can We Meet?』の会話例

A： Hi, Takashi. I'm sorry I've kept your CD for such a long time.

B： No problem, Akira. I have yours, too.

A： That's OK. You know, our winter holiday starts tomorrow. So I need to return your CD during the holidays. Will you be free tomorrow afternoon?

B： No, I won't. I'm going to watch a movie and have dinner with my friend.

A： I see. How about at four o'clock on December 26th? I can go to your house before studying at my friend's house.

B： I'm sorry, but I'll be shopping with my father at three o'clock. Will you be free at one p.m. tomorrow?

A： No. I'll be having lunch at my grandmother's house.

B： Wow, looks like this is going to be harder than I thought. O.K., what are you doing on Friday between one and three?

A： Hmm, I think I promised my family that I would go shopping with them. Maybe I'll be able to leave early, but just in case I can't, let's find a better time. How about this Saturday? I'll be home all day, so I can see you any time on Saturday.

B： Oh, sorry. I'm going skiing with my uncle on Saturday. But I'll be back before seven p.m. Can you come to my house at seven p.m. on Saturday?

A： Sure. Finally! We've found a time to meet! See you on Saturday.

B： See you.

注）下線部分は，対象文法項目である未来進行形と未来表現である。

4.3.4 TaskとTAの連携

　コミュニケーションを中心に据えた言語活動の最終段階はTaskである。前述のように，Taskは，活動中に使用する言語形式が比較的自由であるため，既習の文法知識を総合的に運用することが求められる。このため，Taskはメッセージの授受を行う中で与えられた課題を解決し，文法事項の総合的な復習として実施するのが適切である。また同時に，高等学校で取り扱う文法項目の中には，すでに中学校段階で学習しているもの（たとえば，現在完了形，比較表現など）も多くあるため，高等学校では発展的で自由度の高いTaskを計画的に実施することも求められる。

　しかしながら，高等学校の英語の授業で新出の文法項目（たとえば未来進行形）についていきなりTaskを行うことは容易ではないと考えられる。したがって，Taskへつなげる活動であるTOAやTAを準備段階として取り入れる必要がある。TAにおいては，特定の文法項目を活動中に必然的に使用するよう工夫され段階が示されているために，会話が展開しやすい。ただ，TAもTaskと同様に意味・内容の伝達を重視しているため，それらの前段階として，学習したことを使ってみるTOAを経ておく必要がある。すなわち，Taskを取り入れる際に重要なことは，特定の言語形式を定着させるためにはTOAを，複数の文法項目を比較し，それらの使い分けを見極めるにはTAを，というように，目的に応じた言語活動の使い分けや組み合わせを行うことである。これにより，高等学校段階で，文法知識の定着はもちろんのこと，それらを実際に運用できる段階にまで発展させる効率を，今以上に上げることが期待できる。

　次に提示するのは，前項4.3.3で示したTaskに段階付けを行い，TAに改めたものである。Taskと場面設定は同じであるが，会話を展開する上で必要な段階が加えられているため，Taskと比較して容易に課題を達成することが可能である。また，TAは活動の各段階で，特定の文法項目が用いられるよう意識して作成されているため，未来進行形などの目標文法項目をTaskよりも引き出しやすいと考えられる（活動中に示す矢印を参照）。生徒の学習状況等を踏まえながら，TaskとTAを適宜実施していくことが必要である。

第4章 小・中・高等学校における英語教育の連携　269

When Can We Meet?　〔シート A〕

◎ TA

あなたは高校生のアキラです。同じクラスのタカシと CD を交換し，お互い借りたままです。明日から冬休みですが，いつ，どちらが相手の家に返しに行くのか，相談して決めましょう。今は，午後1時，2人とも教室にいます。
（□印が番号についている人から会話を始めましょう。）

1. タカシに，あなたの都合の良い日時の予定を尋ねてみましょう。

　　　　　　　　　　　　　　　　　　　　　⇐ 未来表現（will）・未来進行形

2. タカシが，あなたの都合を尋ねてきます。教えてあげましょう。
　　お互いに予定の空いている日を探しましょう。

　　　　　　　　　　　　　　　　　　　　　⇐ 未来表現（will）・未来進行形

3. いつ，どちらが相手の家に返しに行くことになりましたか。

　　　　　　　　　　　　　　　　　　　　　⇐ 未来表現（will）

　　　12月（　　）日（　　）時頃
　　　（　　　　　）が，相手の家に行く。

≪あなたの予定≫

	7 a.m.	9 a.m.	11 a.m.	1 p.m.	3 p.m.	5 p.m.	7 p.m.	9 p.m.	11 p.m.
12月24日（月）≪今日≫	起床		学校	★		兄と買い物	家族と家でクリスマスディナー		就寝
25日（火）			お祖母さんの家でお昼食				借りているビデオを見る		
26日（水）				公園でウォーキング		友達の家で勉強			
27日（木）		図書館で勉強			兄と映画を見る				
28日（金）			家族で買い物に行く			近くのプールで泳ぐ			
29日（土）			一日家でゆっくり過ごす						
30日（日）						家族で温泉へ1泊旅行			

When Can We Meet? 【シート B】

あなたは高校生のタカシです。同じクラスのアキラと CD を交換し、お互い借りたままです。明日から冬休みですが、いつ、どちらが相手の家に返しに行くのか、相談して決めましょう。今は、午後1時、2人とも教室にいます。
（□印が番号についている人から会話を始めましょう。）

1. アキラが、あなたの都合を尋ねてきます。
   いくつか答えたら、今度はあなたの都合の良い日時のアキラの予定を聞きましょう。

   ▶ 未来表現 (will)・未来進行形

2. 2人とも予定の空いている日を探しましょう。

   ▶ 未来表現 (will)・未来進行形

3. いつ、どちらが相手の家に返しに行くことになりましたか。

   ▶ 未来表現 (will)

12月（　）日（　）時頃
（　　　　）が、相手の家に行く。

≪あなたの予定≫

	7 a.m.	9 a.m.	11 a.m.	1 p.m.	3 p.m.	5 p.m.	7 p.m.	9 p.m.	11 p.m.
12月24日(月)≪今日≫	起床		学校	★	バスケット部の練習		家族でイタリア料理を食べに行く		就寝
25日(火)			近くの図書館で勉強		友達3人と映画&夕食				
26日(水)			バスケット部の練習		父と買い物		プールで泳ぐ		
27日(木)		公園でジョギング		バスケット部の練習		プールで泳ぐ			
28日(金)			友達とビデオを見る		家族でカラオケに行く				
29日(土)			おじさんとスキーに行く						
30日(日)			年末の家の大掃除						

4.3.5　Task の評価

　高等学校においても，中学校と同様，ペーパーテストで知識の量や有無を測りそれを評価するだけでなく，実際にどの程度言語を運用できるのかを評価するパフォーマンステストの実施が必要とされてきている（第 2 章参照）。パフォーマンスを評価する際には，TA や Task を評価活動として用いることが可能である。

　高等学校で英語の各科目の評定を決定する際には，中学校と同様の 4 つの観点（「コミュニケーションへの関心・意欲・態度」「表現の能力」「理解の能力」「言語や文化についての知識・理解」）を踏まえて評価を行わなければならない。本稿では，Task を例に挙げているため，特に「コミュニケーションへの関心・意欲・態度」と「表現の能力」の 2 つの観点に絞り評価を行うこととする。表 4-11 では，特に，未来進行形の運用をねらった前述の Task に特有の評価規準の具体例を示している。実際に評価を行う際には，これらの具体的な評価規準の中から，適宜取捨選択を行い評価していくこととなる。

　例えば，少人数クラスであれば，一人の生徒に関して複数の項目を評価できるが，多人数のクラスであれば，項目を絞って評価しなければ全員を評価することは困難である。また，ALT とのティーム・ティーチングで評価を実施する場合であれば，「表現の能力」の「正確な発話」に関しては，日本人教員が，「適切な発話」に関しては ALT が評価をするなど，役割を分担することも考えられる。

　評価の際には，各評価規準の項目について，生徒がどの程度達成しているのかを判断しなければならない。第 2 章で提案したような評価チェックリストやルーブリックを用いて，生徒の「話すこと」の力を評価し，客観性と妥当性のある評価を行う必要がある。

表 4-11　タスクを用いた「話すこと」（未来進行形）の評価規準の具体例

観点	評価規準	本活動の評価規準の具体例
ア．コミュニケーションへの関心・意欲・態度	（言語活動への取組） ・「話すこと」の言語活動に積極的に取り組んでいる。	・間違うことを恐れず，学んだ表現を積極的に使っている。
	（コミュニケーションの継続） ・さまざまな工夫をすることで，コミュニケーションを続けようとしている。	・つなぎ言葉を用いるなどして，不自然な沈黙をせず，会話を続けようとしている。
イ．表現の能力	（正確な発話） ・初歩的な英語を用いて自分の考えや気持ちなどを正しく話すことができる。	・未来表現（$will$＋原形）を正しく使用することができる。 ・未来進行形を正しく使用することができる。 ・自分の都合のよい日時とその理由を相手に正確に伝えることができる。 ・どちらが訪問するのか自分の希望を相手に正確に伝えることができる。 ・正しい発音で話すことができる。 ・正しいイントネーションで話すことができる。
	（適切な発話） ・伝えたい内容，場面，相手によって語句や表現を選択できる。	・相手の話に応じて，応答することができる。 ・適切な声の大きさで話すことができる。 ・いつどちらが相手の家にCDを返しに行くのか，自分の考えなどを述べることができる。 ・話の流れに応じて，相手の考えなどを尋ねることができる。 ・2人の意見に基づいて，いつどちらが相手の家に返しに行くのかを適切に決定することができる。 ・適切に会話を進めることができる。 ・適切に会話を終了させることができる。

4.3.6 活動間の効果的な連携

　言語教育において，様々な言語活動の特徴を熟知し，それらを有機的に関連づけながら，効果的なものとなるよう計画的に実施することは重要であり，教師の指導力として求められるものである。最終目標であるTaskは，中学校よりも学習項目が多様な高等学校で活かすことが容易であり，Taskの授業への導入が生徒の実践的コミュニケーション能力の育成へとつながることが期待できる。つまり，本項で提案してきたTaskの授業への取り入れ方，活用法が，日本の高校英語教育における実践的コミュニケーション能力の育成への鍵の一つとなると言える。さらに，ディベートやディスカッションなどのTaskにより，「相手や状況に応じて適切な表現を使う」などのsociolinguisticな能力や「他の語で言い換えるなどして説明する」といったstrategicな能力を同時に育成していくことが，高等学校における実践的コミュニケーション能力の育成の大切な一面である。

4.4　小・中・高等学校の英語教育の連携

　ここまで，各章で中・高等学校の英語教育を中心に据え，「小学校英語」（英語活動・英語教育）に敷衍して，「聞くこと」と「話すこと」に関わる音声を中心とした言語活動のあり方を具体的に示し論じてきた。すなわち，中・高等学校においては，文法指導とコミュニケーションの両立という軸に沿って一貫した英語教育を行い，小学校では，「小学校英語」を通して，話し手と聞き手がお互いに意志や気持ちを伝え合うための「実践的コミュニケーション能力の基盤」を培うのである。

　本書では，小学校における「タスクを志向した活動（TOA）」は，中学校段階の「タスクを志向した活動（TOA）」や「タスク活動（TA）」，高等学校段階における「タスク（Task）」と密接に関連する言語活動と見なされるべきであることを具体例とともに提案してきた。限られた授業時間数の中で，効率よく実践的コミュニケーション能力を育成するには，小学校における TOA に始まり，中学校の TA，そして，高等学校においては Task を中心として行うことが有効であると考えている。

　下図4-8は，学校種別に中心となる活動を示したものである。小学校段階の「タスクを志向した活動（TOA）」から「タスク活動（TA）」，そして「タスク（Task）」へと段階的かつ発展的に関連を持たせながら難易度をも同時に高めていく必要性を示している。

　現在，小学校英語は，教科として実施している「研究指定校」や「教育特

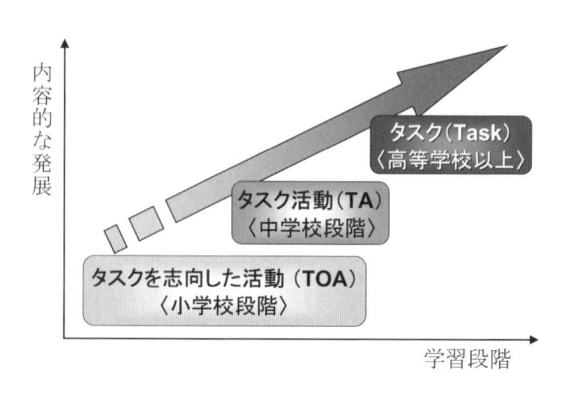

図4-8　学校種別による中心的な言語活動の発展的展開

区」もあるが，総合的な学習の時間の一部として「国際理解に関する学習の一貫としての外国語会話等」という扱いで「英語活動」を行う学校が多い。ここでなされる活動には，それぞれに固有の目標があり，その先には到達目標があるはずである。中・高等学校で実践的コミュニケーション能力の育成を実現するためには，また，その基盤を小学校で育成するためには，どのような言語活動が必要となるのかを具体的に検討していかなくてはならない。

　これまで，小学校では総合的な学習の時間の一環として，外国語に触れることなどを目的として，歌やゲームなどに工夫を取り入れながら，英語学習の入口としての取り組みを行ってきている。これらの活動は，「外国語（英語）に触れたり，外国語（英語）の生活や文化などに慣れ親しむ」という目標には合致しているが，1年間，あるいは，6年間の最終の具体的な到達目標が不明瞭であり，また，中学校との繋がりを十分に意識するものではない。

　「小学校英語」における出口は，モデル・ダイアローグや定型表現，短い文や文章を暗記して言う練習に留まるのではなく，それらを使って相手に自分（達）の意図や気持ちなどを英語を用いて伝える経験をすることであり，これを「タスクを志向した活動」を通して成し遂げることである。児童の活動への取り組みに対する内発的な動機を高め，持続させながら，与えられた時間内

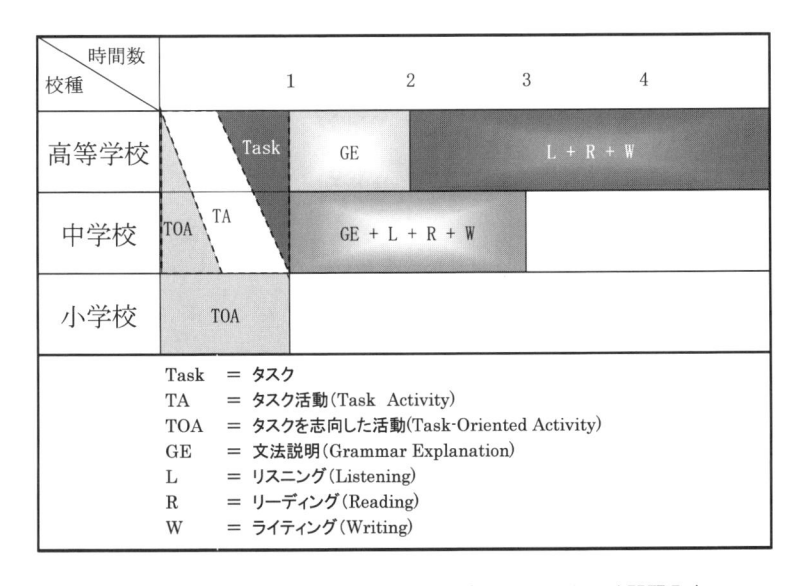

図 4-9　公立小・中・高等学校における主な言語活動の時間配分案

で，どのような言語活動を，いかなる時間配分で行うかということが，活動を計画していく上での教師の課題となる。

　図4-9は，公立学校における校種別による主な言語活動の時間配分案を示したものである。小学校では週1時間の確保が望ましいことを示している。ただ，本章の4.1の項で具体的に提案されているように，年間35時間が授業時間として確保できた場合でも，1年間を通して毎週1時間，定期的に活動していくのではなく，プロジェクトよっては，1つのプロジェクト全体の時間数を集中的にまとめ取りすることが効果的であると考える[11]。1つのプロジェクトの最終目的が，たとえば，5年生の教材例の「オリジナルの『ブラウンベア』を作ろう」であれば，7時間（21M：1M（1モジュール）は15分）を10日から2週間程度で集中して行うことで，児童の興味を持続させ，積極的に活動に参加させることが可能になると思われる。小学校段階では，TAやTaskといった言語活動の基礎を築く段階と位置付け，中心として行う活動はTOAとするのが望ましい。

　これに対して，中学校段階では教室を教室外のシミュレーションの場と考え，週3時間の中，1時間は「タスクを志向した活動（TOA）」と「タスク活動（TA）」に時間配当している。週3時間という時間配分の中で，TOAはレッスンごとに，TAは学期に複数回行うことによって，徐々にシミュレーションとしての言語活動を多くしていくことが可能であると考える。

　さらに，高等学校段階では，週1時間の授業を自由度の高いTask的な活動に当てるように配慮し，必要に応じて，特定の言語形式に意識を向けさせるよう工夫されたTA，言語形式の定着に重きを置いたTOAを取り入れ，文法指導の内容を確認・定着させる必要がある。これらの活動なしに高等学校段階でTaskを導入しても，正確さや適切さのある発話は望むことはできない。

　以上のような活動を実施すると同時に，Drillなどの基礎的な言語活動も重要なものであることを忘れてはならない。これらの活動は，実践的コミュニケーション能力の基礎なのである。この「基礎」の基礎である「基盤」としてのリズム・強勢・イントネーションに関わる練習に加えて，聞き手に自分の意志や気持ちを十分に伝えるための工夫も意識して教師は指導しなくてはならな

---

[11] 教師と児童がともに作っていくような活動の単元を1つのプロジェクトとし，カリキュラムを構成していく場合がある。ここでも，そのような児童と教師で作り上げていく単元を指している（佐藤1999参照）。

い。外国語である英語も私たちの母語である日本語と同じ意思伝達の手段の1つなのである。どのような点について注意して聞いたり話したりすれば，より表現力豊かなコミュニケーションが可能となるかについて，教師による適切なフィードバックや評価が大切である。

　本書では，教室で行われる様々な言語活動について論じ，具体例や実践例を提示してきた。Drill や Exercise などの言語活動に始まり，「タスクを志向した活動 (TOA)」，「タスク活動 (TA)」，そして，「タスク (Task)」などの活動は，すべてが実践的コミュニケーション能力の育成に不可欠な言語活動である（第1章 図1-3参照）。これらの言語活動は常に教室外での英語を使用する場合のシミュレーションであると考え，最終的には生徒自らの力で創造的にタスクを行うことが可能となるように支援することが教師の重要な役割なのである。このように，「実践的コミュニケーション能力」の育成を軸として言語活動を小・中・高等学校それぞれの学習者の言語発達段階に応じて発展的に展開していくことで，学校種間の「縦」のつながり，つまり，連携が生まれてくるのである。

　言語活動を継続的・発展的に行い，「縦」の連携を作っていくことと同時に必要なのは，学校種や学年ごとの連携を深めることである。このためには，様々な実践や成果を学校や学年で共有する事が大切であるが，その際に横軸となるのは評価である。学習者にどのような力をつけようとするのか（到達目標），そして，どのような力をつけたか（指導の結果）といった観点から改善点を明確にし，次の授業で活かすことによって，各授業での「評価」が授業を結び付けていく力を持つのである。

　また，本書で紹介したようなタスク活動やタスクを用いて「話すこと」のパフォーマンス評価を行い，その資料を同じ学校種で持ち寄り，例えば，「日本人中学生の「話す能力のバンドスケール（熟達度尺度）」（第2章参照）を開発することなども，マクロなレベルでの「横」の連携として将来考えていかねばならないことである。

　このように連携（縦軸）と評価（横軸）により創り出される授業は，縦糸・横糸の組み合わせ方や配色を考えながらタペストリーを織り上げていく作業過程のようなものである。そして，この授業の結果，生徒についた英語力は，様々な模様に織り上げられたタペストリーなのである。

　私たち教師は，自己の指導を様々な視点で振り返ることによって，学習者の

英語力という，色とりどりに織り上げられたタペストリーの出来ばえに関する説明責任を保護者や学習者に果たさなくてはならないのである。本書の内容がその一助となることを確信している。

第 5 章
用語の解説

　本章では，本文を読み進める上で参考になると思われる専門的な用語を取り上げて解説する。なお，本書での立場を明確にするために，一般的な定義に若干の説明を加えている項目もある。

実践的コミュニケーション能力
　「実践的コミュニケーション能力」とは，単に外国語の文法規則や語彙などについての知識をもっているというだけではなく，実際のコミュニケーションを目的として外国語を運用することができる能力のことである（文部省 1999）。すなわち，この能力は，コミュニケーションにおけることばの役割を重視し，場面や目的に応じて適切に反応したり，応答したりできる能力を指す。言い換えれば，話し手（書き手）自らが情報の発信や受信をし，発信した情報を相手に理解してもらえない場合には理解してもらえるように言い直す，理解できない場合には再度発信してもらうように働きかける能力をいう。

絶対評価
　「目標に準拠した評価」とも呼ばれ，予め設定された教育目標や指導目標に対する生徒の到達度を評価することである。言語学習の過程において，ある時点で，どの程度の学習段階に生徒がいるのかを，言語発達・習得状況から捉えるような評価を指す。評定を絶対評価で出す場合，すべての生徒の学習状況が十分な到達度にある時には，すべての生徒に同じ成績が与えられてよいことになる。
　外国語（英語）習得・学習という言語発達過程を評価する場合は，他者との比較をする相対評価ではなく，目標にどの程度到達できたかを評価する絶

対評価を行うことが望ましい。

相対評価

「集団に準拠した評価」とも呼ばれ，集団内における相対的な位置づけによって生徒の学習状況を評価することである。この評価では，他の生徒との比較により評価がなされるため，集団内における生徒の力の相対的な位置づけが分かる。言語学習の過程において，ある時点で，学習の程度をある特定の集団における他の生徒との比較により測定するような評価を指す。評定を5段階の相対評価で出す場合，すべての生徒の学習状況が十分な到達度にあっても，生徒を「1」から「5」の成績に分布させることになる。

評価規準と評価基準

評価規準は，どのような視点から何を評価するかという考え方の記述である（目標規準）。

評価基準は，平成14年2月に国立教育政策研究所教育課程研究センターから出された『評価規準の作成，評価方法の工夫改善のための参考資料（中学校）―評価規準，評価方法等の研究開発（報告）―』で，「聞くこと」「話すこと」「読むこと」「書くこと」のそれぞれの領域に設定された4つの評価の観点ごとに示されている。例えば，「聞くこと」の「理解の能力」の観点では，「初歩的な英語の情報を正しく聞き取ることができる」という評価規準が設定されている。

これに対して，評価基準は，評価規準で示された状況が，「十分満足できる状況（A）」「おおよそ満足できる状況（B）」「努力を要する状況（C）」と判断する際に，どのような兆候や様相があればAあるいはCとするのかを記述したものである。

feedback（フィードバック）

一般的には行動の結果についての報告やコメントを与えることを指すが，言語学習においては学習者に対する教師の対応や反応などのことを言う。とりわけ，文法指導においては，学習者が，文法的に誤った発話をした場合，正しい形態を与えたり，学習者から正しい形態を引き出そうとしたりするcorrective feedback の有用性が主張されている。例えば，Lyster & Ranta

(1997) は，このような教師のフィードバックを次のように分類している。
1．教師が学習者に正しい形態を与える場合
- explicit correction
   "Oh, you mean ..." や "You should say ..." などと言ってはっきりと発話に誤りがあることを指摘し，正しい形態を言う。
- recast
   発話に誤りがあることは指摘しないで，発話を正しい形態に言い換えて教師が言う。
2．学習者から正しい形態を引き出そうとする場合
- clarification request
   "Pardon me?" "What do you mean?" などと言って，もう一度発話するよう促す。
- metalinguistic feedback
   "Can you find your error?" なとど言って，誤りがあることを指摘し，"It's plural." などと正しい形態が出るように文法に関する情報を与える。
- elicitation
   例えば，"I played soccer. And I goed home." などと誤った発話をした場合，教師は "You played soccer. And you ..." などと言って，間（pause）をとることにより，誤りに気づかせ，続きをもう一度言い直すように促す。また，"How do we say *Ieni Kaetta* in English?" と尋ね，正しい発話を引き出すような質問をすることができる。
- repetition
   誤った発話を教師が繰り返すことにより，誤りに気づかせる。

feedforward（フィードフォワード）
　さまざまな学習活動で得たフィードバックを次の学習へとつなげていく推進力を言う。言語習得においては，活動中または活動後の直接的なフィードバックを与えるのみでなく，次回のよりよい言語使用に向けて具体的に取り組もうとする学習者の自主性を育むことが重要である（村上・髙島 2004）。

focus on form（言語形式にも焦点をあてた言語指導）

　　タスク中心シラバス（task-based syllabus）のように，現実の言語の使用場面を念頭に置いた意味・内容の伝達を目的とした言語活動を行う中で，必要に応じて学習者の注意を目標言語形式にも向けさせる指導のことである（Long 1991）。このような指導を行うと，学習速度が速まり，その正確さを保つのに有効であり，流暢で正確なコミュニケーションができるようになるという第二言語習得理論研究の成果が報告されている。

　　また，focus on form には，2つの形態がある。1つは，活動中に使用させたい言語形式を活動中にデザインとして事前に組み込む proactive なものである。もう1つは，活動中の発話でコミュニケーションがうまくいかなかったり，誤りがあった箇所などに関して，発話後，フィードバックを与える reactive なものである（Doughty and Williams 1998）。本書では，特定の言語形式が使用されるように TA・Task を作成する proactive な focus on form を行うと同時に，発話後にフィードバックを与えるという reactive な focus on form も重要であると考えている。

focus on forms（伝統的文法指導）

　　この用語は，focus on form と対比して使われ，あらかじめ選定された個々の言語形式を，ブロックを積み上げるようにひとつずつ指導していくことをいう（Long 1991）。理論的根拠は行動主義心理学と構造言語学に置かれ，構造シラバス（structural syllabus）やオーディオリンガル・アプローチ（audiolingual approach）などがこれにあたる。しかし，一度にひとつずつの言語形式が完全に習得されることを前提に指導していくのには無理がある。また，学習者が言語形式を個々に学習したとしても，現実のコミュニケーションでは，それらを取捨選択するなどして運用することはできないという批判がある。

negotiation of meaning（意味のやりとり）

　　コミュニケーションの際によく意味を理解できなかったり，誤解が生じたりした場合に，対話者間で，修正や言い直しなどを行うことであり，意味のやりとりとも呼ばれる。例えば，相手が言っていることが理解できない時に，"What do you mean?" "I beg your pardon?" "Sorry?" などを使って，

相手の意図を確認するような意味の明確化（clarification request）を行うことがある。第二言語習得理論研究では，このような意味のやりとりが言語習得を促すとする研究が報告されている（Larsen-Freeman and Long 1991; Long 1996）。

　ちなみに，negotiation of form とは，相手の意図する意味を確認する中で，語や文法の使い方を再認識していく過程を言う。次に示す会話例 1 は，negotiation of meaning の，会話例 2 は negotiation of form の例である。

〈会話例 1 〉
A： Oh, umm … DoMo Cellular phone is better … about creative … than So-Ka.
B： ①Creative? … ②Quality?
A： Ah, ③Quality.

〈会話例 2 〉
A： Oh, this is the most new.
B： ④Most new?
A： ⑤Newest model
B： New cellular phone.
A： Yes.

　相手の意図する意味を確認する中で，B は聞き返したり（下線① ④）言い換えたり（下線②）して働きかけ，A は自分の語や語の形態（form）の選択の誤りに気がつき，例 1 では，"Creative" を "Quality" に（下線③），例 2 では "the most new" を "Newest" に修正（下線⑤）している（村上・髙島 2004）。このような相互作用は，言語習得上重要なものである。

strategy（ストラテジー）
　本書では，音声によるコミュニケーションに何らかの支障が生じた場合に，コミュニケーションを修復・継続するために用いられる方略であるコミュニケーション・ストラテジーを指す。これに対して，学習（者）ストラテジー（learning/learners' strategy）があり，学習者が言語学習や思考をする

際に用いられる方略がある。例えば，〈計画を立てて学習する〉や〈しっかりと復習する〉などがある。

Task（タスク）

　この用語の原初的意味は「仕事・作業」であるが，言語教育においては，言語を処理したり，理解したりすることにより，学習者に何らかの課題解決を要求する活動を指す。このため，教室におけるすべての言語活動をタスクと呼ぶ傾向も見られる。

　しかし，最近の第二言語習得理論研究の分野では，タスクはドリルやエクササイズといった活動と区別して使われ，communicative task と呼ばれることが多い。

　多くのタスクの定義に共通するのは「意味・内容の伝達に焦点をあて，言語を使って課題を解決する活動」であるという点である（Long 1985; Prabhu 1987; Nunan 1989; Skehan 1996; Willis 1996; Ellis 2003）。本書では，Ellis (2003) の定義から，以下の4つの特徴をタスクの定義として捉えている。

　　（1）言葉を使う目的がある。
　　（2）意味・内容の伝達が第一義である。
　　（3）話し手間に，情報・考えなどの何らかの差がある。
　　（4）学習者が自分で考えて言語を使う。

Task Activity（TA: タスク活動）

　タスク活動は，第二言語習得理論研究の分野におけるタスクと理論的基盤は同じでありながら，構造シラバスを基本として構成されている検定教科書を用いた指導を前提としている。この活動は，学習者が使用する言語形式を主体的に選択し，与えられた課題を遂行する活動である。また，学習者が意味や内容の伝達をしながらも，2つ以上の文法構造を比較し，より適切な言語形式を選択して使用できるよう工夫がなされている。特徴は，以下の6点にまとめられる。

　　⑴　意味・伝達内容が中心である。
　　⑵　言語を用いて与えられた活動目標を達成することが第一義である。
　　⑶　意味のやりとりがある。

(4) 2つ以上の構造の比較がある。
(5) 話し手と聞き手に情報（量）の差がある。
(6) 活動や得られる情報が興味深いものである。

Task-Based Language Teaching（TBLT）
　TBLTは，タスクを軸としたシラバスに従って言語教育を行うアプローチである。このアプローチでは，タスクに従事する過程で生じる言語使用を通して，言語は習得されるという立場をとる。目標文法項目に焦点をあてる方法としては，実際のコミュニケーションの中で生じてくる誤りに焦点をあててフィードバックを与えることが主であるが，Willis (1996) が提案しているように，タスクの前後に特定の文法項目の説明・練習を行う方法も考えられる。

Task-Oriented Activity（TOA：タスクを志向した活動）
　この活動は，学習者が特定の状況や場面の中で，与えられたモデル・ダイアローグや文法構造・語彙などを用いて課題解決を行う，原則として対話形式の活動や発表を指す。特徴は以下の4点である。
(1) 言語を用いて課題解決をする目標がある。
(2) 2人以上による情報の授受・交換を行う。
(3) 話し手と聞き手に情報（量）の差がある。
(4) 指定されたモデル・ダイアローグなどに従って活動する。
　ただし，中学校・高等学校におけるTOAと，小学校におけるTOAとの特徴には相違点が見られる（詳細は，第4章4.1.1.2参照）。

Task-Supported Language Teaching（TSLT）
　タスクを構造シラバスや機能シラバスのような言語形式を指導するシラバスの中で実施したり，そのようなシラバスとTBLTを併用したりするという立場がTSLTである。従来広く実施されてきた3Ps（Presentation, Practice, Production）のproductionの段階でタスクを取り入れるアプローチもTSLTの一つの形式である。

参 考 文 献

Bailey, K. M. 1998. *Learning About Language Assessment*. Boston, MA: Heinle and Heinle.
Brown, G. 1995. *Speakers, Listeners and Communication*. Cambridge: Cambridge University Press.
Brown, G. and G. Yule. 1983. *Teaching the Spoken Language*. Cambridge: Cambridge University Press.
Brown, G., Anderson, A., Shillcock, R. and G. Yule. 1984. *Teaching Talk*: *Strategies for Production and Assessment*. Cambridge: Cambridge University Press.
Celce-Murcia, M. and D. Larsen-Freeman. 1999. *The Grammar Book*: *An ESL/ EFL Teacher's Course*. 2nd ed. Boston, MA: Heinle and Heinle.
Crystal, D. 1992. *An Encyclopedic Dictionary of Language & Languages*. Cambridge, Mass: Blackwell.
Doughty, C. and E. Varela. 1998. "Communicative Focus on Form." In Doughty, C. and J. Williams (eds.) *Focus on Form in Classroom Second Language Acquisition*. Cambridge: Cambridge University Press.
Ellis, R. 2003. *Task-based Language Learning and Teaching*. Oxford: Oxford University Press.
Ellis, R., H. Basturkman and S. Loewen. 2002. "Doing Focus-on-Form." *System*, 30, 419-432.
Fotos, S. 1994. "Integrating Grammar Instruction and Communicative Language Use Through Grammar Consciousness-Raising Tasks." *TESOL Quarterly*, 28, 323-51.
Imai, N. 2003. *Practical Communicative Competence Through Grammar Instruction with Particular Reference to the Present Perfect — Utilization of the Tosa Dialect and Effective Task Activities —*. Unpublished Master's Thesis, Hyogo University of Teacher Education.
Johnson, K. 1988. "Mistake Correction." *ELT Journal*, Vol.42/2 April. 89-96.
Kowal, M. and M. Swain. 1997. "From Semantic to Syntactic Processing: How Can We Promote Metalinguistic Awareness in the French Immersion Classroom?" In Johnson, R. and M. Swain (eds.): *Immersion Education*: *International Perspectives*. Cambridge: Cambridge University Press, 284-309
Larsen-Freeman, D. 2003. *Teaching Language*: *From Grammar to Grammaring*.

Boston, MA: Thomson and Heinle.

Larsen-Freeman, D. and M. Long. 1991. *An Introduction to Second Language Research*. Harlow, Essex: Longman.

Long, M. H. 1983. "Does Second Language Instruction Make a Difference? A Review of Research." *TESOL Quarterly*, 17, 359-382.

———. 1985. "A Role for Instruction in Second Language Acquisition: Task-based Language Teaching." In Hyltenstam, K. and M. Pienemann. (eds.) *Modelling and Assessing Second Language Acquisition*. Clevendon: Multilingual Matters, 77-99.

———. 1987. "Native Speaker/Non-Native Speaker Conversation in the Second Language Classroom." In Long, M. H. and J. C. Richards (eds.) *Methodology in TESOL: A Book of Reading*. New York: Heinle & Heinle Publishers, 339-354.

———. 1996. "The Role of the Linguistic Environment in Second Language Acquisition." In Rictchie, W. C. and T. K. Bhatia (eds.) *Handbook of Second Language Acquisition*. San Diego: Academic Press.

Lyster, R. and L. Ranta. 1997. "Corrective Feedback and Learner Uptake: Negotiation of Form in Communicative Classrooms." *Studies in Second Language Acquisition*, 19, 37-66.

McLaughlin, B. 1990. "Restructuring." *Applied Linguistics*, 11, 2, 113-128.

Norris, J. M. *et al.* 1998. *Designing Second Language Performance Assessment*. Second Language Teaching & Curriculum Center: University of Hawai'i at Manoa.

Nunan, D. 1989. *Designing Tasks for the Communicative Classroom*. Cambridge: Cambridge University Press.

O'Malley, J. and L. V. Pierce. 1996. *Authentic Assessment for English Language Teachers*. London: Longman.

Onodera, T. 1998. *Form-Focused Instruction Through Structure-Based Tasks for Second Language Learning: A Study of the Learning of the Present Perfect*. Unpublished Master's Thesis, Hyogo University of Teacher Education.

Pica, T. 1994. "Review Article: Research on Negotiation: What Does It Reveal about Second-Language Learning Conditions, Processes, and Outcome?" *Language Learning*, 44, 3, 493-527.

Prabhu, N. S. 1983. *Procedural Syllabuses*. Singapore: SEAMEO Regional Language Center.

Rivers, W. M. (ed.) 1987. *Interactive Language Teaching*. Cambridge: Cambridge University Press.

Robinson, P. 2001a. "Task Complexity, Task Difficulty, and Task Production: Exploring Interactions in a Componential Framework." *Applied Linguistics*,

22, 1, 27-57.

―――. 2001b. "Task Complexity, Cognitive Resources, and Syllabus Design: A Triadic Framework for Examining Task Influences on SLA." In P. Robinson (ed.) *Cognition and Second Language Instruction*, Cambridge: Cambridge University Press, 287-318.

Skehan, P. 1996. "A Framework for the Implementation of Task-based Instruction." *Applied Linguistics*, 17, 1, 38-62.

―――. 1998. *A Cognitive Approach to Language Learning*. Oxford: Oxford University Press.

Skehan, P. and P. Foster. 1999. "The Influence of Task Structure and Processing Conditions on Narrative Retellings." *Language Learning*, 49, 93-120.

Schmidt, R. 1990. "The Role of Consciousness in Second Language Learning." *Applied Linguistics*, 11, 129-158.

Swain, M. 1998. "The Output Hypothesis and beyond: Mediating Acquisition through Collaborative Dialogue." In J. Lantolf (ed.) *Sociocultural Theory and Second Language Learning*, 97-114. Oxford: Oxford University Press.

Swan, M. and C. Walter. 2001. *The Good Grammar Book with Answers*. Oxford: Oxford University Press.

Yule, G. and E. Tarone. 1997. "Investigating Communication Strategies in L2 Reference." In Kasper, G. and E. Kellerman. (eds.) *Communication Strategies ― Psycholinguistic and Sociolinguistic Perspectives*. New York: Addison Wesley Longman.

Wajnryb, R. 1990. *Grammar Instruction*. Oxford: Oxford University Press.

Willis, J. 1996. *A Framework for Task-Based Learning*. London: Longman.

Yoshida, K. 2002. *Form-Focused Instruction at High School Levels in the EFL Context: Generation Effects of TAs and Autoinput Activities*. Unpublished Master's Thesis, Hyogo University of Teacher Education.

今井典子．2004.「説明責任を果たす評価方法のあり方」『絶対評価の実践情報』9月号 pp. 58-61.

―――. 2005.「中学校における正確さと流暢さを同時に高める言語活動の開発とその評価のあり方」『STEP BULLETIN vol. 17』日本英語検定協会. pp. 133-151.

笠島準一 他. 2002. *New Horizon English Course* 1, 2, 3. 東京書籍.

金森強（編著）．2003.『小学校の英語教育』教育出版.

河合隼雄．1994.『おはなしおはなし』朝日新聞社.

―――. 1996.『物語とふしぎ』岩波書店.

―――. 2000.『おはなしの知恵』朝日新聞社.

河合隼雄・松居直・柳田邦男．2001.『絵本の力』岩波書店.
神戸大学発達科学部附属住吉小学校．2002.『研究紀要』.
国立教育政策研究所教育課程研究センター．2002.『評価規準の作成，評価方法の工夫改善のための参考資料（中学校）―評価規準，評価方法等の研究開発（報告）―』.
―――．2003.『平成13年度小中学校教育課程実施状況調査報告書 中学校 英語』ぎょうせい．
佐藤学．1999.「カリキュラム研究と教師研究」安彦忠彦（編著）『カリキュラム研究入門』勁草書房．pp. 157-179.
三森ゆりか．2002.『絵本で育てる情報分析力』一声社.
島岡丘 他．2002. *Sunshine English Course* 1, 2, 3. 開隆堂.
ブラウン, J. D.（著）, 和田稔（訳）．1999.『言語テストの基礎知識』大修館書店.
髙島英幸．1995.『コミュニケーションにつながる文法指導』大修館書店.
―――（編著）．2000.『実践的コミュニケーション能力のための英語のタスク活動と文法指導』大修館書店.
―――．2002. 言語コミュニケーション特論〈言語習得〉配布資料．兵庫教育大学.
―――．2003 a.「小学校における英語教育の意識と実践のあり方」茨木市英語教育研修会講演（於: 茨木市立東小学校）.
―――．2003 b.「小学校英語に求められるもの」西宮市国際教育研究委員会・国際教育担当者会講演（於: 西宮市立春風小学校）.
―――．（印刷中）「英語科指導と評価の具体例 §1 言語活動の指導過程とその評価，§2 タスク活動の指導過程とその評価」平田和人（編著）『中学校英語科指導と評価一体化の授業展開』明治図書.
髙島英幸・村上美保子・鈴木利弘・藤田敦子・小西千代．2001.「日本の英語教育の方向性を考える ― イギリスにおける移民への英語教育からの示唆 ―」『STEP英語情報』7・8月号．日本英語検定協会．pp. 32-39.
高橋正夫．2001.『実践的コミュニケーションの指導』大修館書店.
田中耕治．2002.「評価規準の作成と運用」『中学校 新絶対評価の手引』明治図書.
田鍋敦子．2004.『小学校英語活動における教材開発とカリキュラムに関する一考察 ― 表現力を育てる英語絵本の効果的な使用について』兵庫教育大学修士論文.
波木井やよい．1994.『読みきかせのすすめ』国土社.
萩野俊哉．2000.『コミュニケーションのための英文法』大修館書店.
迫田久美子．2002.『日本語教育に生かす第二言語習得研究』アルク.
東野裕子．2003.「「タスク」を志向した言語活動を通して小・中の連携を考える」『STEP英語情報』9・10月号 日本英語検定協会．pp. 8-10.
―――．2004.『日本の「小学校英語」教育に関する一考察 ― 英語活動からタスクを志向した言語活動による英語教育への転換 ―』兵庫教育大学修士論文.

東野裕子・髙島英幸. 2003.「英語活動から「小学校英語」教育へ―『小学校学習指導要領外国語（英語）科』をシミュレーションする―」『JASTEC研究紀要』第22号 日本児童英語教育学会 pp. 87-100.

平田和人. 2002.「シンポジウム『小学校英語活動・中学校英語学習の連携を考える』」日本児童英語学会関西支部大会.

―――（編著）. 1999.『中学校学習指導要領の展開　外国語（英語）科編』明治図書.

―――（編著）. 2002 a.『中学校英語科のリニューアルと授業デザイン』明治図書.

―――（編著）. 2002 b.『中学校英語科の絶対評価規準づくり』明治図書.

松居直. 1995.『絵本の森へ』日本エディタースクール出版部.

―――. 2001.『絵本のよろこび』PHP研究所.

松川禮子（編著）. 2003.『小学校英語活動を創る』高陵社書店.

松沢伸二. 2002.『英語教師のための新しい評価法』大修館書店.

村上美保子・今井典子・杉浦理恵・髙島英幸. 2003 a.「オーストラリア（クィーンズランド州）に見るパフォーマンス重視の教育実践と評価」『STEP英語情報』9・10月号. 日本英語検定協会. pp. 30-35.

村上美保子・杉浦理恵・今井典子・田中和彦・東野裕子・金栄淑・髙島英幸. 2003 b.「韓国再訪から日本の英語教育を展望する―大邱市の小・中学校における英語教育からの示唆―」『STEP英語情報』11・12月号. 日本英語検定協会. pp. 24-29.

村上美保子・今井典子・杉浦理恵・田中和彦・東野裕子・田鍋敦子・髙島英幸. 2004 a.「EFL環境での英語教育の可能性を問う―ノルウェーの英語教育からの示唆―」『STEP英語情報』1・2月号. 日本英語検定協会. pp. 42-47.

村上美保子・今井典子・杉浦理恵・田中和彦・髙島英幸．2004 b.「日本のEFL環境での英語教育の改善を考える―ESL環境に近いオランダの英語教育からの示唆―」3・4月号．『STEP英語情報』日本英語検定協会. pp. 30-35.

村上美保子・髙島英幸. 2004.「タスクによる児童・生徒が活きる授業への転換―フィードバックからフィードフォワードへ―」『英語教育』大修館書店. 9月号. pp. 48-50.

森住衛 他. 2002. *New Crown English Series* 1, 2, 3. 三省堂.

文部科学省. 2001.『小学校英語活動実践の手引』開隆堂.

文部省. 1998.『小学校学習指導要領』.

―――. 1999 a.『中学校学習指導要領（平成10年12月）解説―外国語編―』東京書籍.

―――. 1999 b.『高等学校学習指導要領解説　外国語編・英語編』開隆堂.

和田稔. 2004.「言語活動の解釈をめぐる争点」『STEP英語情報』7・8月号. 日本英語検定協会. pp.42-45.

索 引

[人名索引]

Doughty, C.　27,282
Ellis, R.　4,6,27,257,261,284
Johnson, K.　5
Larsen-Freeman, D.　14,242,283
Long, M. H.　5,27,282,283,284
Lyster, R.　27,281
Nunan, D.　284
Rivers, W. M.　10
Skehan, P.　5,11,284
Swain, M.　5
Swan, M.　257
Yule, G.　28
今井典子　258
佐藤学　276
髙島英幸　4,9,11,13,27,217,244
東野裕子　215,217
平田和人　31
村上美保子　9,13,27,32,215,241,283
和田稔　3

[事項索引]

ALT (Assistant Language Teacher)　36,235,236,255,271
assessment　30
automatization　5
clarification request　27,281
corrective feedback　27,281
dictogloss　257, 258
drill　8,26,27,241
EAL (English as an Additional Language)　32
EFL (English as a Foreign Language)　13,14,241,242,260,261
ESL (English as a Second Language)　6,13,32,241,242,261
evaluation　30
exercise　8,26,27,241
focused task　5,6,261
form-focused　40
focus on form　282
focus on forms　282
JTL (Japanese Teacher of Language)　255
message-focused　6,40
negotiation of meaning　5,9,48,263,282,283
preemptive focus on form　27
reactive focus on form　27
repair　27
restructuring　5
solo-teaching　255
task　3,4,5,7,8,9,10,11,15,26,27,37,44,241,260,261,268,273,274,277,284
task activity　3,6,8,9,10,11,12,15,26,37,247,274,277,284
task-based language teaching (TBLT)　6,285
task-oriented activitiy　3,6,10,11,12,15,224,241,244,274,277,285
task-supported language teaching (TSLT)　6,7,260,285
team-teaching　255
turn-taking　251
unfocused task　5,6,261

アウトプット　5,241
生きる力　28
意味のやりとり　5,9,27,48,263,282,283

インターアクション　6,12
イントネーション　41,215,276
インプット　5,6,12,241
オーセンティック評価　32
学習指導要領　3,7,13,25,45,216,221,241,258,260
活動の難易度　47
教科書　39,45
強勢　276
言語活動　6,7,12,13,14,15,25,40,284
言語形式　14,28,40,242,247,282
言語習得　3,12,27,242,283
構造シラバス　6,9,220,221,223,237,284,285
コミュニケーション活動　4,7,15
実践的コミュニケーション能力　3,4,7,15,25,216,218,260,261,274,277,279
指導と評価の一体化　8,30,251
シミュレーション　5,251,259,264,276,277
熟達度尺度　32,33,277
小学校英語　217,218,234
シラバス　12
ストラテジー　28,283
説明責任　30
絶対評価　30,279
選択授業　255
総合的な学習の時間　10,217,221,233
相対評価　280
大学入試　260

タスク　3,4,7,8,15,39,41,45,241,274,277,284
タスク活動　3,4,8,9,15,39,41,45,247,274,277,284
タスクを志向した活動　3,4,8,15,218,221,223,224,225,241,244,274,277,285
チェックリスト　34,36,271
内発的動機付け　236,259
年間シラバス　46
年間計画　26
パターン・プラクティス　7
パフォーマンス評価　31,32,34,36,37,277
評価基準　36,253,280
評価規準　31,36,37,41,251,253,255,271,272,280
評価の観点　11,31
評定　279,280
フィードバック　5,6,27,28,29,34,49,256,280,285
フィードフォワード　28,29,37,259,281
振りかえりシート　43,44
文法指導　15,28,237,261,274
文法説明　13,14,15,49,242,243,263
モデル・ダイアローグ　7,9,10,13,26,218,221,224,225,226,227,229,241,247,257,275,285
リズム　215,228,276
ルーブリック　34,36,37,38,271

●執筆者一覧

今井　典子（いまい　のりこ）	高知大学人文学部・准教授
杉浦　理恵（すぎうら　りえ）	東海大学国際文化学部・准教授
髙島　英幸（たかしま　ひでゆき）	東京外国語大学大学院総合国際学研究院・教授
田中　和彦（たなか　かずひこ）	兵庫県立三田西陵高等学校・教諭
田鍋　敦子（たなべ　あつこ）	大阪市立吉野小学校・指導教諭
東野　裕子（ひがしの　ゆうこ）	尼崎市立杭瀬小学校・教頭
村上　美保子（むらかみ　みほこ）	茨城キリスト教大学文学部・教授

●執筆協力者一覧（第3章）

入野　育子（いりの　いくこ）	元高知県香南市立野市中学校・教諭
上岡　真理（かみおか　まり）	高知市立三里中学校・教諭
後藤　浩美（ごとう　ひろみ）	兵庫県加東市立社中学校・教頭
豊永　信子（とよなが　のぶこ）	南国市立日章小学校・教諭
前田　哲宏（まえだ　あきひろ）	奈良工業高等専門学校一般教科・助教
森　佳奈子（もり　かなこ）	高知市立城北中学校・教諭
山中　恵美（やまなか　えみ）	高知県教育委員会人権教育課・指導主事

●英文校閲

Mark Spencer Taylor	兵庫県立大学総合教育機構・専任講師
Patricia Anne Girard	元サンタモニカ カレッジ・専任講師

(所属は2014年7月現在)

◆編著者紹介

髙島英幸（たかしま・ひでゆき）
福井県出身。
広島大学大学院・カリフォルニア大学ロサンジェルス校（UCLA）大学院・ペンシルベニア州立テンプル大学大学院修了。教育学博士（Ed.D.）。
専門は英語教育学。
鹿児島大学助教授，兵庫教育大学教授を経て，現在，東京外国語大学大学院総合国際学研究院・教授。
平成10年度『中学校学習指導要領解説外国語編』作成協力者。評価規準，評価方法等の研究開発（中学校英語）のための協力者。平成13・15年度 小中学校教育課程実施状況調査問題作成委員会・結果分析委員会（中学校英語）委員。JACET, JASTEC学会員。
主な著書に，『コミュニケーションにつながる文法指導』（編著，大修館書店），『実践的コミュニケーション能力のための英語のタスク活動と文法指導』（編著，大修館書店），『英文法導入のための「フォーカス・オン・フォーム」アプローチ』（編著，大修館書店），『児童が創る課題解決型の外国語活動と英語教育の実践』（編著，高陵社書店）などがある。

文法項目別
英語のタスク活動とタスク —— 34の実践と評価

© Hideyuki Takashima, 2005　　　　　NDC 375/x, 293p/21cm

初版第1刷────2005年6月15日
第4刷────2014年9月1日

編著者────髙島英幸（たかしまひでゆき）
発行者────鈴木一行
発行所────株式会社 大修館書店
　　　　　〒113-8541　東京都文京区湯島2-1-1
　　　　　電話　03-3868-2651 販売部／03-3868-2294 編集部
　　　　　振替　00190-7-40504
　　　　　[出版情報] http://www.taishukan.co.jp

装丁者────杉原瑞枝
本文イラスト──川上和子・執筆者（p.293）
印刷所────壮光舎印刷
製本所────ブロケード

ISBN978-4-469-24505-9 Printed in Japan

Ⓡ本書のコピー，スキャン，デジタル化等の無断複製は著作権法上での例外を除き禁じられています。本書を代行業者等の第三者に依頼してスキャンやデジタル化することは，たとえ個人や家庭内での利用であっても著作権法上認められておりません。

英語教育21世紀叢書
時代にあった英語教育を考える！　●各四六判

協同学習を取り入れた英語授業のすすめ
江利川春雄[編著]　●272頁 定価＝本体2,000円+税

英語多読・多聴指導マニュアル
高瀬敦子[著]　●248頁 定価＝本体1,800円+税

英文法指導Q&A
こんなふうに教えてみよう
萩野俊哉[著]　●248頁 定価＝本体1,800円+税

中学校英語授業 指導と評価の実際
確かな学力をはぐくむ
杉本義美[著]　●152頁 定価＝本体1,200円+税

日本の英語教育200年
伊村元道[著]　●322頁 定価＝本体2,400円+税

英語教師のためのExcel活用法
清川英男、濱岡美郎、鈴木純子[著]
●232頁 定価＝本体1,800円+税

英語力はどのように伸びてゆくか
中学生の英語習得過程を追う
太田洋、金谷憲、小菅敦子、日臺滋之[著]　●240頁 定価＝本体1,900円+税

英語テスト作成の達人マニュアル
靜哲人[著]　●304頁 定価＝本体2,400円+税

英語教師のための新しい評価法
松沢伸二[著] 佐野正之、米山朝二[監修]
●304頁 定価＝本体2,400円+税

英語授業改善のための処方箋
マクロに考えミクロに対処する
金谷憲[著]　●192頁 定価＝本体1,800円+税

コミュニケーションのための英文法
萩野俊哉[著] クレイグ・ジャクソン[英文校閲]
●232頁 定価＝本体1,800円+税

タスクを活用した英語授業のデザイン
松村昌紀[著]　●320頁 定価＝本体2,400円+税

英語教師のためのコンピュータ活用法
濱岡美郎[著]　●240頁 定価＝本体1,800円+税

教科書だけで大学入試は突破できる
金谷憲[編著]　●236頁 定価＝本体1,800円+税

パラグラフ・ライティング指導入門
中高での効果的なライティング指導のために
大井恭子[編著] 田畑光義、松井孝志[著]　●288頁 定価＝本体2,000円+税

英語語彙の指導マニュアル
望月正道、相澤一美、投野由紀夫[著]
●256頁 定価＝本体2,000円+税

日本語を活かした英語授業のすすめ
吉田研作、柳瀬和明[著]　●208頁 定価＝本体1,700円+税

【アイディア集】「苦手」を「好き」に変える英語授業
瀧口優[著]　●192頁 定価＝本体1,700円+税

英文読解のプロセスと指導
津田塾大学言語文化研究所 読解研究グループ[編]
●368頁 定価＝本体2,600円+税

インターネットを活かした英語教育
杉本卓、朝尾幸次郎[著]　●224頁 定価＝本体1,800円+税

英語を使った「総合的な学習の時間」
小学校の授業実践
服部孝彦、吉澤壽一[著]　●208頁 定価＝本体1,800円+税

実践的コミュニケーションの指導
高橋正夫[著]　●248頁 定価＝本体2,000円+税

アクション・リサーチのすすめ
新しい英語授業研究
佐野正之[編著]　●240頁 定価＝本体1,800円+税

大修館書店　　書店にない場合やお急ぎの方は、直接ご注文ください。☎03-3868-2651

英文法導入のための「フォーカス・オン・フォーム」アプローチ

4技能統合型授業をするにはどうすれば？

言語活動を文法説明でサンドイッチする「フォーカス・オン・フォーム」アプローチがカギです！

髙島英幸[編著]
●A5判・240頁 定価=本体2,200円

文法指導とコミュニケーション活動を同時に実現するFonFアプローチを，具体的指導例とともに紹介・解説する。各文法項目では必ず2つ以上の異なった形式を対比しながら練習させる形をとり，認知的な「差の気づき」を通して文法の定着を図る。実践例を豊富に掲載。

主な目次
- 第1章 コミュニケーション能力と4技能の育成
- 第2章 フォーカス・オン・フォームに基づく文法指導
- 第3章 「フォーカス・オン・フォーム」アプローチの具体例
  be動詞と一般動詞／疑問詞(主語・目的語の場合)／SVOとSVOO／不定詞／分詞(後置・前置修飾)／関係代名詞／自動詞と他動詞／過去形と過去完了形 …「用語の解説」，「コラム」など

大修館書店　書店にない場合やお急ぎの方は，直接ご注文ください。☎03-3868-2651

「実践的コミュニケーション能力のための英語のタスク活動と文法指導

髙島　英幸[編著]

新指導要領の焦点の一つ、「**実践的コミュニケーション能力**」。本書ではその本質を考え、生徒がそれを身につけるための**タスク活動**と指導手順を解説する。活動しながら文法能力もつく指導方法を提案する。活動例多数掲載。

【―目次―】
- 第1章　実践的コミュニケーション能力の育成
- 第2章　実践的コミュニケーション能力のためのタスク活動
- 第3章　コミュニケーション志向の文法説明とタスク活動
- 第4章　タスク活動の作成と評価
- 第5章　用語の解説

A5判・272頁　本体2,500円

大修館書店　書店にない場合やお急ぎの方は，直接ご注文ください。☎03-3868-2651

定価=本体+税